Enjoy IT!
스파이크, 에센셜 2

모두를 위한
STEAM&MAKER

레고로 상상의
나래를 펼치다.

모두 다함께 놀자!

저자 꿈키움 교사연구회
(이대송, 권오성, 노서현, 박순옥, 유혜숙, 전혜진)

삽화 허윤정

FUNERS

저자 서문

모든 아이들은 자유롭게 세상을 탐색하고 탐구하며 상상하는 것을 좋아합니다. 그리고 다양한 매체를 활용해 상상한 것을 표현하고 만드는 놀이 활동을 좋아합니다.

「Enjoy IT! 스파이크 에센셜」은 레고를 활용해 장애학생과 비장애학생이 함께 어울려 즐겁게 노는 모습을 상상하며 집필하였습니다. 누구나 쉽게 레고로 세상을 탐색하여 표현하고, 실생활 속에서 겪는 다양한 문제를 컴퓨팅 사고력과 연결해 해결하는 활동으로 구성하였습니다.

이 책을 통해 아이들이 함께 어울려 놀면서 다양한 배움과 성장이 있기를 기대해봅니다.

이대송 (경상남도함양교육지원청 특수교육지원센터 교사)

아이들이 가장 좋아하는 장난감이 무엇이냐 묻는다면 저는 단연 레고 블록이라 답할 것입니다. 레고와 함께한 저의 유년 시절은 행복과 설렘으로 가득하였습니다. 레고 블록을 이리저리 조립하며 씨름하다 마침내 완성했을 때의 그 기쁨은 아직까지 제 몸에 전율로 남아 있습니다. 시간이 흘러 다양한 기능이 추가된 레고 블록으로 교재를 개발할 때 어떻게 하면 아이들이 좀 더 쉽고 재밌게 활용할 수 있을까? 고민하였습니다.

교재 속 캐릭터와 함께 문제를 해결하며 아이들은 쉽고 재미있게 컴퓨팅사고력과 창의성을 가진 멋진 아이로 자랄 것입니다. 또 차시 마지막에 있는 읽을거리를 통해 지식과 호기심이 풍부한 아이로 성장할 것입니다.

마지막으로 이 교재가 자라나는 우리 아이들에게 좋은 놀이터이자 친구가 되기를 바랍니다.

권오성 (경상남도함양교육지원청 특수교육지원센터 교사)

요즘은 스마트폰, 인터넷 없이 노는 것을 어려워하는 어린이가 많습니다. 자유롭게 놀 시간을 주면 자연스럽게 스마트 기기를 꺼내고 와이파이를 찾습니다. 그만큼 스마트 기기는 어린이의 삶에 깊숙이 스며들어 있습니다.

「Enjoy IT! 스파이크 에센셜」은 스마트 기기로 노는 것에 익숙한 요즘 어린이들이 레고® 에듀케이션 스파이크™ 에센셜과 스마트 기기를 이용해서 코딩을 경험하고 창의력과 상상력을 발휘할 수 있도록 구성하였습니다.

'모두를 위한 STEAM & MAKER'라는 말처럼 「Enjoy IT! 스파이크 에센셜」은 레고와 코딩을 처음 접하는 어린이라도 누구나 쉽게 시작할 수 있습니다. 어린이들이 할 일은 책 속의 주인공을 따라가며 레고® 에듀케이션 스파이크™ 에센셜과 함께 즐겁게 노는 것입니다. 어린이들이 마주하는 일상생활의 문제부터 유니버설 디자인, 지속 가능한 발전 등 다양한 이야기를 따라 차근차근 문제를 해결하면서 놀다 보면 놀거리 가득한 상상의 놀이터가 펼쳐질 것입니다.

「Enjoy IT! 스파이크 에센셜」을 통해 더 많은 어린이가 상상의 놀이터를 만들었으면 좋겠습니다. 더불어 그 속에서 창의력과 문제 해결력을 키우고 새로운 꿈을 꾸며 행복해지기를 바랍니다.

노서현 (함양마천초등학교 특수교사)

「Enjoy IT! 스파이크 에센셜」에는 장애학생들과의 메이커 활동에 관한 다양한 고민들이 녹아있습니다. 블록을 처음 만나는 학생들도 부담 없이 조립하고, 쉬운 코딩으로 성취감을 느낄 수 있는 '모두가 함께 놀 수 있는 책'을 만들고 싶었습니다.

「Enjoy IT! 스파이크 에센셜」에는 다양한 상황들이 제시되어 있습니다. 학생들 스스로 문제를 발견하고 해결하는 과정에 참여함으로써 자연스럽게 문제해결능력을 기를 수 있을 것입니다.

「Enjoy IT! 스파이크 에센셜」에는 '성장'이 있습니다. 나와 너, 학교 가는 길, 우리 동네, 환경, 역사 등 다양한 주제의 이야기를 따라가다 보면 나와 세상에 대한 이해력이 높아지고, 상상력과 창의력이 풍부해질 것입니다.

무엇보다 「Enjoy IT! 스파이크 에센셜」에는 '즐거움'이 있습니다. 책을 읽고, 조립하고, 코딩하다 보면 어느새 눈 앞에 펼쳐지는 상상의 세계! 상상이 현실이 되는 즐거움을 경험하게 될 것입니다.

자 이제 「Enjoy IT! 스파이크 에센셜」로 모두 함께 놀아봅시다!

박순옥 (김해은혜학교 교사)

「Enjoy IT! 스파이크 에센셜」은 표현력과 상상력, 문제해결능력, 다른 사람과 협력하는 능력을 기를 수 있는 자유롭고 창의적인 표현이 가능한 활동입니다.

분명하게 말하지 못해도, 멋있게 만들지는 못해도 친구들과 함께 차근차근 생각하고, 브릭을 조합하다 보면 어느 순간 생각지도 못했던 움직임을 보이는 구체물이 만들어질 것입니다. 세계시민으로 성장할 우리 학생들에게 사회의 다양한 문제에 대해 생각하고, 해결 방법을 고민하며 자신이 할 수 있는 일이 무엇인지 찾아낼 수 있는 기회가 주어질 것입니다. 자신이 상상한 것을 완성해 보기 위해 친구들과 의견을 나누고, 시행착오를 겪으며 완성을 하는 과정이 우리 학생들에게 꼭 필요하다고 생각합니다.

우리 친구들과 함께 브릭을 즐기는 행복한 시간을 가져보시길 바랍니다.

유혜숙 (김해은혜학교 교사)

요즘 아이들은 아주 어릴 때부터 부모님의 스마트폰, 집에 비치된 TV를 통해 미디어에 노출되는 경우가 많습니다. 미디어의 긍정적인 부분도 분명 있지만, 사고력이 미숙한 어린아이들이 자극적인 시청각적인 자료에 노출되며 상상력이 제한되는 것이 매우 안타깝습니다.

레고 스파이크 에센셜은 소근육을 자유롭게 사용하며, 아이의 상상력을 길러 표출하고, 또 창의력 발달과 사회성, 집중력을 기르는데 효과적입니다. 「Enjoy IT! 스파이크 에센셜 모두 다함께 놀자!」를 통해 친구들과 함께 레고를 직접 만들고 코딩하며 아이의 발달에 긍정적인 영향을 받았으면 하는 바람입니다.

전혜진 (경상남도함양교육지원청 특수교육지원센터 교사)

추천사

어느 영화 대사 중에 기도하면 하늘은 우리에게 사랑이라는 감정을 직접 주는게 아니라 사랑할 수 있는 기회를 준다고 하더군요. 최근 일반교육의 트렌드가 인공지능, 컴퓨팅 사고력, 코딩에 있다면 우리 아이들도 같은 경험을 하는 것이 필요하다고 생각합니다.
 레고라는 매개체를 활용해 우리 아이들이 컴퓨팅 사고력을 보다 친숙하게 경험할 수 있는 프로그램을 만들어 준 선생님들의 노력에 감사의 마음을 전합니다.

박일성 (경상남도교육청 유아특수교육과 장학관)

4차산업의 발달로 우리의 미래와 교육의 환경도 혁신적으로 변화하고 있습니다. 학교 교육과정에는 미래사회 대응을 위해 인공지능(AI), 코딩, 로봇 기술을 이해하고 활용할 수 있도록 디지털 리터러시 역량 강화를 위한 노력을 기울이고 있습니다. 이러한 미래사회에 장애학생도 잘 적응하고 활용할 수 있도록 레고에서 개발한 교육용 스파이크 에센셜을 활용한 쉽고 간단한, 그러면서 코딩교육의 비법이 여기에 담겨 있습니다.
 장애학생의 학습 특성을 충분히 고려하여 한단계 한단계 따라가다 보면 어느새 완성되는, 그래서 학생과 선생님이 환호할 수 있는 코딩교육과 AI+IoT까지 자연스럽게 익힐 수 있는 우리 학생 사랑이 듬뿍 담긴 특수교사들의 "찐" 코딩교육 안내서입니다.
 그동안 장애학생과 함께 하며 선생님들이 찾아낸 학생이 해낼 수 있는 방법을 대방출하여 학생과 함께 비교과 시간이나 교과와 연계하여 말 그대로 Enjoy 할 수 있게 안내하고 있습니다. 모두 꼭 학급에서 학생들과 실행해 보시길 강추합니다.

박경옥 (대구대학교 초등특수교육과 교수)

「Enjoy IT! 스파이크 에센셜」은 나와 너, 학교 가는 길, 우리 동네, 환경, 교과 연계 등의 확장되는 단원 활동을 통해 아이들에게 실생활과 관련된 다양한 상황을 제시하여 실생활 속 문제를 인식하도록 동기를 부여합니다. 아이들은 문제를 해결해나가는 과정에서 창의적이고 융합적인 사고를 하게 되고, 흥미와 몰입, 도전 의지 등 다양한 감성적 체험을 하게 됩니다.
 최근 우리나라 교육에서 강조하는 융합교육 및 지역 연계 교육과정 활동과도 밀접하게 연계되고 있어 학교 내외에서 매유 유용하게 활용될 수 있다고 생각됩니다.
 「Enjoy IT! 스파이크 에센셜」을 지도 삼아 여행하듯 따라가다 보면 레고로 조립하고 코딩하는 활동을 통해 어느새 성장해 있는 아이들을 발견하게 될 것입니다.
 놀이하듯 즐겁게 배움 활동을 하는 학생들의 활기찬 모습이 눈앞에 그려집니다!

김용진 (경상국립대학교 사범대학 학장)

디지털 대전환 시대는 모든 아이들에게 현실입니다. 미래를 살아갈 아이들은 아날로그와 디지털의 경계가 허물어진 시공간에서 생활하게 될 것입니다. 우리는 모든 아이들이 자신의 삶에 주도성을 가지고 스스로 문제를 해결할 수 있는 주체로 성장하기를 소망합니다.

그런 아이들을 양육하기 위해서는 아이들이 다양한 경험을 할 수 있는 교육환경을 제공해 주어야 합니다. 특히, 디지털 대전환 시대에 맞게 디지털 도구를 자유롭게 사용하고 디지털 환경에서도 자신의 아이디어를 표현할 수 있는 기회를 제공해야 합니다.

이 책은 장애학생에게 그런 기회를 제공할 수 있는 방법과 내용을 담고 있습니다. 장애학생이 아날로그 레고블럭과 디지털 도구를 이용해서 다양한 작품을 만들 수 있는 기회를 제공합니다. 일상생활에서 겪는 문제를 해결하기 위한 메이킹 뿐만 아니라 여러 수업에서 배운 것을 확장할 수 있는 재미있는 내용들로 구성되어 있습니다.

특수교육의 전문가들이 모여서 장애학생의 눈높이에 맞게 창의융합적인 메이킹을 경험할 수 있도록 집필하였습니다. 특수교육 현장에 꼭 필요한 내용으로 선생님들과 학부모님들에게 적극 추천합니다.

김수환 (총신대학교 기독교교육과 부교수)

코로나 상황을 겪으면서 아이들의 학습 환경과 놀이 문화는 급격히 핸드폰과 아이패드, 태블릿 pc 등의 스마트 기기를 이용한 환경으로 전환이 되었습니다. 하지만 빠른 변화 속도에 따라가지 못하고, 스마트 기기를 자유자재로 다루며 학습과 놀이도구로 활용하는데 어려움을 겪는 학생과 교사도 있습니다. 이 책은 그런 학생과 교사에게 친절하고 든든한 놀이 이끔이, 또는 놀이 수업 안내자가 되어 줄 것입니다.

무엇보다 페이지마다 실려 있는 그림 설명과 활동 안내서를 따라가다 보면 나 자신이 놀이 재미에 푹 빠져들어 몰입하게 됩니다. 나 자신이 놀이의 재미에 빠지는 그 '재미'야말로 즐겁고 유익한 놀이 수업의 제일 중요한 요소이자 놀이의 첫 단추이지요. 첫 단추를 채우고 이 책의 활동 안내에 따라 아이들과 자연스레 질문과 이야기를 나누며 레고를 조립하고 작동하다 보면 어느새 아이들과의 놀이와 스마트 기기에 대한 두려움은 덜어지고, 수업의 자신감과 기대감으로 나머지 단추가 채워져 있는 것을 발견하게 될 것입니다.

박현주 (실천교육교사모임 특수교육 이사)

이 책은 장애학생들에게 SW교육을 어떻게 지도해야 하는지 고민이 많은 현장 교사들에게 매우 유용한 교재가 될 것입니다. 레고를 활용한 언플러그드, 블록코딩 그리고 메이킹 활동까지 할 수 있는 이 책을 통해 장애학생들이 즐겁게 놀면서 배움을 얻을 수 있기를 바랍니다. 장애학생을 위한 SW교육자료가 부족한 특수교육현장에 이런 좋은 교재를 집필해 주신 선생님들께도 감사의 인사드립니다.

정웅 (함평영화학교 특수교사)

목차

이렇게 활용해요! ··· 08

04 환경 기념일 ·· 14

습지를 살려요 ·· 16
소중한 물, 아껴서 사용해요 ························· 34
나무를 심어요 ·· 56
전등을 꺼요 ·· 82
쓰레기를 청소해요 ······································· 100

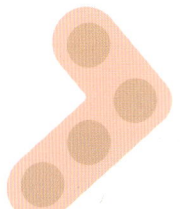

05 교과 연계 ---------- 120

구석기 시대로의 여행 Ⅰ	122
구석기 시대로의 여행 Ⅱ	140
장영실과 만나다	158
김정호와 만나다	190
유관순과 만나다	212

이렇게 활용해요!

POINT!
배워야 할 중요한 개념과 활동 개요, 주제에 대한 간단한 설명을 살펴볼 수 있어요.

POINT!
활동에 필요한 준비물과 학습활동, 활동 팁을 알 수 있어요.

POINT!
만화를 통해서 이번 시간에 배울 내용을 생각해 보아요.

POINT!
질문에 대답하면서 문제 해결 방법을 고민해 보아요.

POINT!

학습 주제와 관련된 핵심 개념을 익혀요. 수준별 학습지, 읽을거리 등 다양한 유형의 활동을 통해 중요한 개념을 배울 수 있어요.

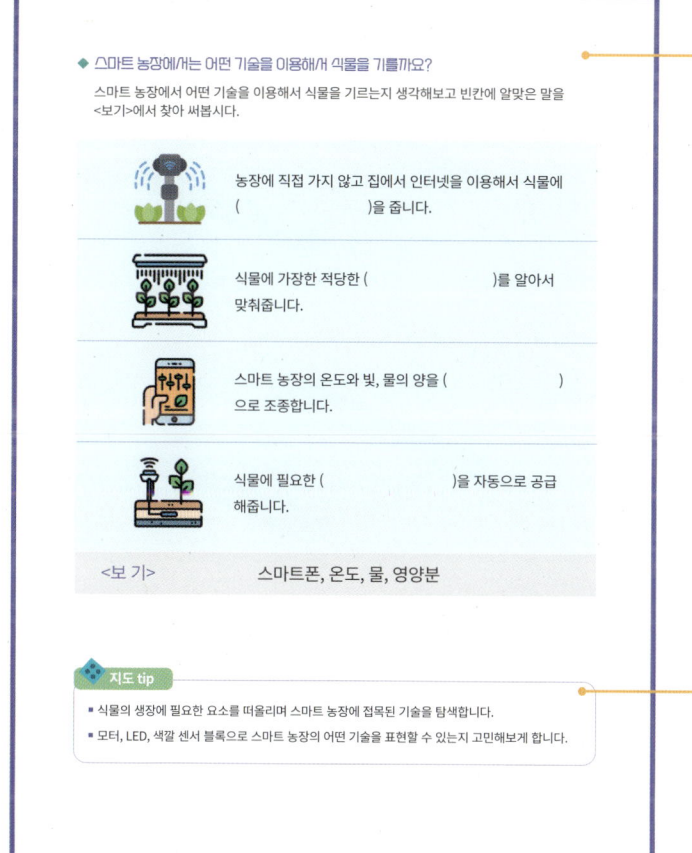

POINT!

배운 내용을 떠올리면서 학습 주제와 관련된 개념을 정리해요.

POINT!

학교와 가정에서 지도 tip을 참고하여 지도할 수 있어요.

이렇게 활용해요!

POINT!

문제 해결 방법을 고민해 보아요.

활동 2 나만의 스마트 농장을 만들어요!

| 생각해보기

- 소피는 레오의 고민을 해결하기 위해 스마트 농장을 만들기로 했어요. 스마트 농장에서 사용하는 기술 중 레오의 고민을 해결할 수 있는 기술은 무엇일까요?

- 스파이크 에센셜의 4가지 기능 블록 중 어떤 블록을 사용하면 스마트 농장의 기술을 구현할 수 있을까요?

- 스마트 농장이 완성된 모습을 살펴보고 어떤 블록이 필요한지 생각해봅시다.

◆ 만들기

스마트 농장

POINT!

조립도를 따라 레고 브릭을 조립해요.

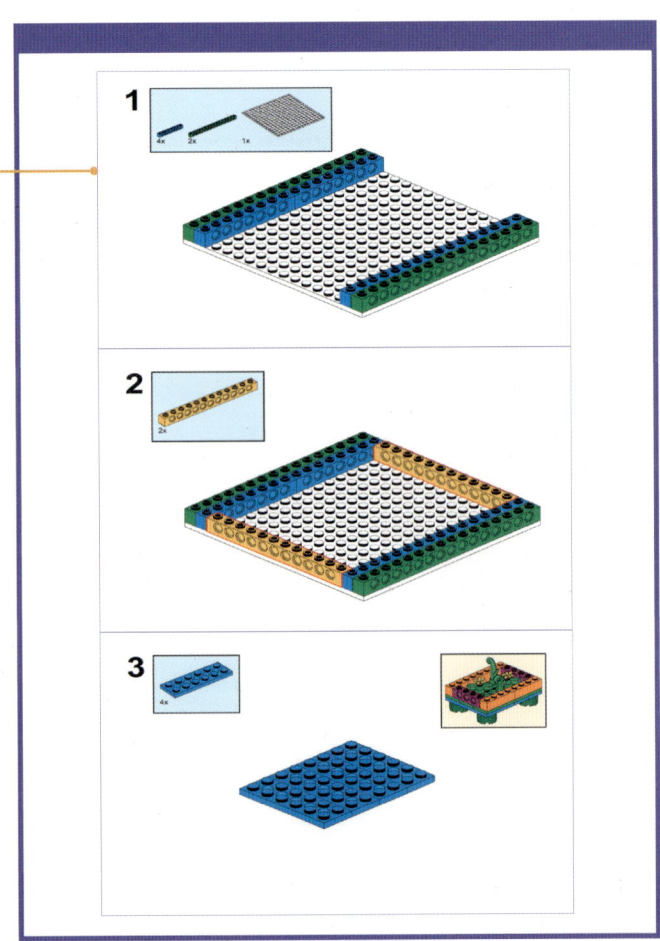

POINT!

아이콘 블록이나 단어 블록을 활용해 코딩해요.

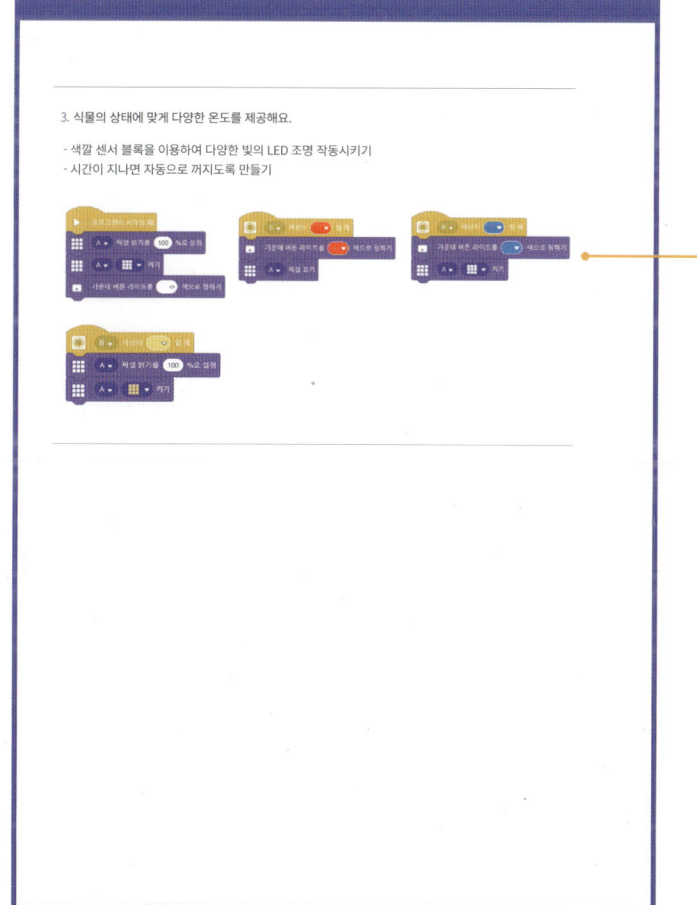

POINT!

주제에 알맞게 조건을 바꿔가며 다양한 방법으로 코딩해요.

이렇게 활용해요!

POINT!
이번 시간에 배운 내용 중 중요한 개념을 확인해요.

POINT!
이번 시간에 활동한 내용을 되돌아보며 스스로 평가해요.

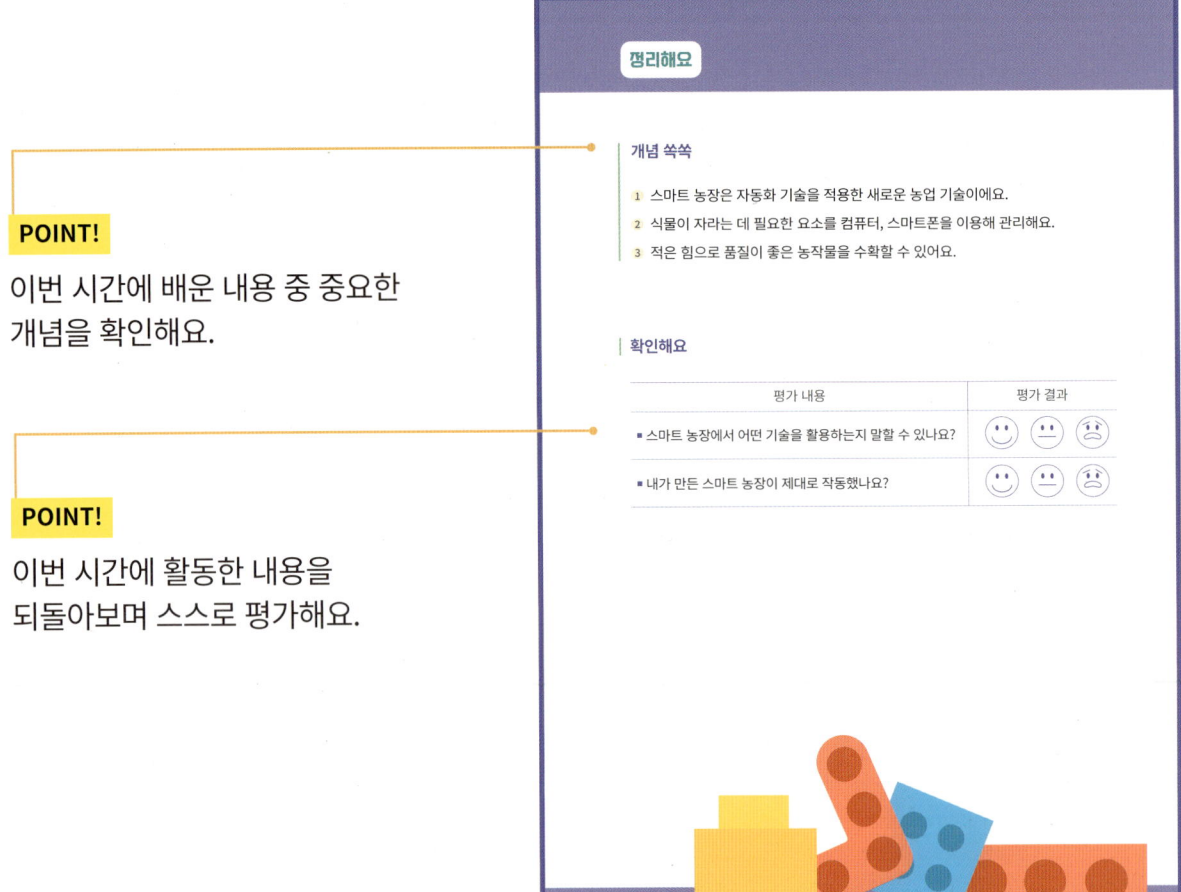

POINT!
이번 시간 주제와 관련된 다양한 이야기가 있어요.

04
환경 기념일

- **1** 습지를 살려요
- **2** 소중한 물, 아껴서 사용해요
- **3** 나무를 심어요
- **4** 전등을 꺼요
- **5** 쓰레기를 청소해요

1 습지를 살려요

> **핵심 개념** 습지의 뜻, 습지에 서식하는 동식물
> **활동 개요** 습지에 사는 생물 알기
> 습지를 관찰하고 연구할 수 있는 습지탐험선 만들기

세계 습지의 날은 1971년 2월 2일 람사르(이란에 있는 도시)에서 개최된 국제회의에서 습지 보호에 관한 국제 협약이 채택된 것을 기념하기 위해 만든 날입니다.
습지는 어떤 곳일까요?

활동 안내

준비물	교재(활동지), 필기구, 스파이크 에센셜			
학습 활동	단계	학습 내용	학습 형태	학습 자료
	도입	■ 만화 이해하기	전체 학습	
	활동1	■ 습지에 대해 알아보아요. - 습지의 뜻 알기 - 습지에 사는 생물 알기 - 습지의 역할 알기	전체 학습	활동지
	활동2	■ 다양한 생물이 서식하는 습지를 표현해 보아요. - 다양한 자료와 도구를 활용하여 습지 표현하기	모둠 학습	그림자료, 종이, 채색 도구 등
	활동3	■ 코딩으로 습지 보호를 연구하는 습지탐험선을 만들어 보아요. - 습지탐험선 만들기 - 코딩으로 목표지점까지 움직이도록 탐험선 조작하기	개별 학습	스파이크 에센셜
	정리	■ 학습한 내용 확인하기	개별 학습	
활동 팁	■ 습지의 중요성을 알고 습지보호가 지구를 건강하게 하는 일임을 알게 합니다. ■ 습지를 보호할 수 있는 방법을 고민해 보게 합니다. ■ 습지에 살고 있는 다양한 생물 사진이나 그림자료를 활용하여 활동할 수 있습니다.			

시작해요   습지에 놀러가요.

- 습지가 중요한 이유는 무엇일까요?

- 습지를 보호하기 위해 어떤 행동을 할 수 있을까요?

학습 목표   습지의 의미와 습지에 서식하는 생물을 알 수 있다.
스파이크 에센셜을 활용하여 습지탐험선을 만들 수 있다.

활동 1   습지에 대해 알아보아요.

◆ **습지란 무엇일까요?**

하천, 연못 등으로 둘러싸인 습한 땅
바다처럼 물에 완전히 잠겨 있지는 않지만, 일 년 중 일정 기간 이상 물에 잠겨 있거나 젖어 있는 땅

◆ **습지에 사는 생물을 알아보아요.**

습지는 육지와 물의 중간 단계의 환경 특성을 가지고 있어서 다양한 종류의 생명체와 수생식물이 자라고 있습니다.

따오기   큰고니   흰목물떼새

가시연꽃   자운영   부들

> 🔷 **지도 tip**
> - 습지보호가 지구 환경을 지키며 생명체를 보존하고 지키는 의미있는 활동임을 이해하게 합니다.
> - 환경부 누리집 정보마당에 낙동강 유역의 아름다운 습지 생태 자료집과 습지 안내 리플릿 자료를 활용할 수 있습니다.

◆ 습지의 역할

생물들에게 다양한 서식 환경 제공

습지는 다양한 생물의 보금자리입니다. 물고기는 습지에 알을 낳고 서식하며, 새들은 습지에서 먹이를 구합니다.

배수 역할

습지의 물풀과 미생물, 흙은
오염된 물을 깨끗하게 만듭니다.

홍수 예방과 물의 저장

홍수가 나면 습지는 물을 저장하는 댐 역할을 하고,
습지에 사는 식물들은 물의 흐름을 지연시켜 물이 급격히
불어나는 것을 막아줌으로써 홍수를 예방합니다.

지구 온난화를 완화

습지에서 자라는 식물들은 광합성을 하면서
이산화탄소를 흡수하고 산소를 배출합니다.
이산화탄소가 적어지면 지구온난화의 진행을
완화시킬 수 있습니다.

내용 출처 : 《SOS 과학 수사대 - 금개구리를 구하라!》, 염승숙 글, 미래엔 아이즐북스

활동 2 다양한 생물이 서식하는 습지를 표현해 보아요.

◆ 다양한 습지 생물이 행복하게 살 수 있는 습지를 표현해 보아요.

우리 나라의 가장 오래된 원시 자연늪 창녕 우포늪

동양 최대의 철새 도래지 창원 주남 저수지

아래 예시 사진들을 참고하여 다양한 습지 생물이 살 수 있는 습지를 자유롭게 표현해 보세요.
습지 생물은 부록 1의 이미지를 오려서 사용하거나 그림으로 직접 그려도 좋아요.

■ <부록 1 다양한 습지 생물>

| 활동 3 | 코딩으로 습지 보호를 연구하는 습지탐험선을 만들어 보아요.

◆ 만들기

습지탐험선

1 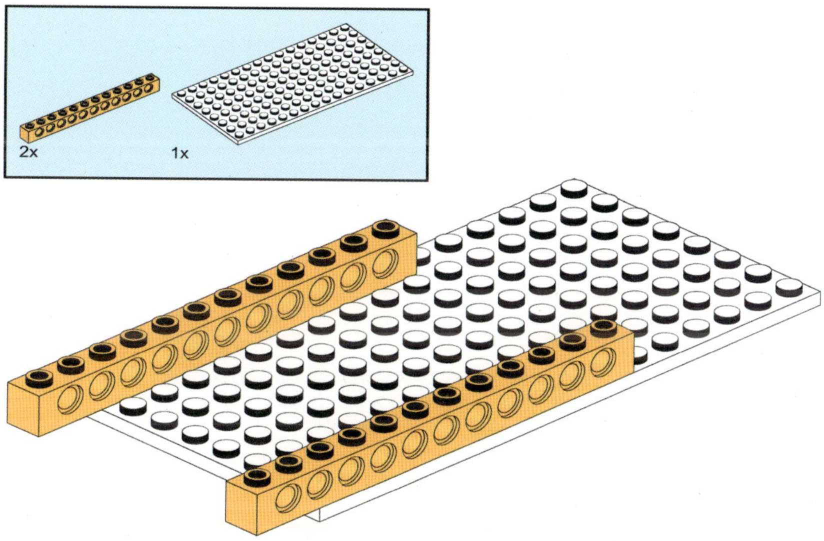 2x 1x

2 4x

4단원_1. 습지를 살려요   23

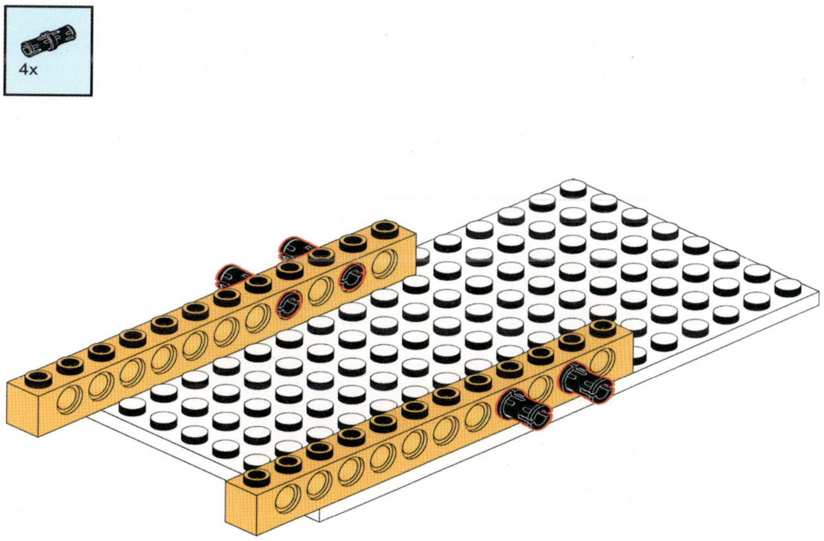

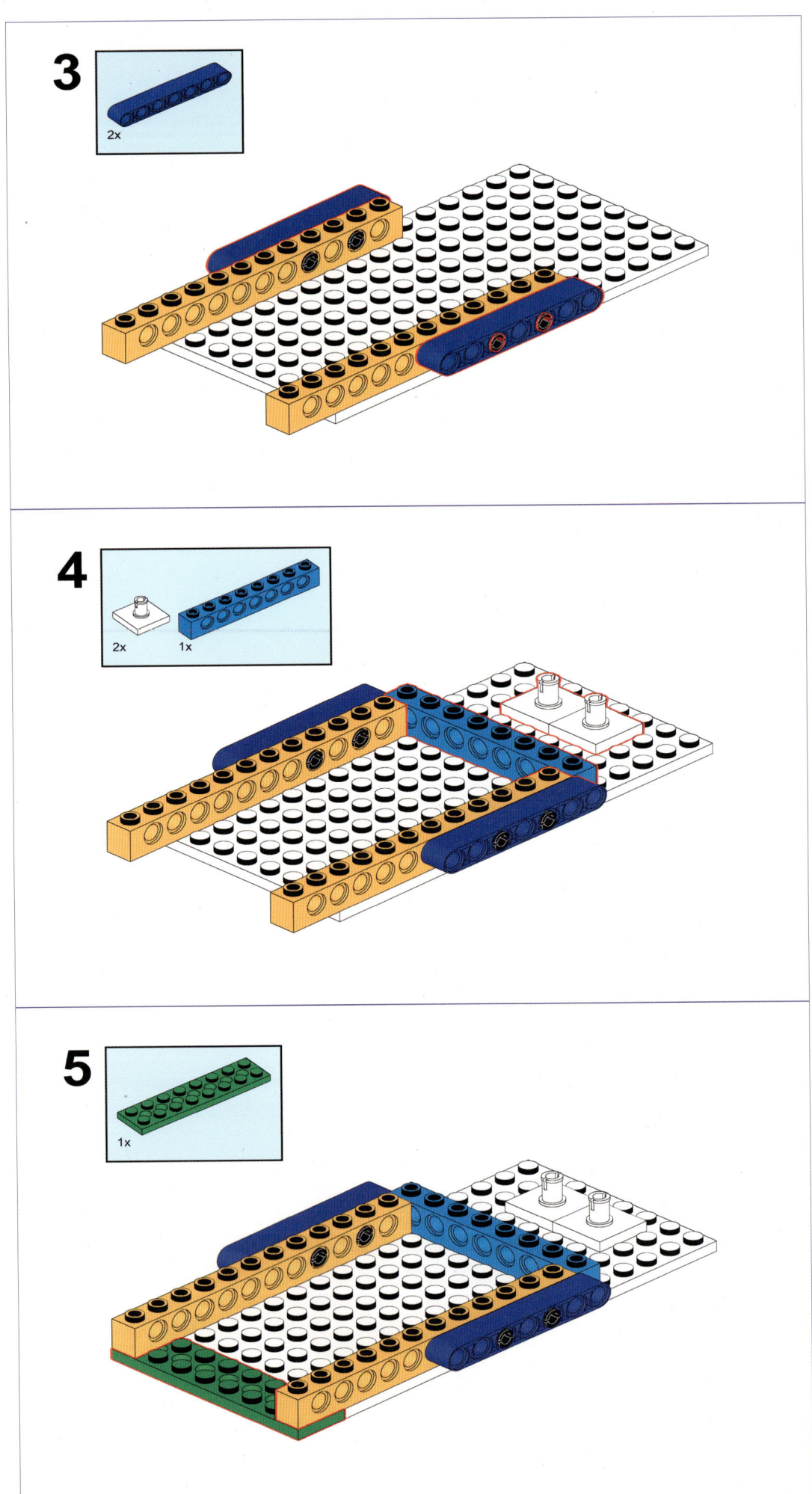

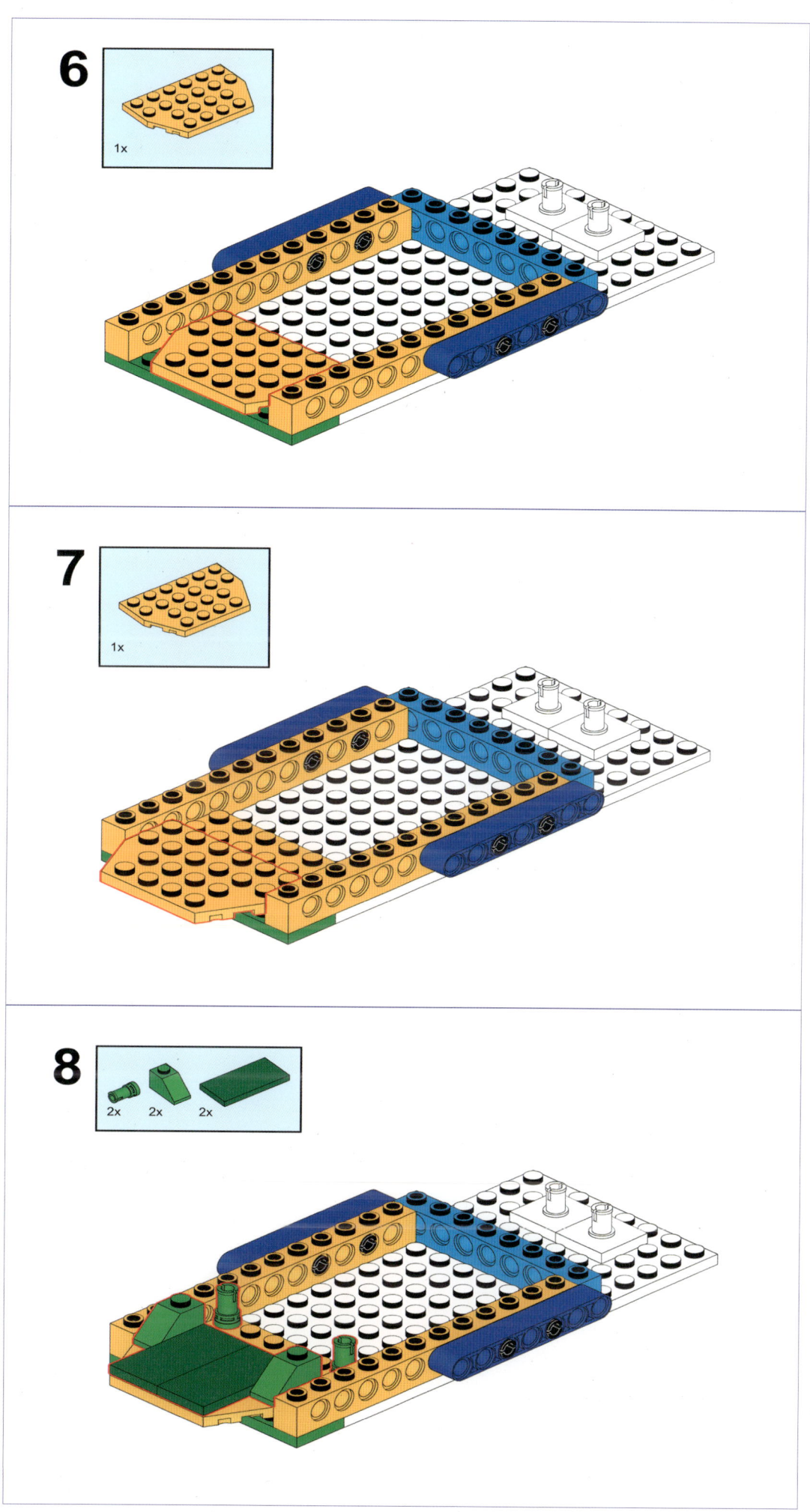

4단원_1. 습지를 살려요

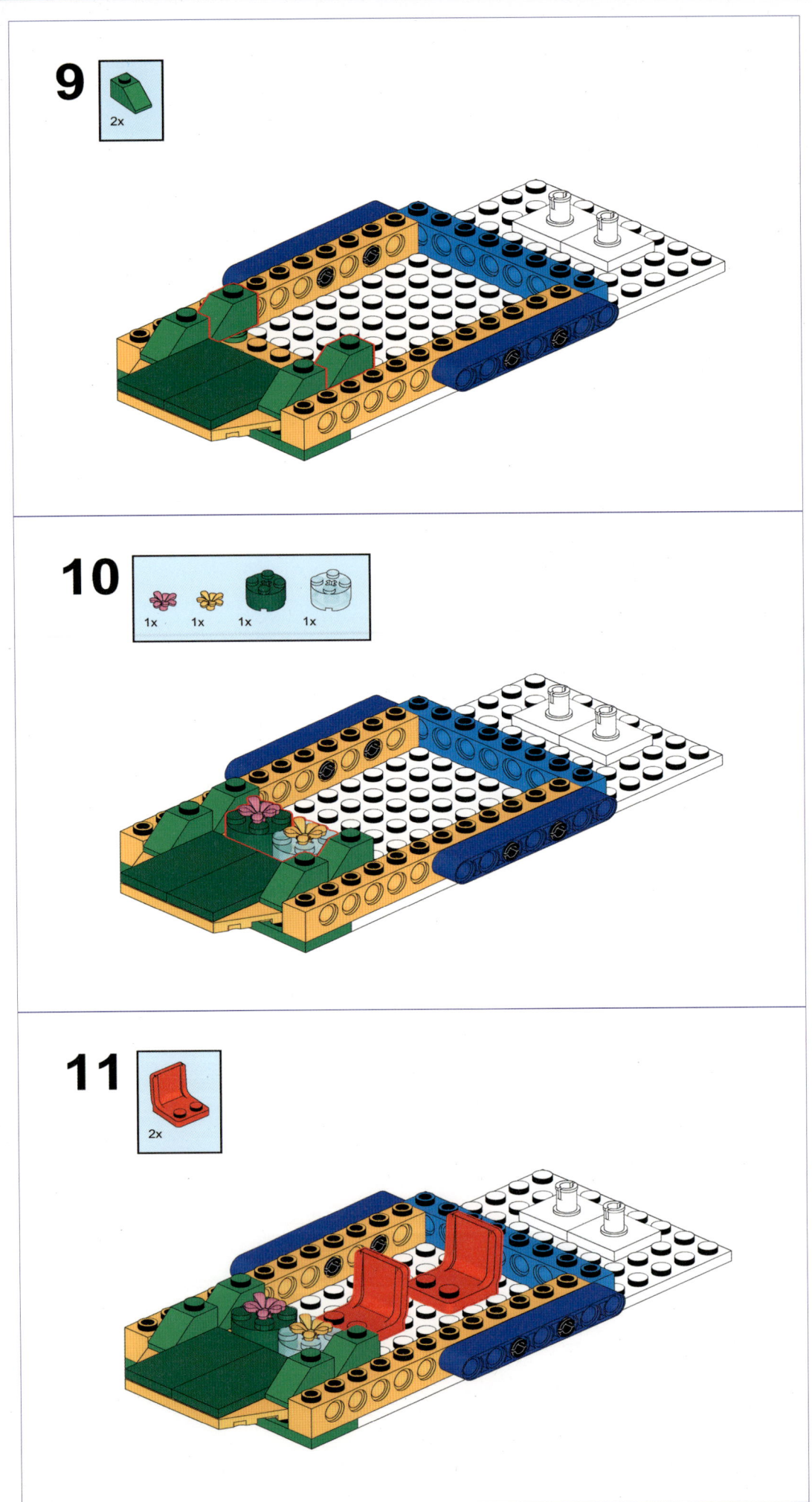

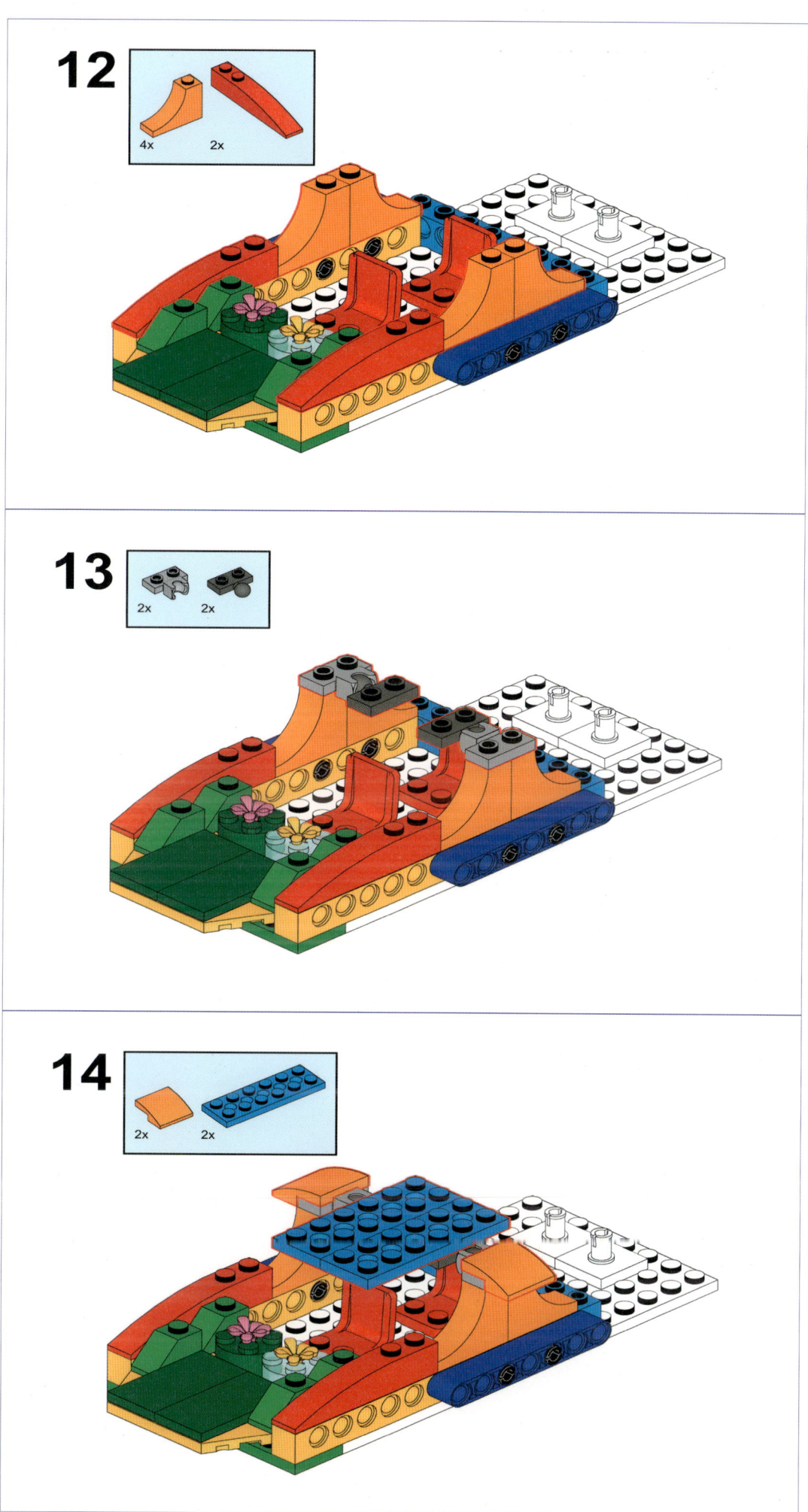

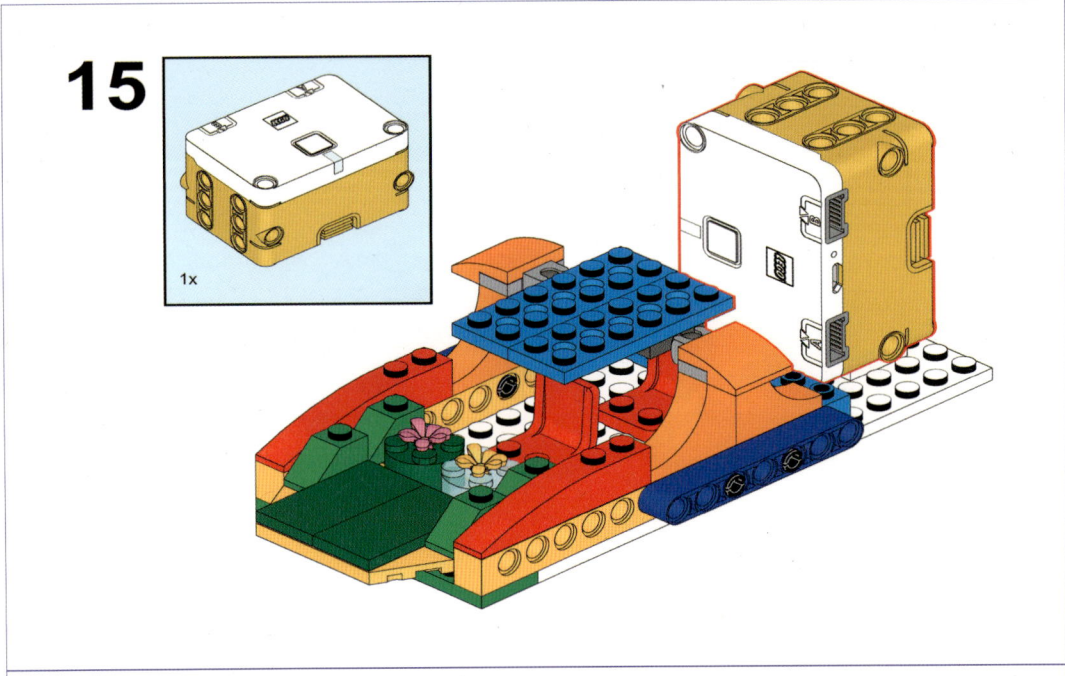

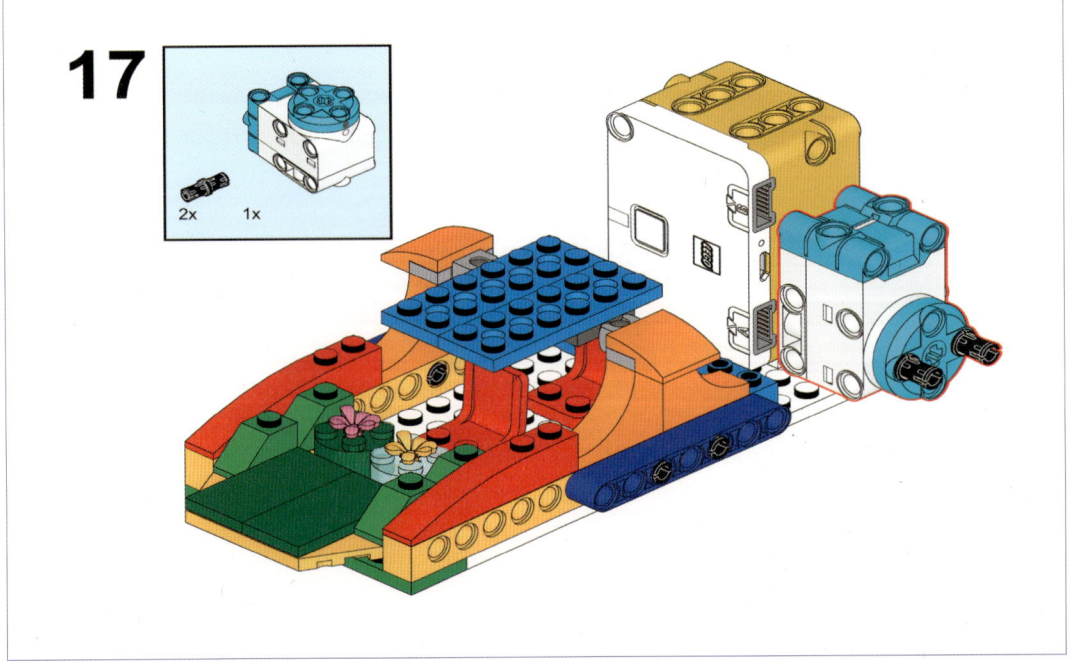

28 4단원_1. 습지를 살려요

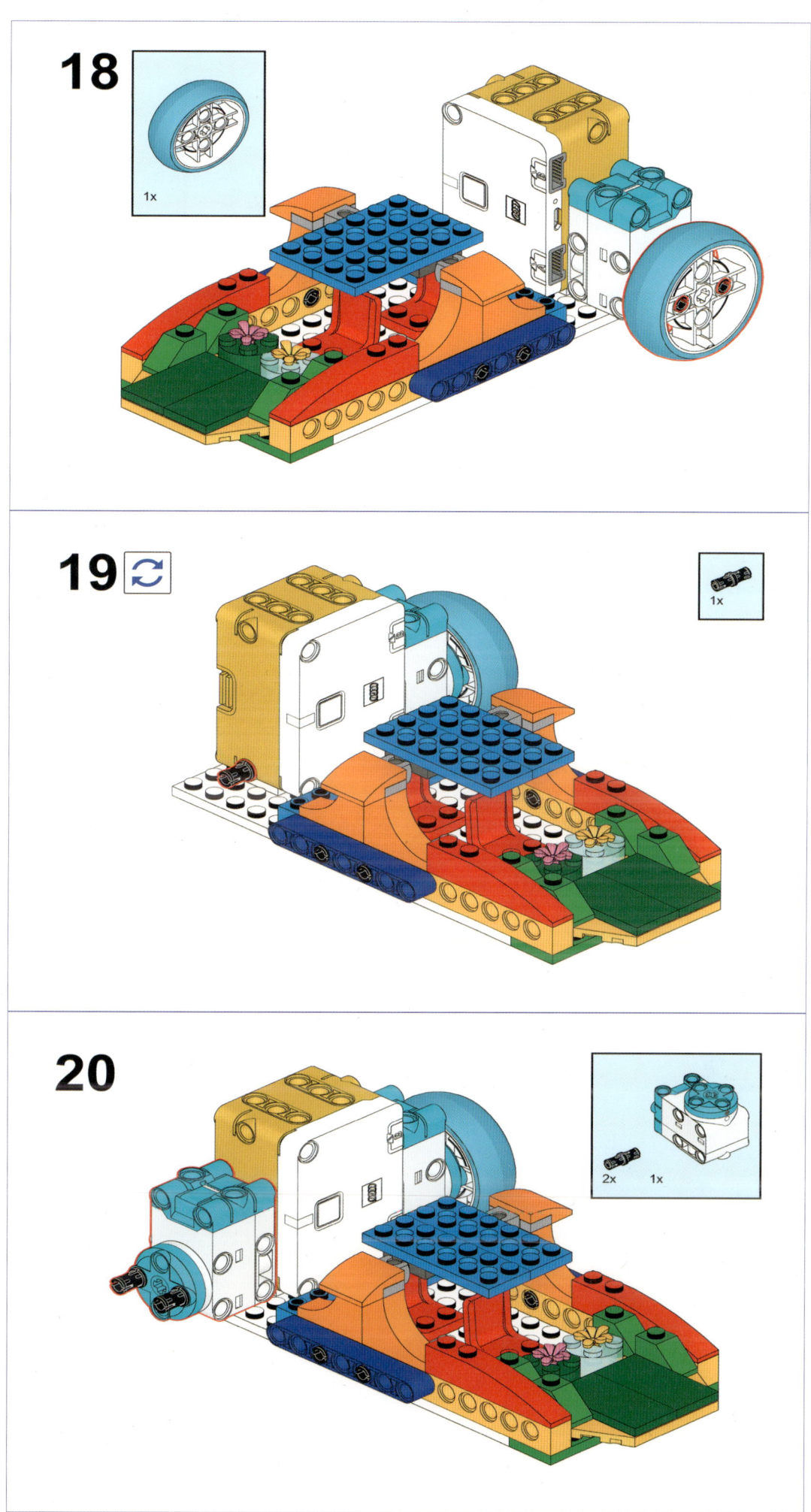

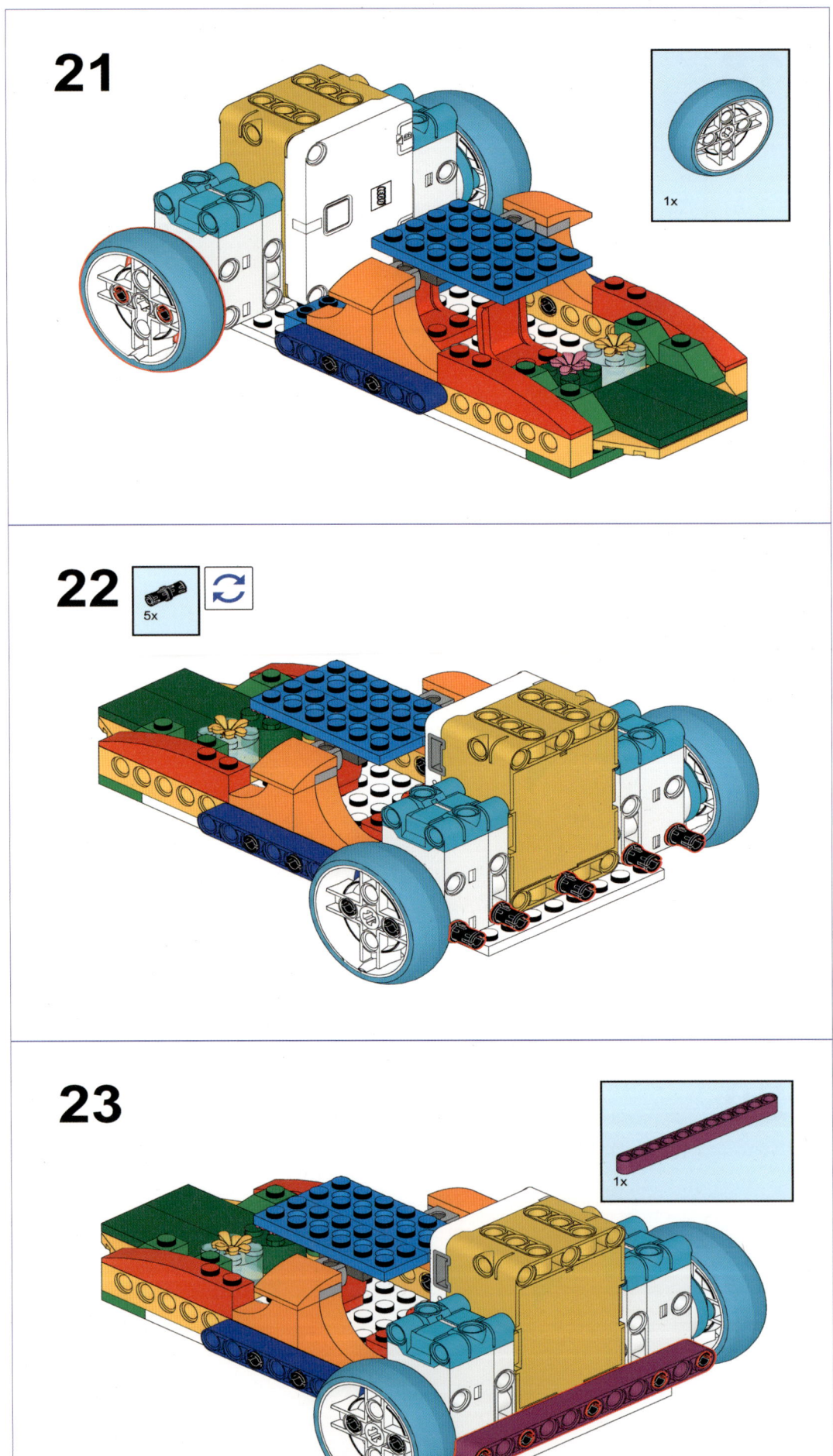

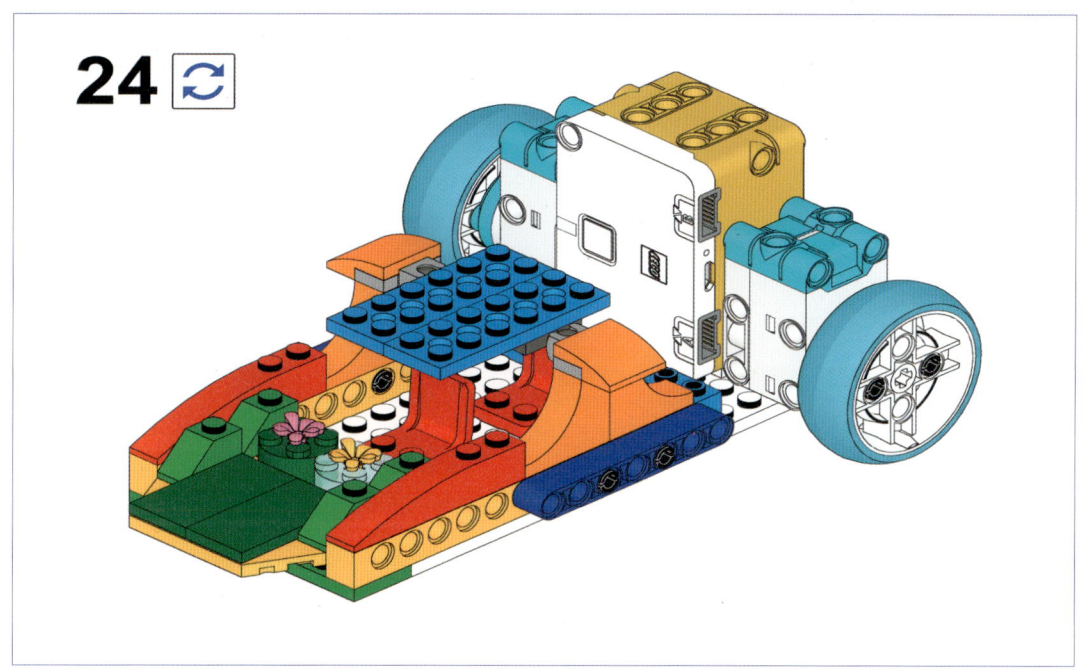

◆ 코딩으로 움직여 보아요.

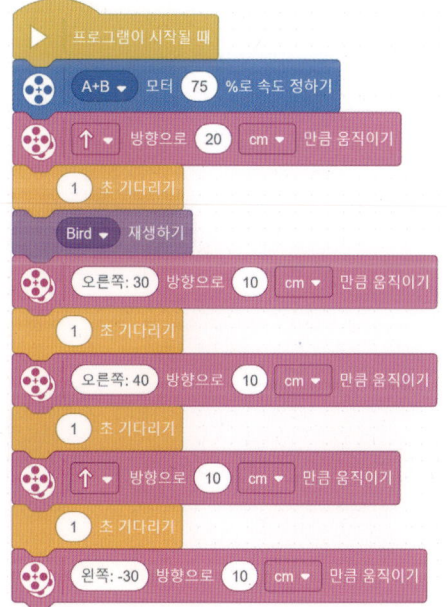

멈춰서 사진을 찍을 수 있도록 도와주세요.
다양한 기능을 넣어서 응용해 보아요.

4단원_1. 습지를 살려요

정리해요

개념 쏙쏙

1. 물에 잠겨 있거나 젖어 있는 땅을 습지라고 합니다.
2. 습지는 생태계를 보존하고, 홍수를 예방하며 지구온난화를 완화할 수 있습니다.
3. 점점 사라져가는 습지를 보존할 수 있도록 노력해야 합니다.

확인해요

평가 내용	평가 결과
■ 습지에 어울리게 표현하였나요?	☺ 😐 ☹
■ 습지탐험선은 알맞게 움직였나요?	☺ 😐 ☹

읽을거리

람사르 습지란 무엇일까요?

람사르 습지는 희귀하고 독특한 습지 유형을 보이거나, 서식하는 생물이 다양하여 국제적으로 보전 가치가 있는 중요한 지역으로, 람사르 협약 사무국을 통해 인정을 받아 지정되는 습지입니다. 우리나라는 1997년에 세계에서 101번째로 가입했습니다. 현재 우리나라는 강원도 대암산 용늪, 경남 창녕군 우포늪을 비롯하여 총 24개(2021.5월 기준) 습지가 람사르 습지로 등록되어 있습니다. 가장 최근 고양 장항습지가 24번째 습지로서 국제적으로 공식 인정을 받았습니다. 전세계 2,242곳, 아시아에 368곳, 우리나라 24곳(면적 202,672km^2)이 등록되어 있습니다.

습지보전법이 있어요.

습지를 효율적으로 보전·관리하기 위하여 제정된 법률입니다.
이 법에는 습지의 보전과 관리, 조사, 보호 그리고 습지에 관한 국제협약의 이행 등과 관련된 사항이 반영되어 있습니다.

습지 탐방시 주의해요.

1. 개인용 텀블러를 준비해서 일회용품 사용량을 줄이고 쓰레기는 되가져 갑니다.

2. 습지 내부에서는 절대 금연이고 라이터, 버너 등 발화용품은 휴대하지 않습니다.

3. 야생동물을 발견했을 때는 가까이 다가가지 말고 소리지르지 않습니다. (동물이 놀라요.)

4. 우리는 잠시 들리는 손님이라는 마음가짐으로 조용히 탐방하며 환경을 소중하게 생각합니다.

5. 모자, 긴팔, 긴바지를 착용하여 더위, 곤충, 풀로부터 몸을 보호합니다.

6. 정해진 길로 다니고 탐방로가 아닌 곳으로는 가지 않습니다.

2 소중한 물, 아껴서 사용해요

> **핵심 개념** 물발자국, 물을 아껴 쓰는 방법
> **활동 개요** 물을 아껴 써야 하는 이유 알기
> 　　　　　　　물을 아껴 쓰는 생활 실천하기

세계 물의 날은 1992년 제47차 UN총회에서 물의 소중함을 알리고 물 문제 해결을 위해 세계 여러 나라가 관심을 갖고 협력할 수 있도록 정한 날로 매년 3월 22일입니다.
우리나라의 물 사정은 어떠할까요?

활동 안내

준비물	교재(활동지), 필기구, 색연필, 사인펜, 스파이크 에센셜, 가위, 종이			
	단계	학습 내용	학습 형태	학습 자료
학습 활동	도입	▪ 만화 이해하기	전체 학습	
	활동1	▪ 물발자국에 대해서 알아보아요. 　- 물발자국의 의미 알기 　- 대한민국이 물 부족 국가인 이유 알기 　- 물을 아껴 써야 하는 이유 알기	전체 학습	활동지
	활동2	▪ 물을 아껴 써요. 　- 물의 양 계산하기 　- 물을 아껴 쓰는 방법 알기 　- 레고로 표현하기	개별 학습	활동지, 스파이크 에센셜
	활동3	▪ 물을 아끼고 절약하여 물 에너지를 모아요. 　- 코딩으로 물을 절약할 때마다 물 에너지를 모으는 장치 만들기	개별 학습	스파이크 에센셜
	정리	▪ 학습한 내용 확인하기	개별 학습	
활동 팁	▪ 물의 소중함을 느낄 수 있도록 합니다. ▪ 물을 절약하고 아껴 쓰는 것이 지구를 건강하게 만드는 중요한 일임을 이해하게 합니다. ▪ 일상생활에서 물을 아껴 쓰는 생활을 실천할 수 있도록 응원합니다.			

시작해요   물을 어떻게 사용하고 있나요?

- 물이 없다면 어떻게 될까요?

- 물을 아껴 써야 하는 이유는 무엇일까요?

학습 목표   소중한 물을 아껴 쓰는 방법을 찾고 실천할 수 있다.
               스파이크 에센셜을 활용하여 물을 절약하면 불이 들어오는 장치를 만들 수 있다.

활동 1 물발자국에 대해서 알아보아요.

◆ 물발자국이란?

물발자국이란 제품의 원료, 제조, 유통, 사용과 폐기까지 모든 과정에서 사용되는 물의 총 사용량을 말합니다. 수치가 높을수록 물을 많이 사용하는 제품이고, 수치가 낮을수록 물을 적게 사용하여 만든 제품이라고 볼 수 있습니다.
우리가 사용하는 제품(연필, 옷, 공책 등)과 음식(과자, 빵, 라면 등)을 만들 때는 물이 필요합니다.

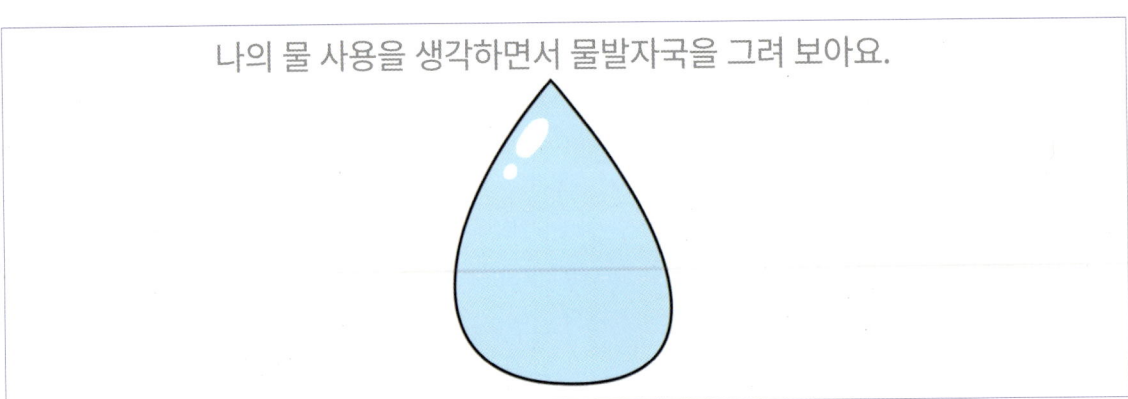

나의 물 사용을 생각하면서 물발자국을 그려 보아요.

◆ 물발자국 인증 제도

환경부에서는 2017년 1월부터 물발자국 인증제도를 도입하였습니다. 물발자국 인증 제도는 제품이 만들어지고 유통되며 사용되고 폐기 되는 모든 과정에서 소모되는 물의 양과 환경에 미치는 영향을 고려하여 그 정보를 제품에 표시하는 것입니다.

◆ 대한민국은 물 부족 국가?

우리나라는 수도 시설이 잘 되어 있고, 어디에서든 수도꼭지를 돌리면 물을 사용하는데 불편함이 없어서 물이 풍부하다고 느껴집니다. 하지만 강수량의 대부분이 여름철에 집중되어 있고, 가을 겨울철에 가뭄과 건조가 심하며, 좁은 국토에 많은 사람들이 살고 있어서 한 사람이 쓸 수 있는 물의 양은 다른 나라와 비교했을 때 많이 모자라는 편입니다.

 지도 tip

- 일상생활에서 물의 소중함을 알게 한다.
- 물을 아껴 쓰는 방법을 실천할 수 있게 한다.

활동 2 물을 아껴 써요.

◆ 하루 동안 사용하는 물의 양은 어느 정도일까요?

◆ 오늘 무엇을 할 때 물을 사용하였나요? O표시 하거나 써 보세요.

양치질, 세수, 샤워, 빨래, 설거지, 화장실 변기 내리기, 마시기, 라면 끓이기 등

◆ 오늘 하루 내가 사용한 물을 생각해 보고 그 양을 색칠해 보아요. (한 병이 2L)

◆ 물을 아껴 쓰는 방법을 알아보아요.

변기 수조에 물병이나 벽돌 넣기, 대소변 구분형 절수 기기 사용하기

세수와 양치질은 물을 받아서 하기

빗물을 모아 사용하기

절수형 샤워기를 사용하고 샤워 시간 줄이기

설거지할 때 통에 물 받아서 하기

양치질 할 때 컵 사용하기

깨끗한 물은 청소할 때 재사용하기

세탁물은 모아서 빨래하기

◆ 레고로 표현할 수 있어요.

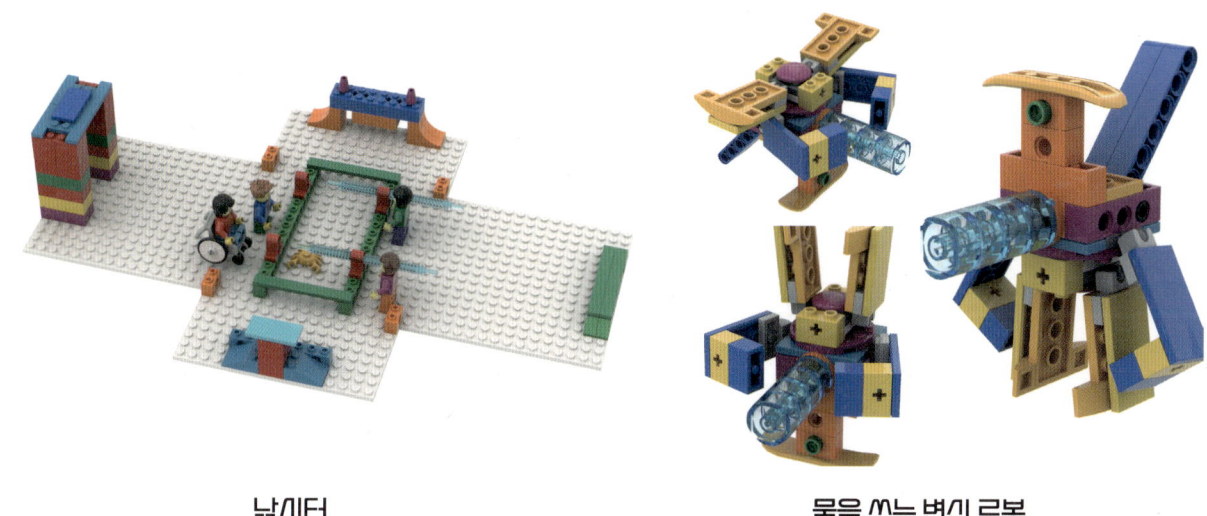

낚시터

물을 쏘는 변신 로봇

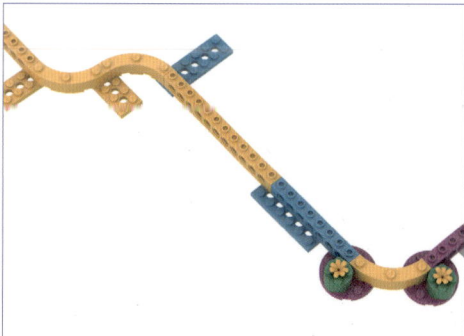

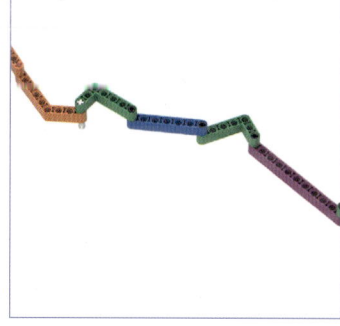

정수장, 집, 하수처리장이 연결된 모습

| 활동 3 | 물을 아끼고 절약하여 물 에너지(파란불)를 모아요. |

◆ 만들기

물 에너지

가정에서 물 절약을 실천하면 물 에너지가 모입니다.

1

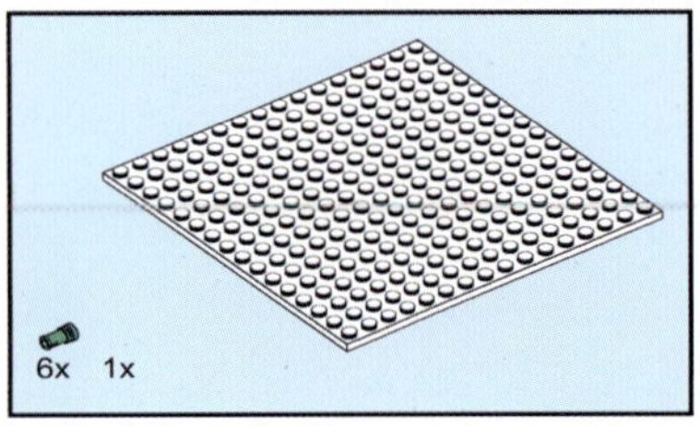

6x 1x

2

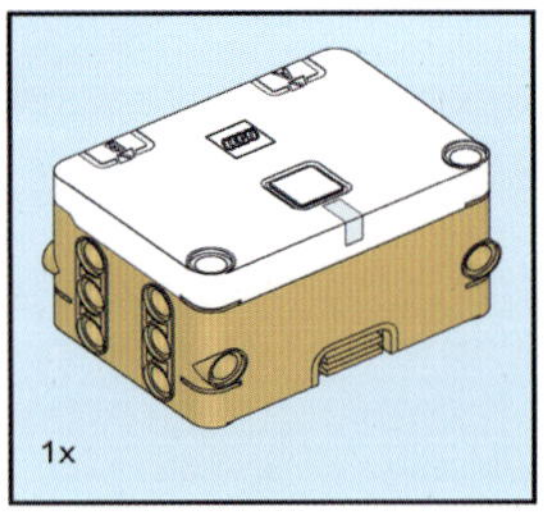

1x

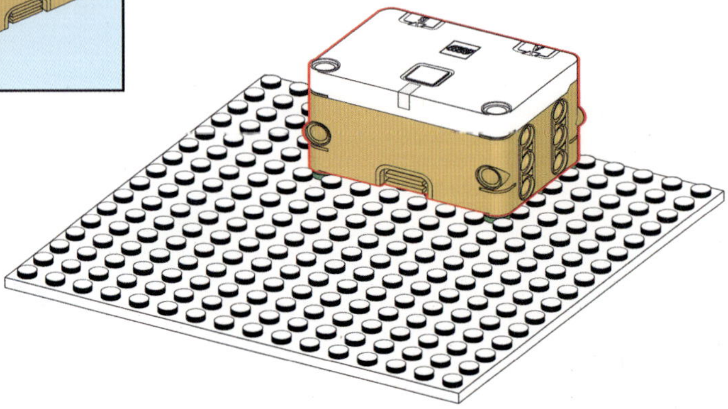

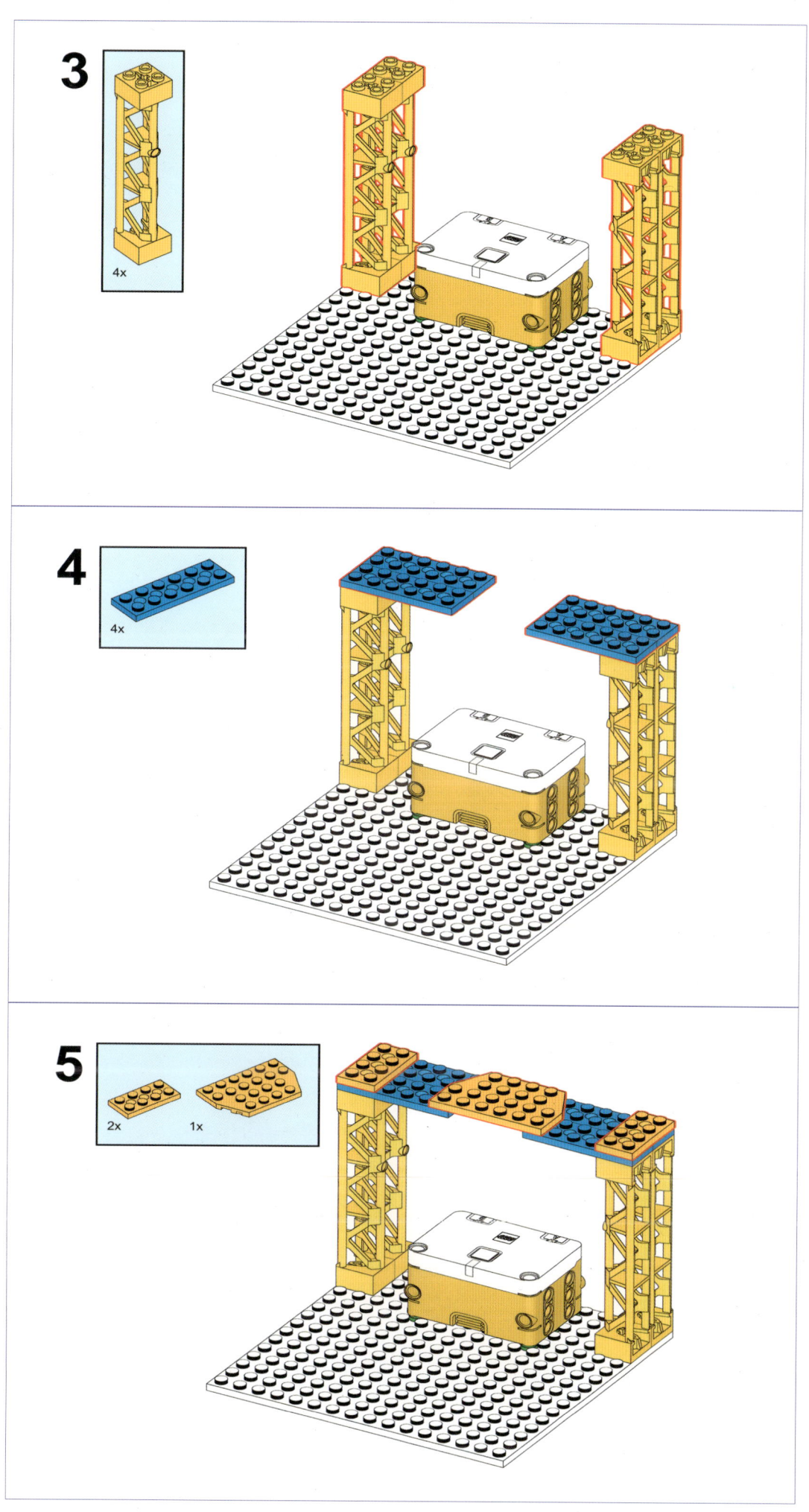

4단원_2. 소중한 물, 아껴서 사용해요

6

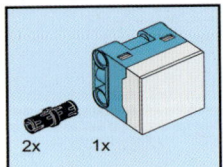

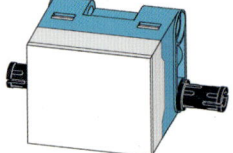

7

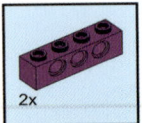

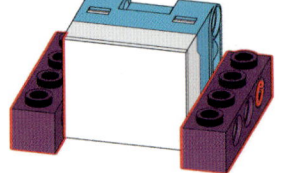

8

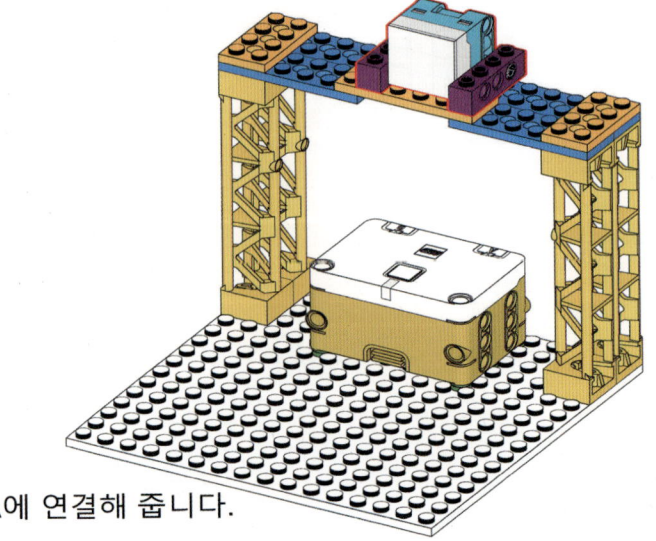

라이트 선을 A에 연결해 줍니다.

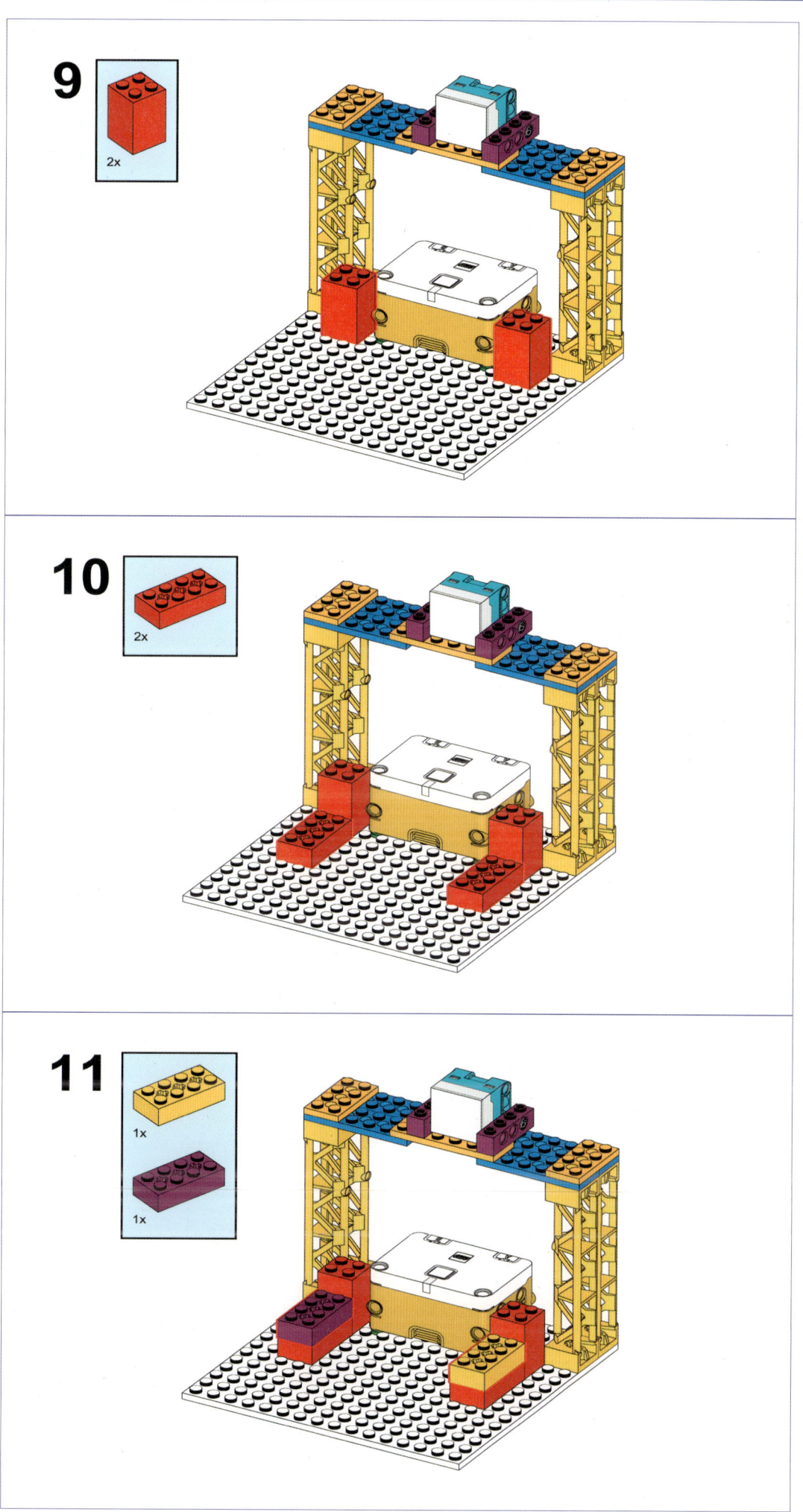

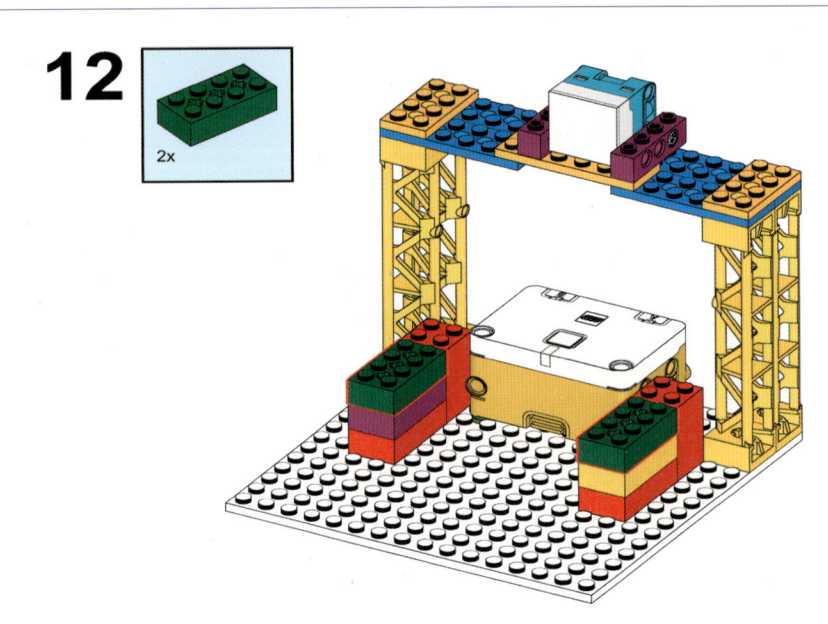

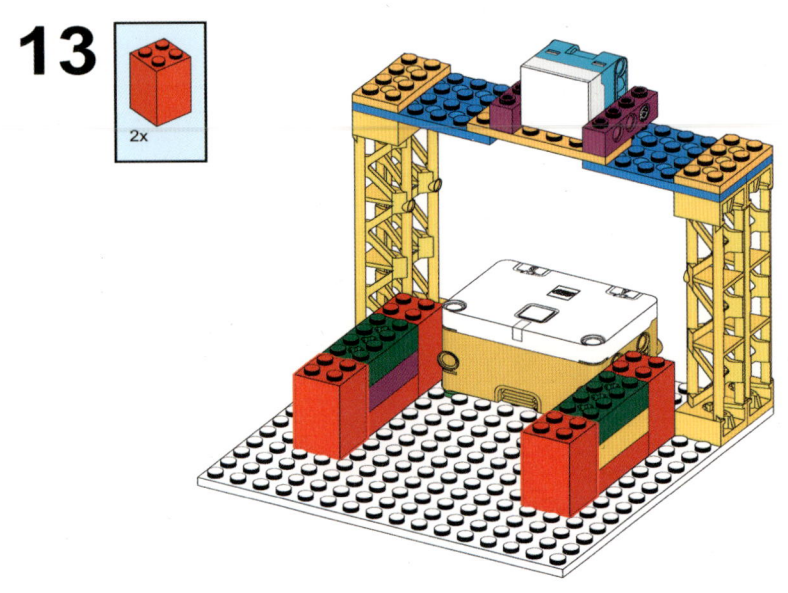

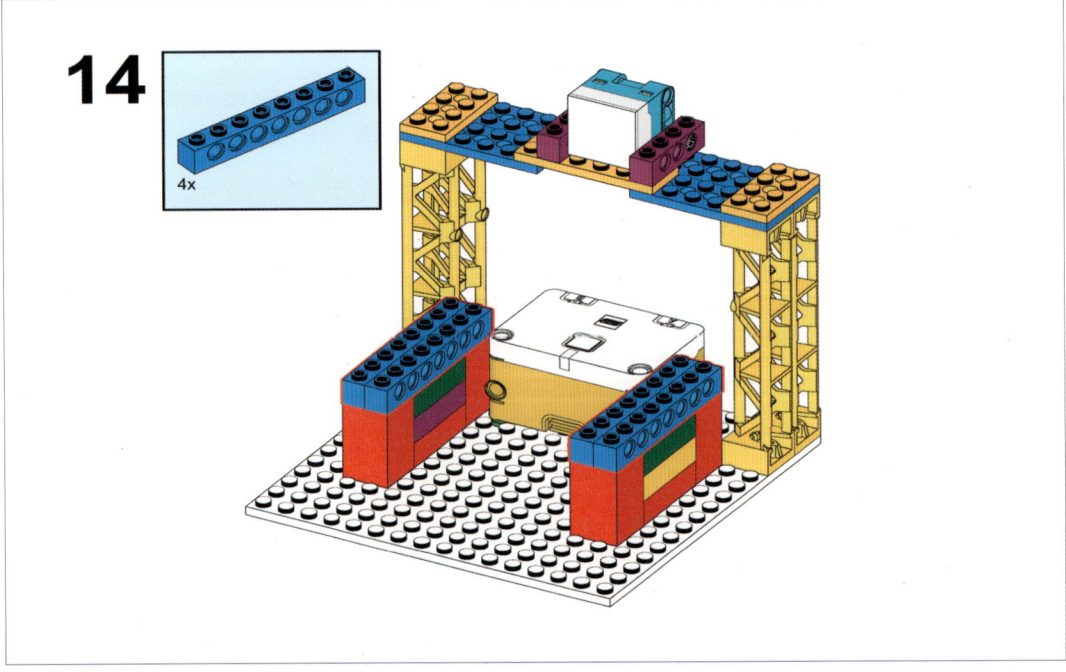

44 4단원_2. 소중한 물, 아껴서 사용해요

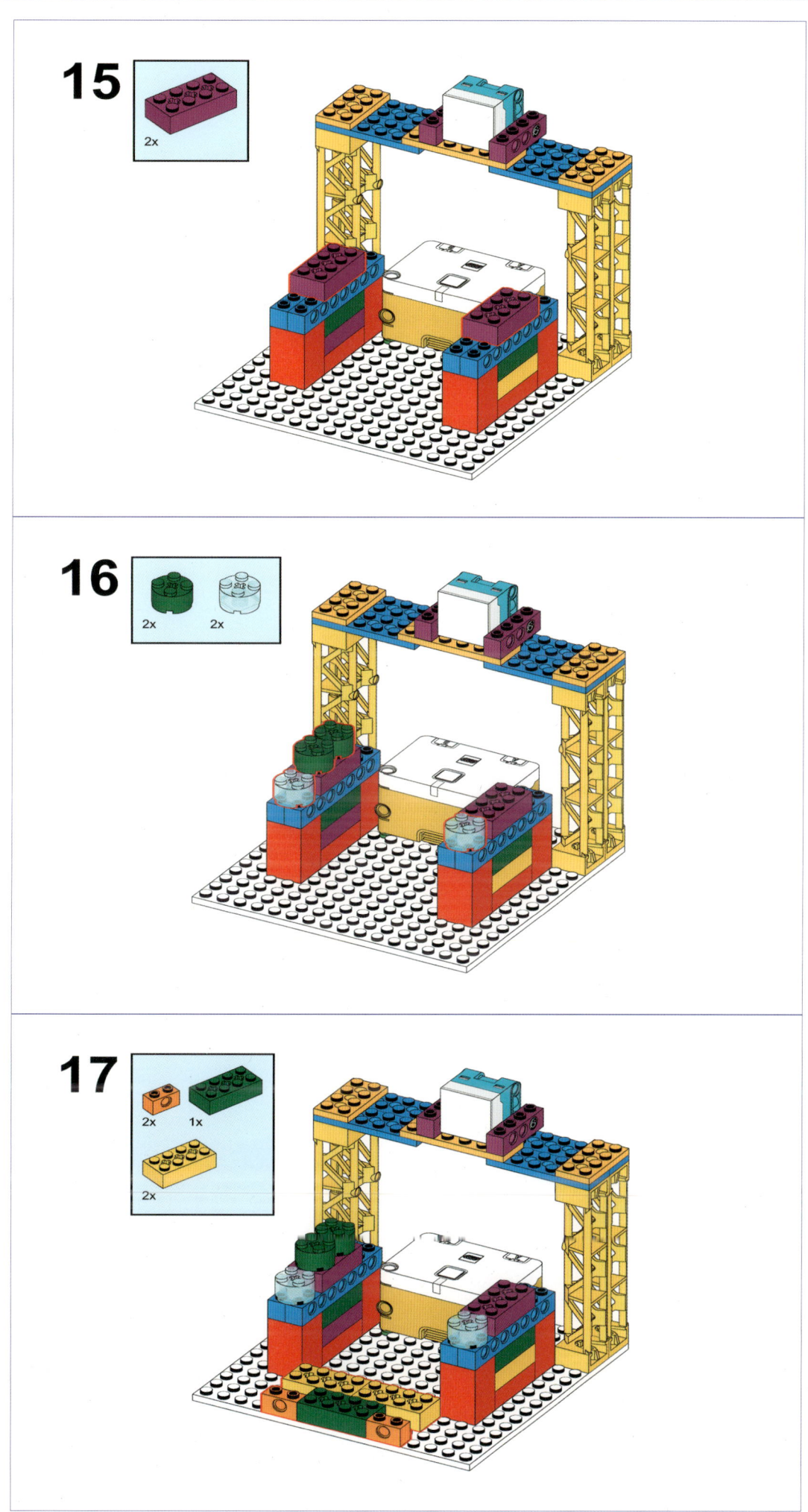

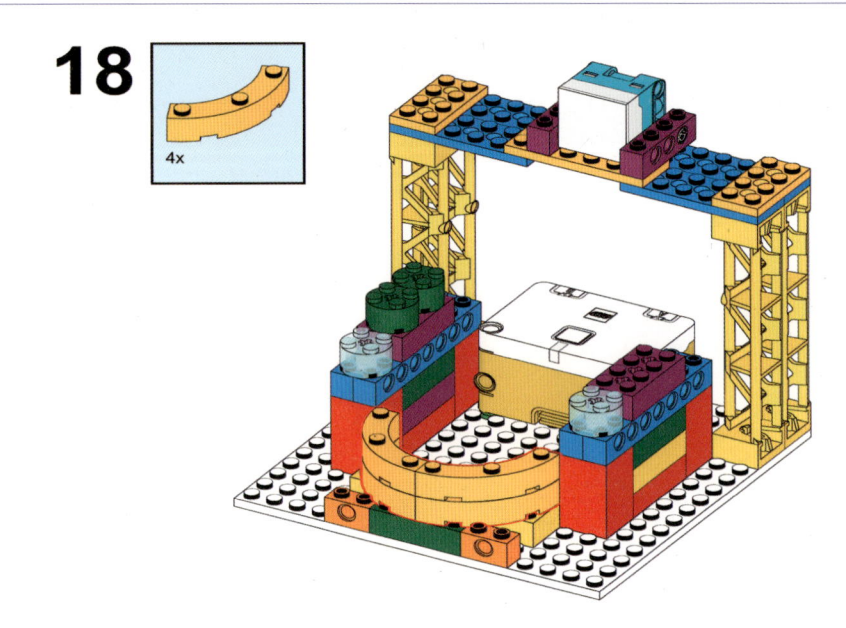

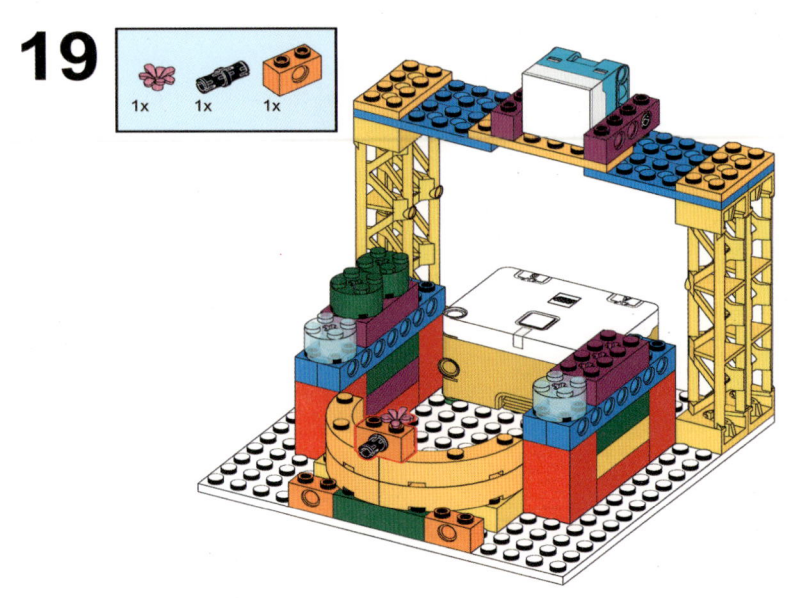

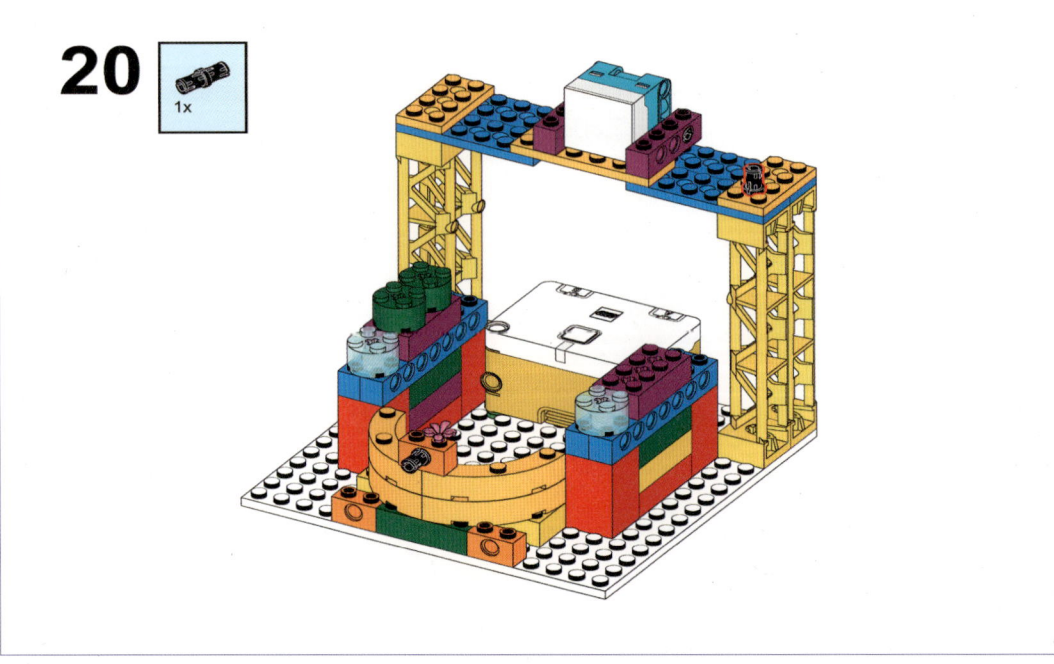

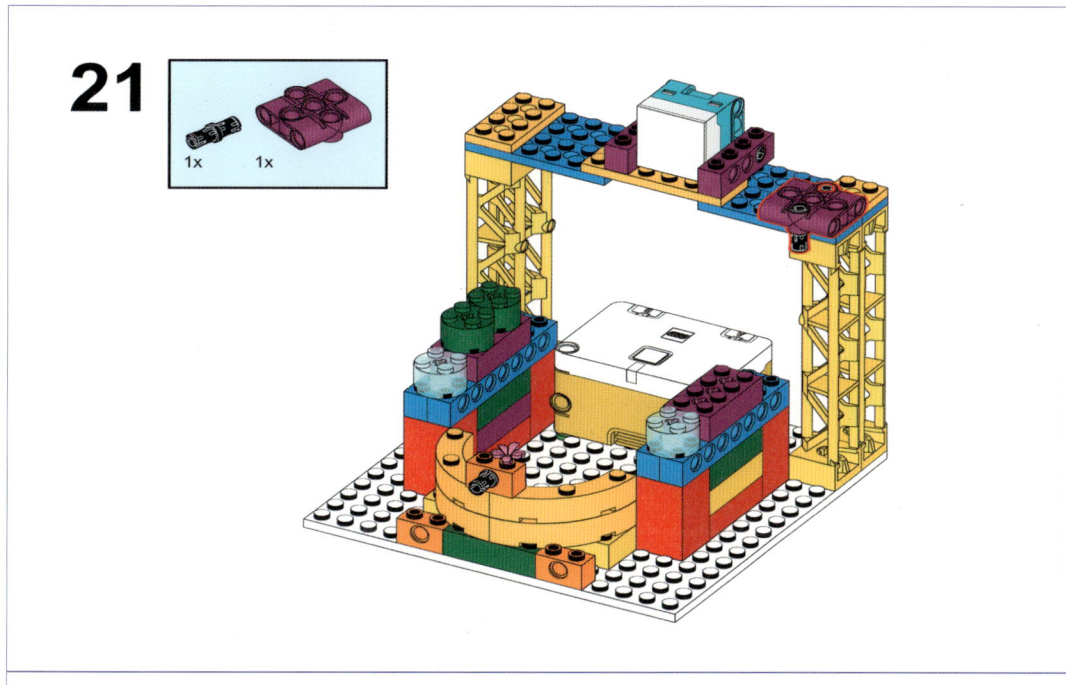
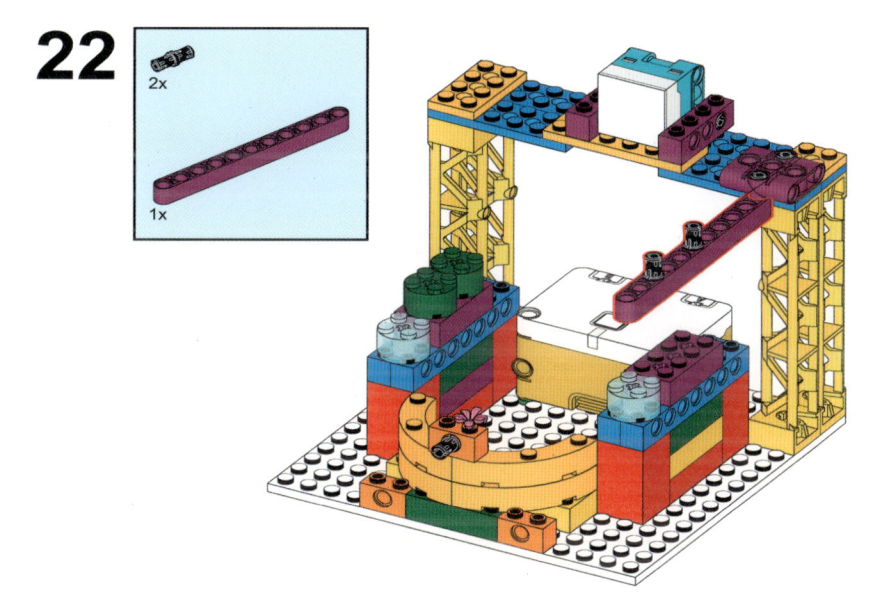
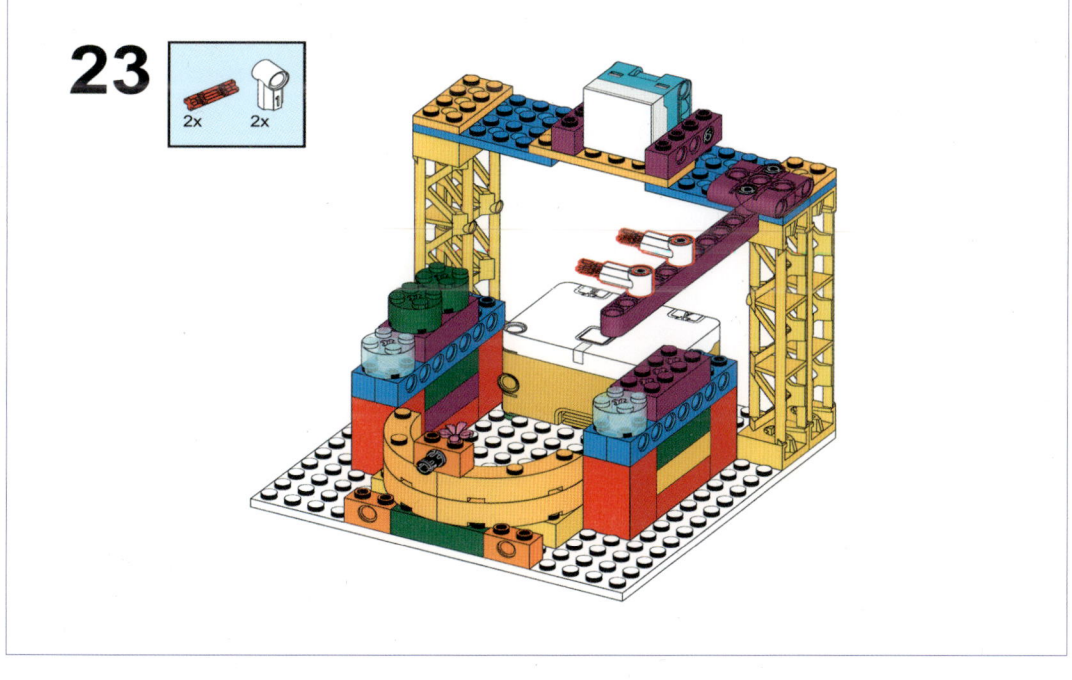

4단원_2. 소중한 물, 아껴서 사용해요

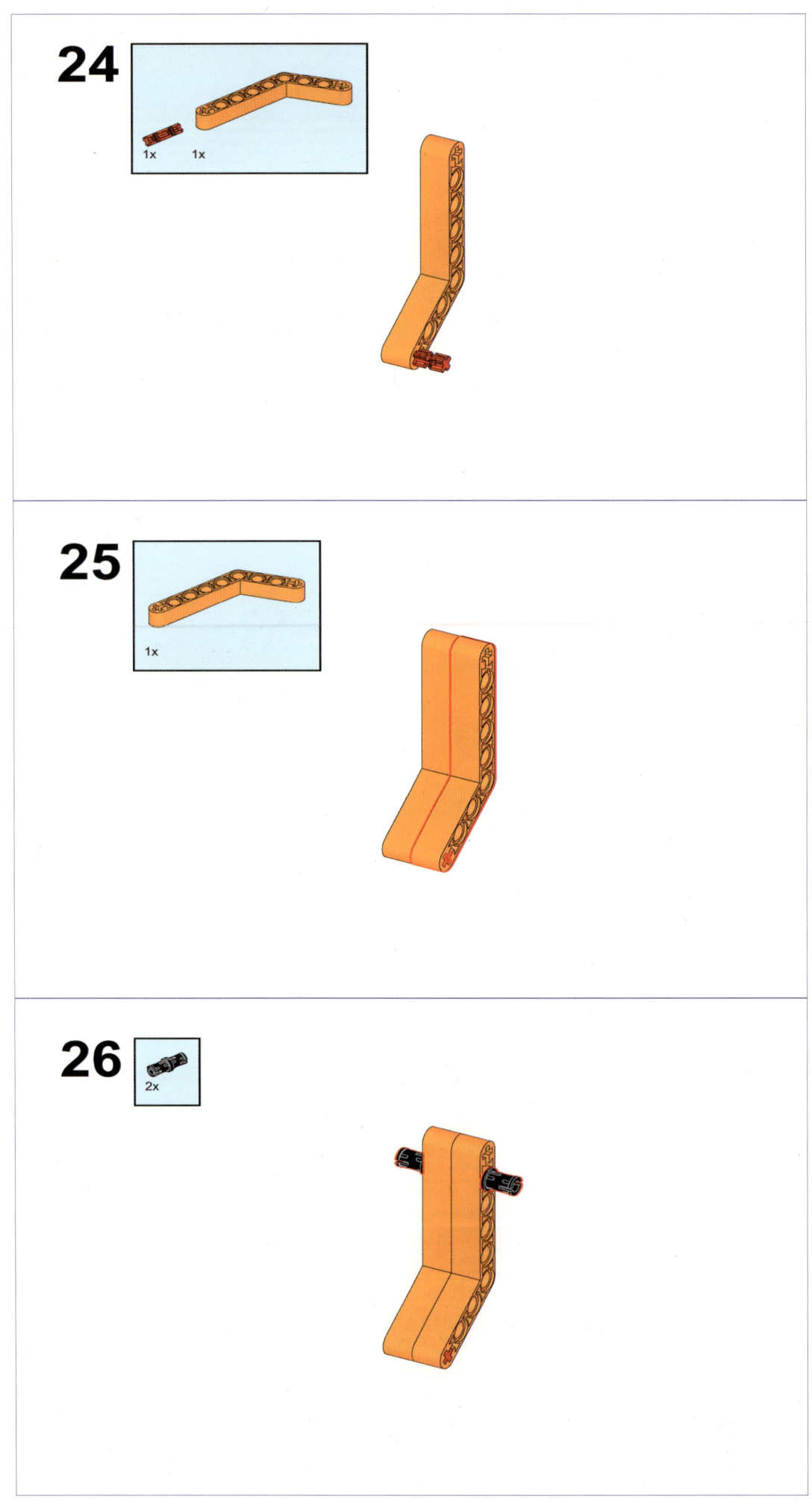

48 4단원_2. 소중한 물, 아껴서 사용해요

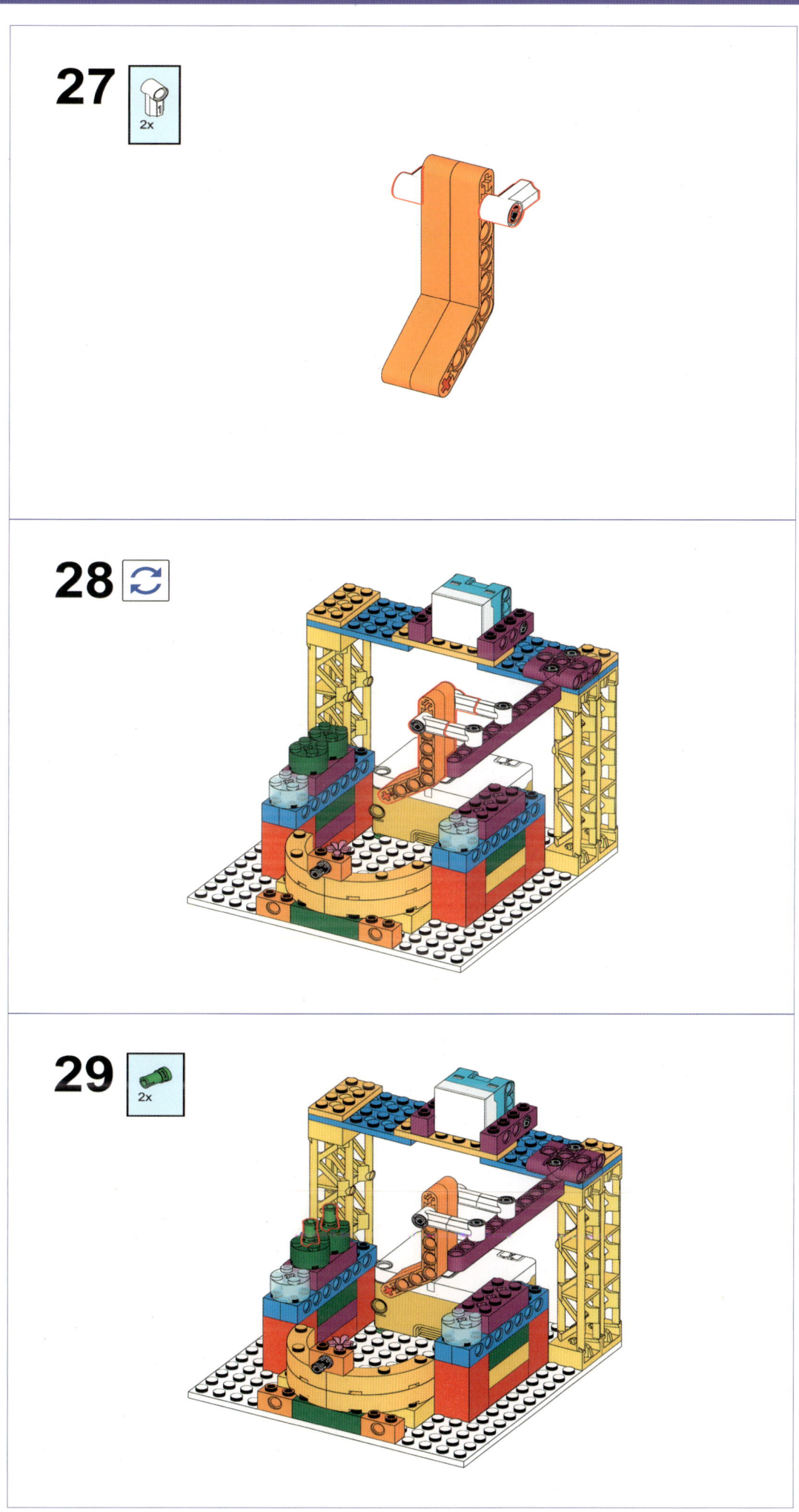

30

컬러 선을 B에 연결해 줍니다.

31

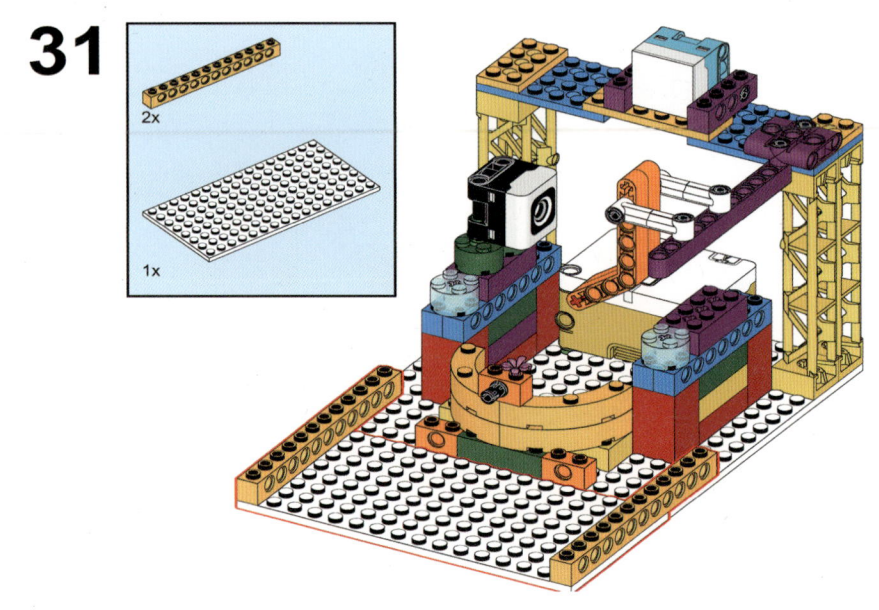

32

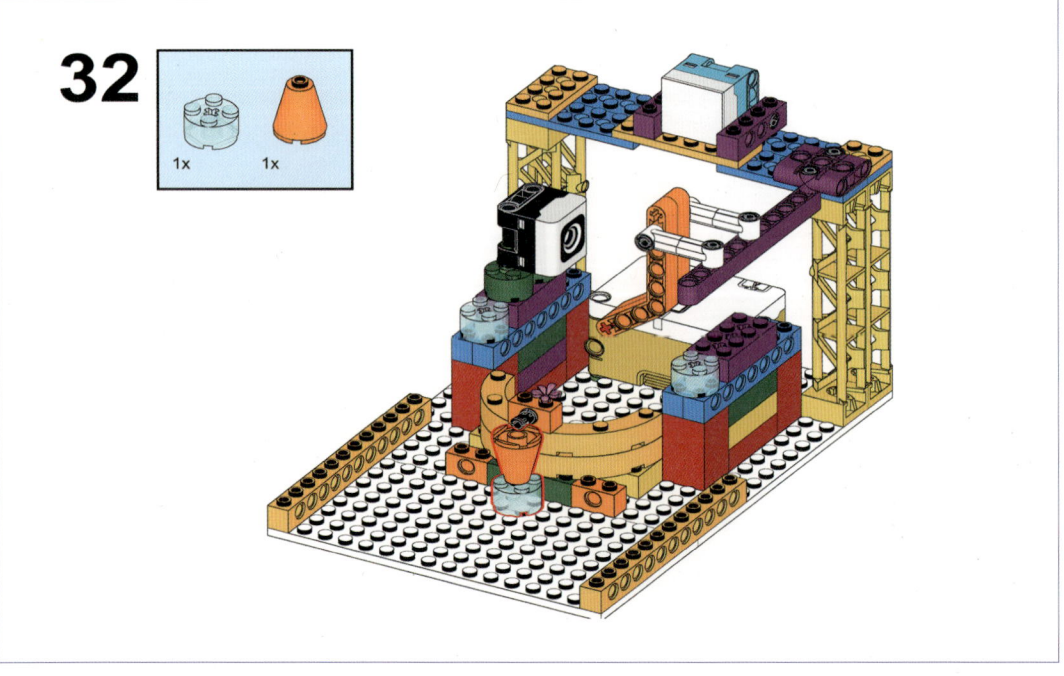

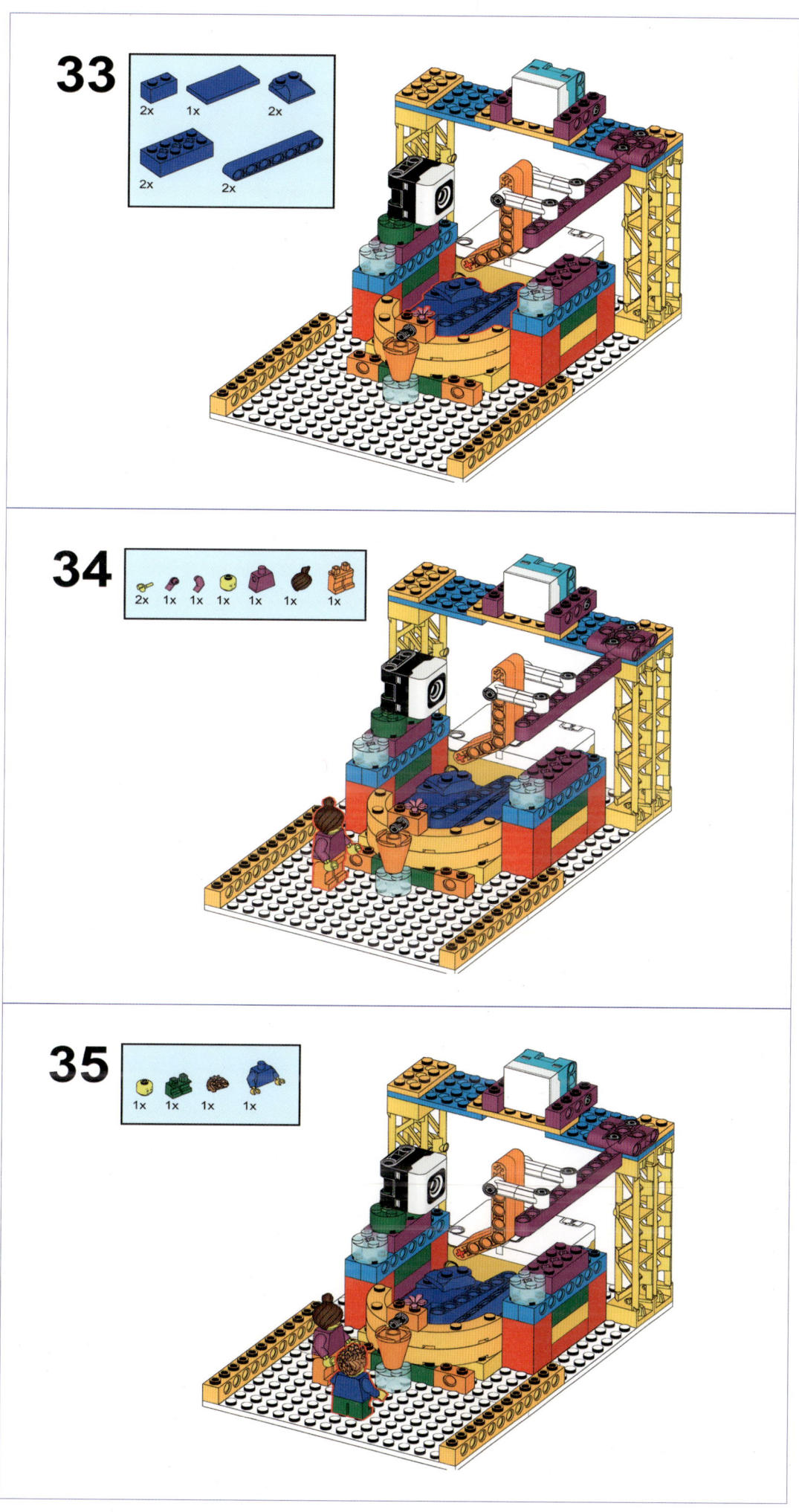

36

◆ **코딩으로 움직여 보아요.**

코딩으로 블록에 반응하여 물을 모으는 장치를 만들어 보아요.
파란색 블록이 담겨질 때마다 라이트에 불이 한 칸씩 들어오도록 만들겠습니다.

변수를 만듭니다.

변수 만들기에서 물 수 라는 변수를 만듭니다.

물 수와 관련한 새로운 코딩블록이
만들어졌습니다.

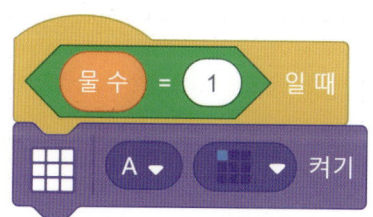

물 수를 1부터 9까지 한 단계씩 바꾸며
불이 켜지도록 만들어요.

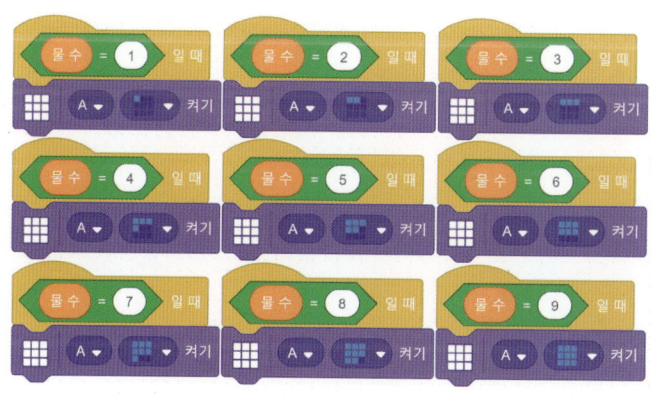
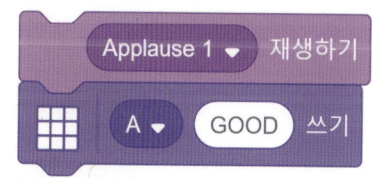

9개를 모으면 GOOD이라는 글자가
나오고 박수소리가 나오도록 코딩해
보아요.

4단원_2. 소중한 물, 아껴서 사용해요 53

정리해요

개념 쏙쏙

1. 물발자국은 제품을 생산할 때와 사용, 소비할 때 필요한 물의 총 사용량을 말합니다.
2. 지구에 사는 모든 생명체는 물을 필요로 합니다.
3. 일상생활에서 물을 절약하는 방법을 실천하면 지구 온난화를 완화할 수 있습니다.

확인해요

평가 내용	평가 결과
■ 센서가 작동하여 불이 켜지나요?	☺ 😐 ☹
■ 불이 하나씩 켜지도록 작동이 되나요?	☺ 😐 ☹

읽을거리

최초의 정수장

1908년 한양의 뚝섬에 우리나라 최초로 수돗물을 공급하는 정수장(뚝도수원지 제1정수장)이 만들어졌습니다. 뚝섬에 정수장이 생기기 전에는 우물에서 물을 끌어올리거나 강물을 그대로 이용할 수밖에 없었습니다.

현재 뚝도수원지 일부는 뚝도아리수정수센터로 변화하여 수돗물을 생산하여 공급하고 있고, 일부는 수도박물관으로 활용되고 있습니다.

사진출처 : 수도박물관, 서울특별시 상수도사업본부(https://arisu.seoul.go.kr/)

스마트 워터 시티(Smart Water City)

스마트 워터 시티는 정보통신기술을 활용하여 물이 공급되는 전 과정의 수량, 수질을 실시간으로 감시·관리하여 물 이송과정에서 발생하는 누수나 수질 오염 등을 예방하고, 소비자에게 수질 정보를 제공함으로써 시민들이 안심하고 마실 수 있는 건강한 물 공급 체계를 구현한 도시입니다.

경기도 파주시, 송산 그린시티, 세종시, 부산 에코델타시티가 공사가 완료되거나 시범 진행된 스마트 워터 시티입니다.

3 나무를 심어요

> **핵심 개념** 식목일, 나무 심기, 지구온난화, 숲 가꾸기
> **활동 개요** 나무를 심고 가꿀 때 필요한 것 알아보기

식목일은 매년 4월 5일로 나무 심기를 통해 나무와 자연 사랑 정신을 키우고, 쾌적한 환경을 조성하며 산림자원을 풍부하게 하기 위하여 제정된 날입니다.

식목일에 무엇을 하나요?

활동 안내

준비물	교재(활동지), 필기구, 스파이크 에센셜			
학습 활동	단계	학습 내용	학습 형태	학습 자료
	도입	■ 만화 이해하기	전체 학습	
	활동1	■ 식목일과 나무의 중요성을 알아보아요. - 식목일에 하는 일 알기 - 나무가 하는 일 알기 - 나무를 아끼는 마음으로 실천할 수 있는 행동 알기	전체 학습	활동지
	활동2	■ 나무를 심고 가꾸기를 레고로 표현해 보아요. - 나무 심기 - 나무에 물 주기 - 숲 꾸미기	개별 학습	스파이크 에센셜
	활동3	■ 코딩으로 나무와 숲을 가꾸는 장치를 만들어 보아요. - 모터와 센서를 활용하여 나무에 물 주는 장치 만들기	개별 학습	스파이크 에센셜
	정리	■ 학습한 내용 확인하기	개별 학습	
활동 팁	■ 나무를 심는 활동이 지구를 건강하게 하는 일임을 알게 합니다. ■ 나무를 도울 수 있는 방법을 고민해 보게 합니다. ■ 일상생활에서 나무를 아끼고 사랑하는 마음을 실천할 수 있도록 응원합니다.			

시작해요   식목일이에요.

- 지구 온난화는 무엇일까요?

_____

_____

- 나무를 심으면 좋은 점이 무엇일까요?

_____

_____

> **학습 목표**   나무 심기의 필요성을 알고 나무와 숲을 꾸밀 수 있다.
>
>   스파이크 에센셜을 활용하여 나무 가꾸기 활동을 경험할 수 있다.

활동 1   식목일과 나무의 중요성을 알아보아요.

◆ 식목일에 대해 알아 보아요.

1. 나무를 심고 가꾸는 날은 　식목일　 입니다.

2. 식목일은 　4월　 　5일　 입니다.

3. 식목일에 하는 일은 무엇일까요?

　나무심기　 　꽃심기　 　숲가꾸기　

4. 숲 가꾸기 작업은 　나무　 를 건강하게 자랄 수 있도록 도와서 건강한 　숲　 을 만들 수 있도록 돕는 작업입니다.

> **지도 tip**
> - 자신의 경험을 이야기할 수 있도록 합니다.
> - 나무와 숲을 지키는 것이 지구온난화를 완화시키는 환경보호활동임을 이해할 수 있게 합니다.

◆ 나무가 하는 일을 알아보아요.

공기 정화 능력

나무는 미세먼지와 이산화탄소를 흡수하고 산소를 생산합니다.

자연적 댐 역할

잘 가꾸어진 숲은 물 저장 능력이 높아 홍수를 예방하고 수질 정화 기능을 합니다.

산사태 방지

나무는 비가 올 때 우산이 되어 땅이 무르는 것을 막아주고 단단한 뿌리는 흙을 잡아 주어 산사태를 예방해 줍니다.

◆ 나무를 아끼는 마음으로 실천할 수 있는 행동

일회용컵 대신 다회용 컵 사용하기

인쇄할 때 종이 아껴쓰기

휴지 대신 손수건 사용하기

나무 심고 가꾸기

나무 알뜰하게 이용하기

산불 예방하기

| 활동 2 | 나무를 심고 가꾸기를 레고로 표현해 보아요. |

◆ 만들기

나무와 꽃

나무와 꽃을 심고 가꾸는 마리아와 레오를 표현해 보아요.

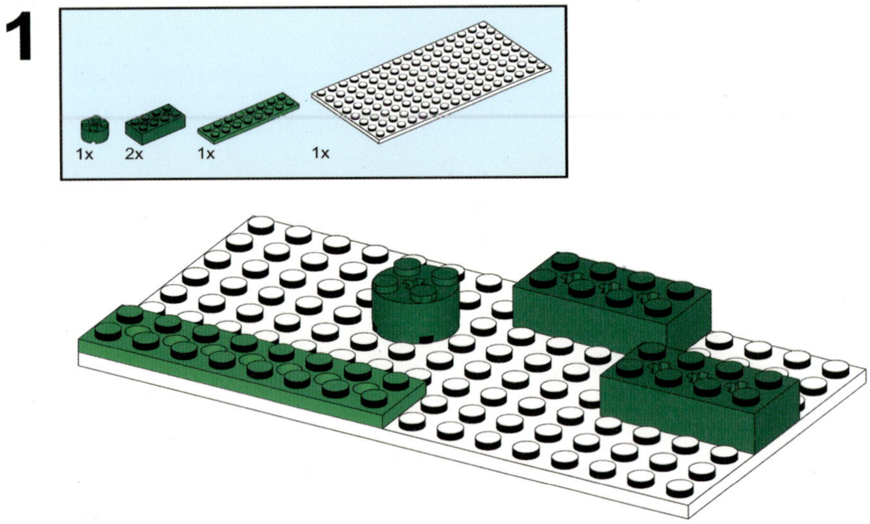

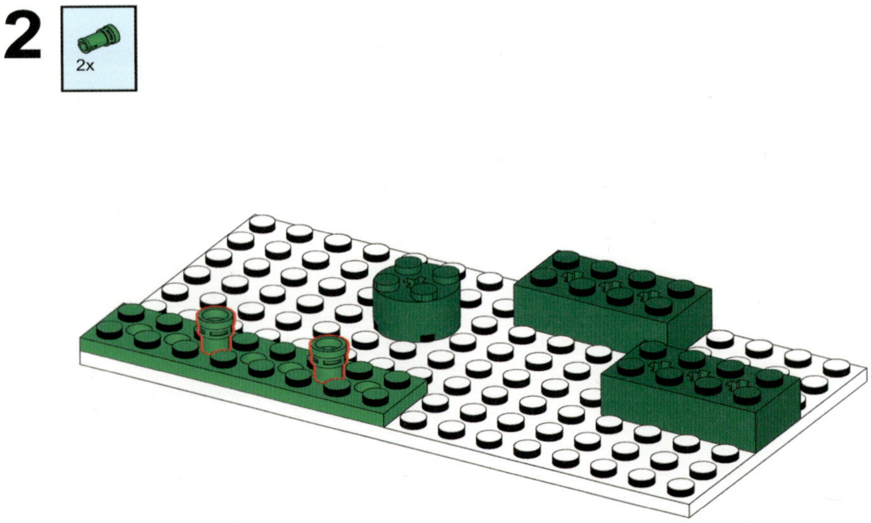

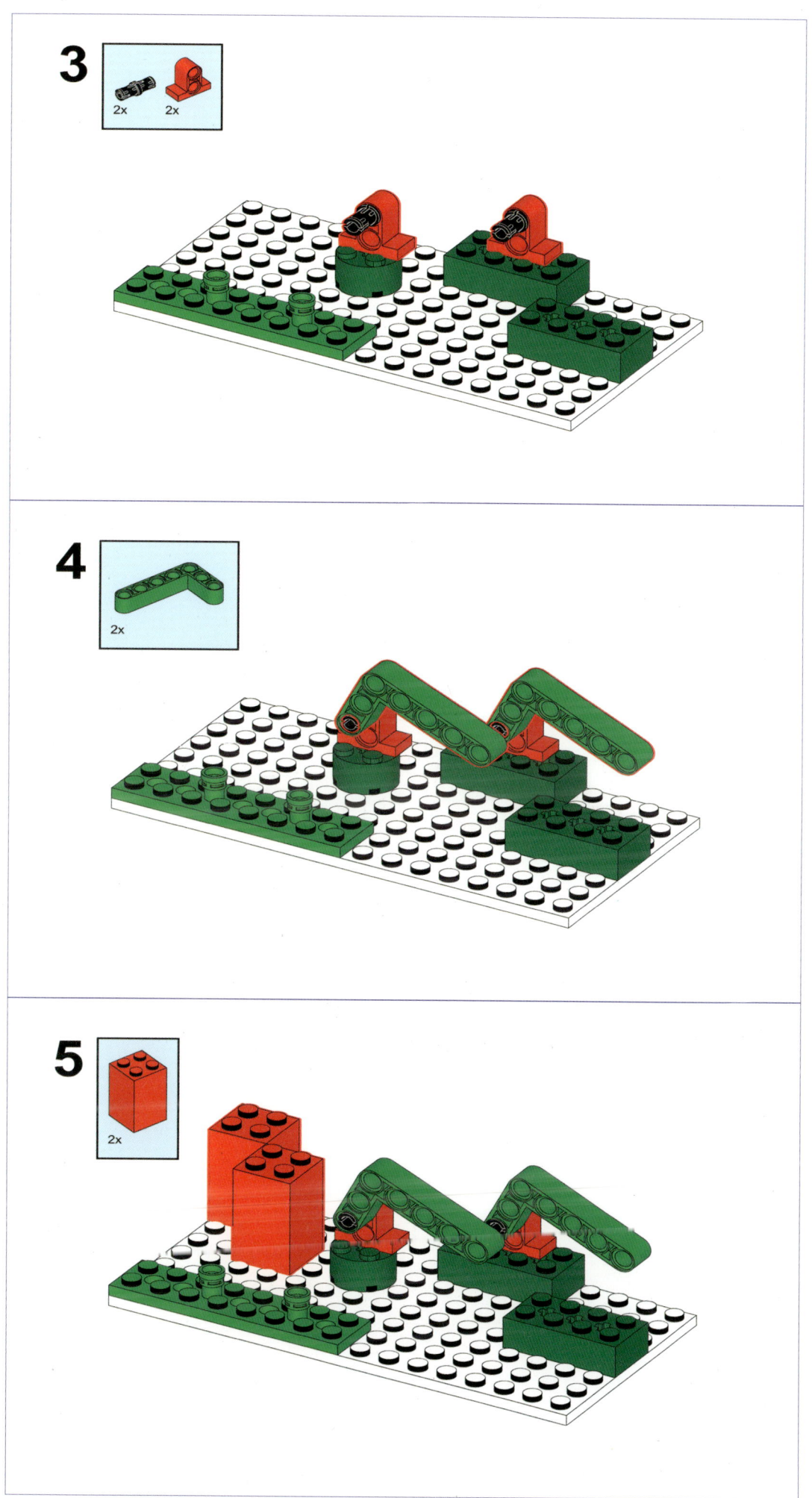

4단원_3. 나무를 심어요

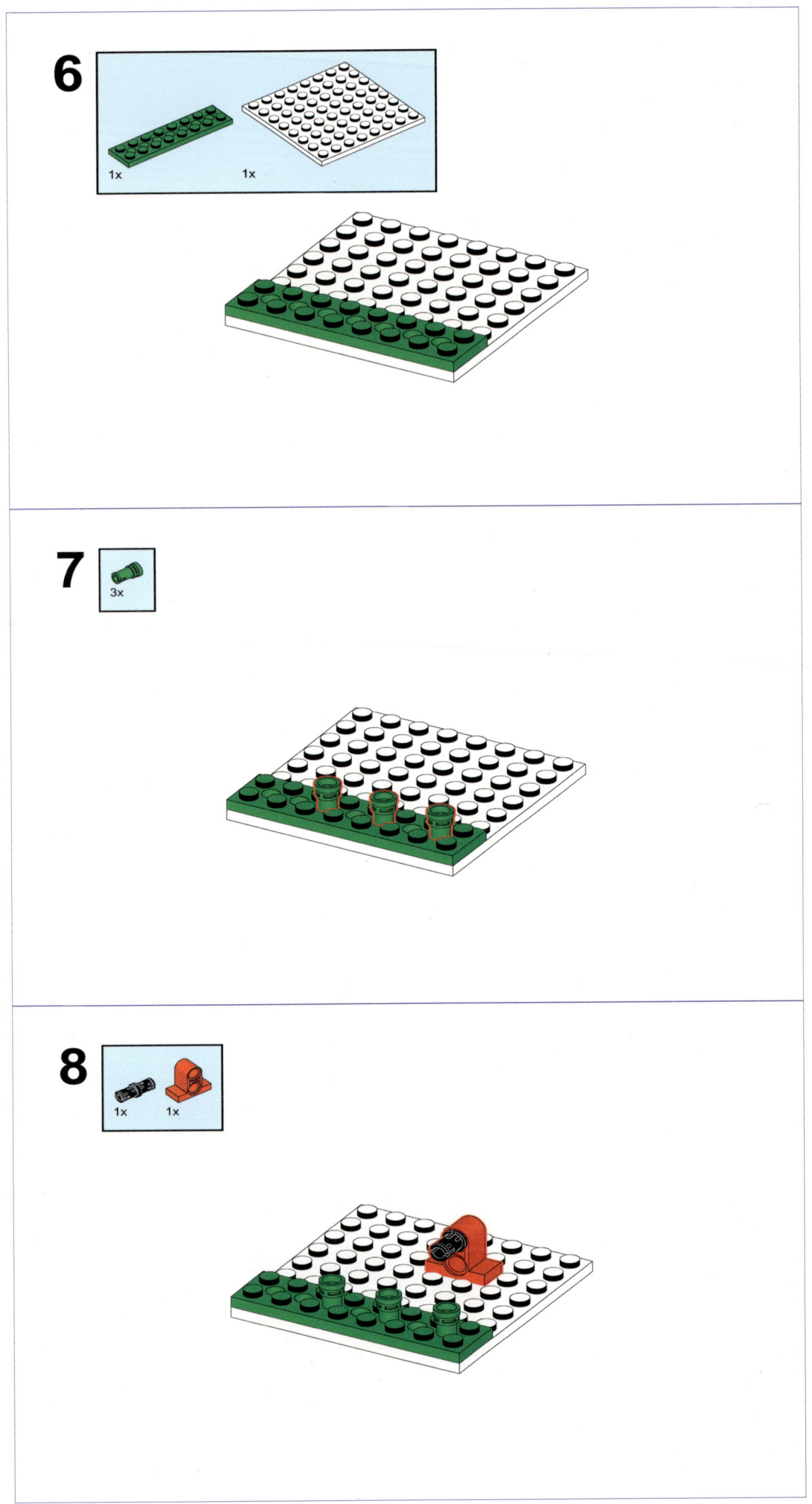

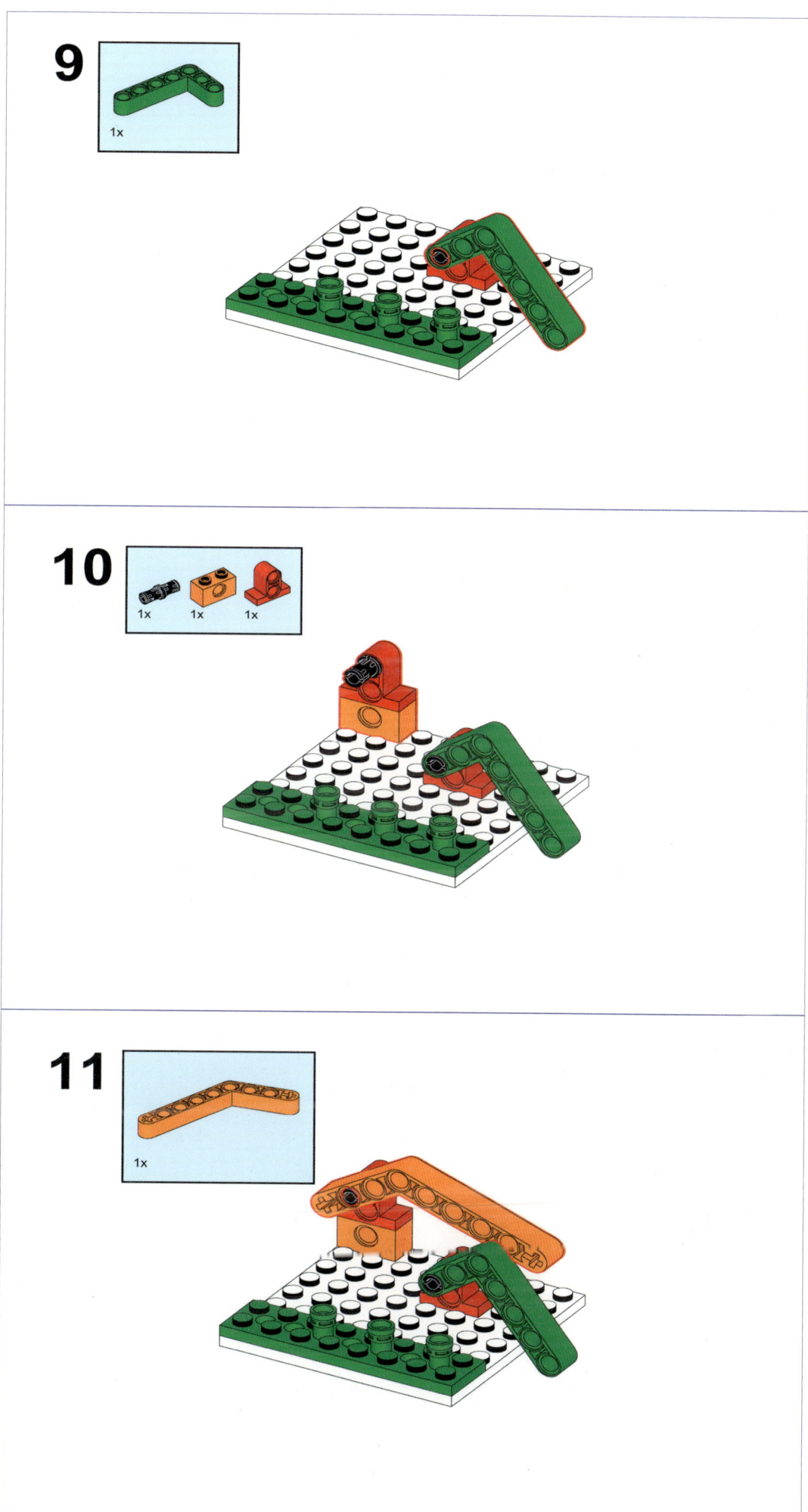

4단원_3. 나무를 심어요

12

13

14

4단원_3. 나무를 심어요

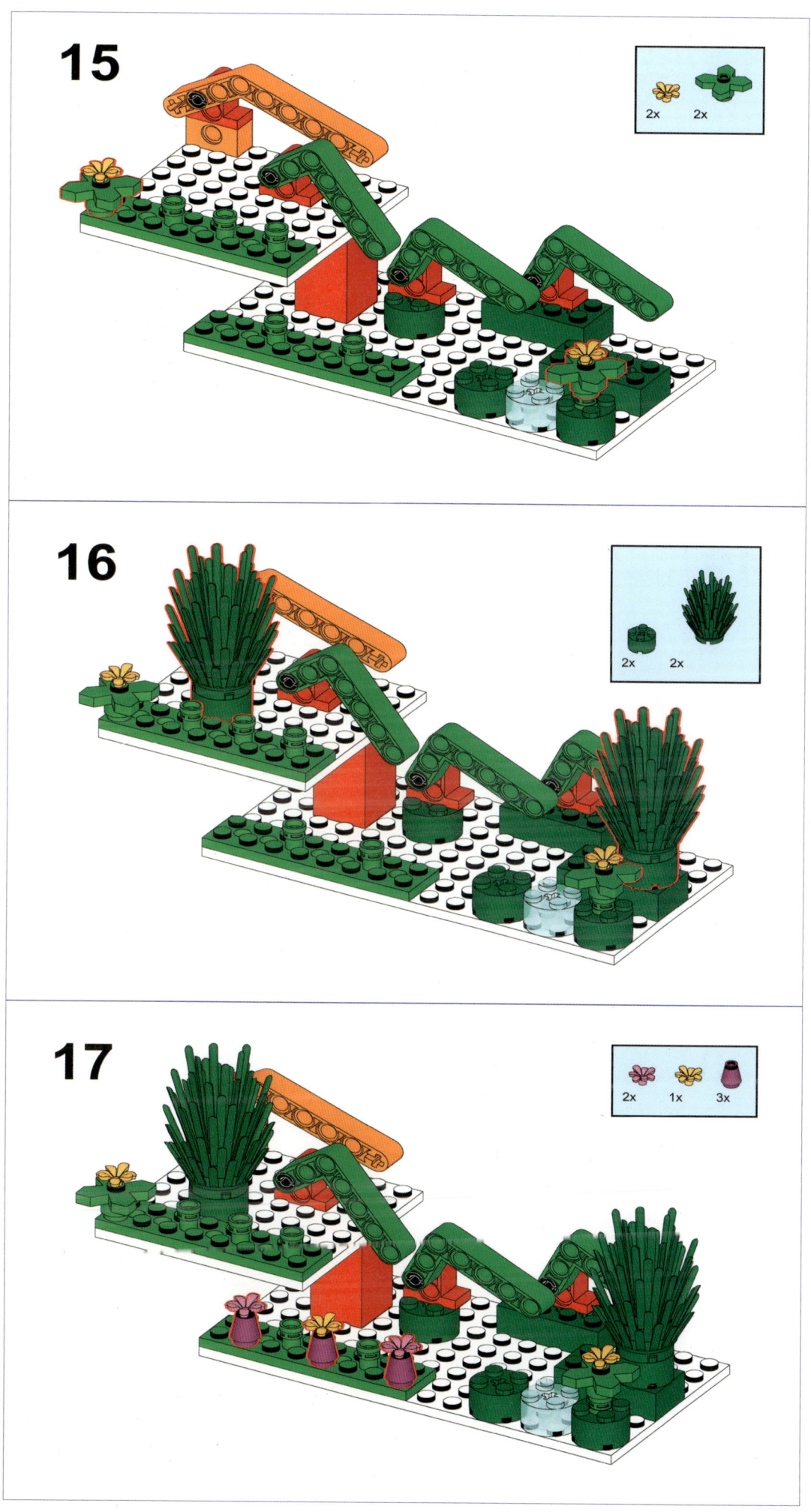

18

19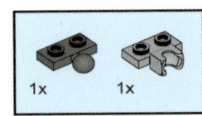

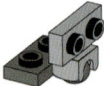

20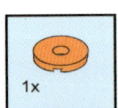

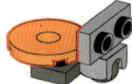

21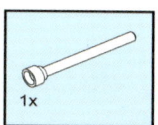

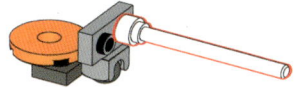

22

23

4단원_3. 나무를 심어요

24

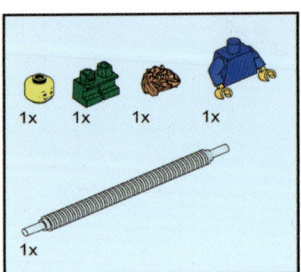
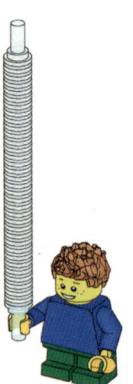

25 🔄

26

68　4단원_3. 나무를 심어요

활동 3   코딩으로 나무와 숲을 가꾸는 장치를 만들어 보아요.

◆ 만들기

물 주는 장치

나무를 가꾸는 여러 가지 방법을 생각해보고 나무에 물을 주는 장치를 만들어요.

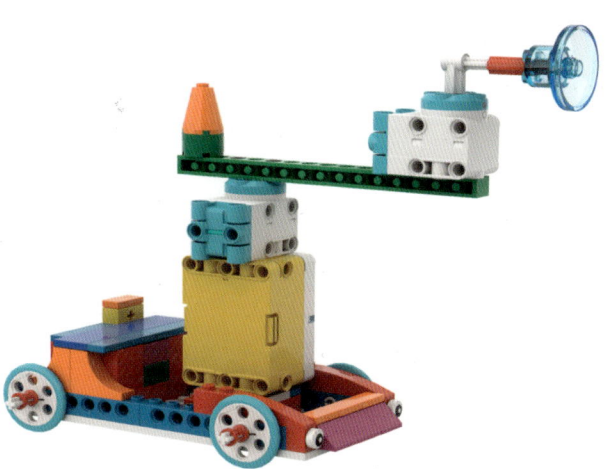

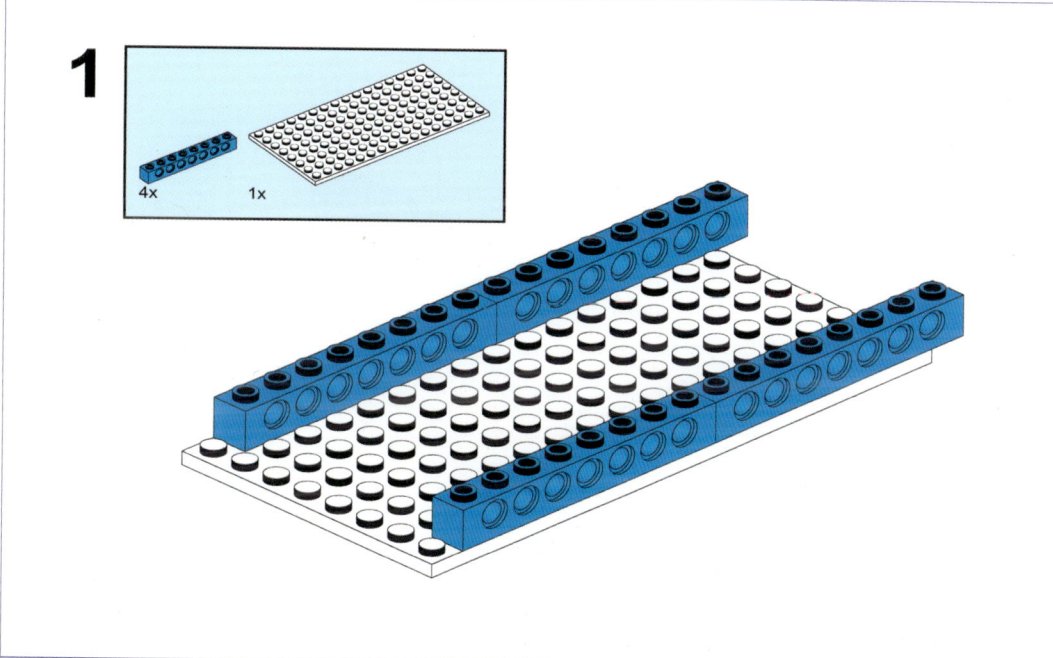

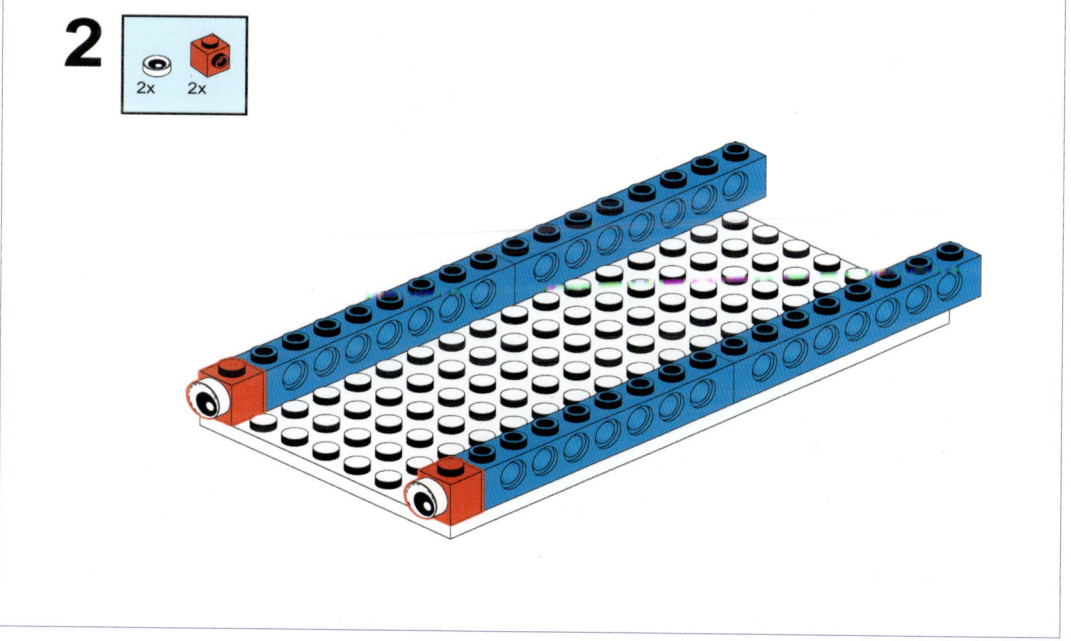

4단원_3. 나무를 심어요 69

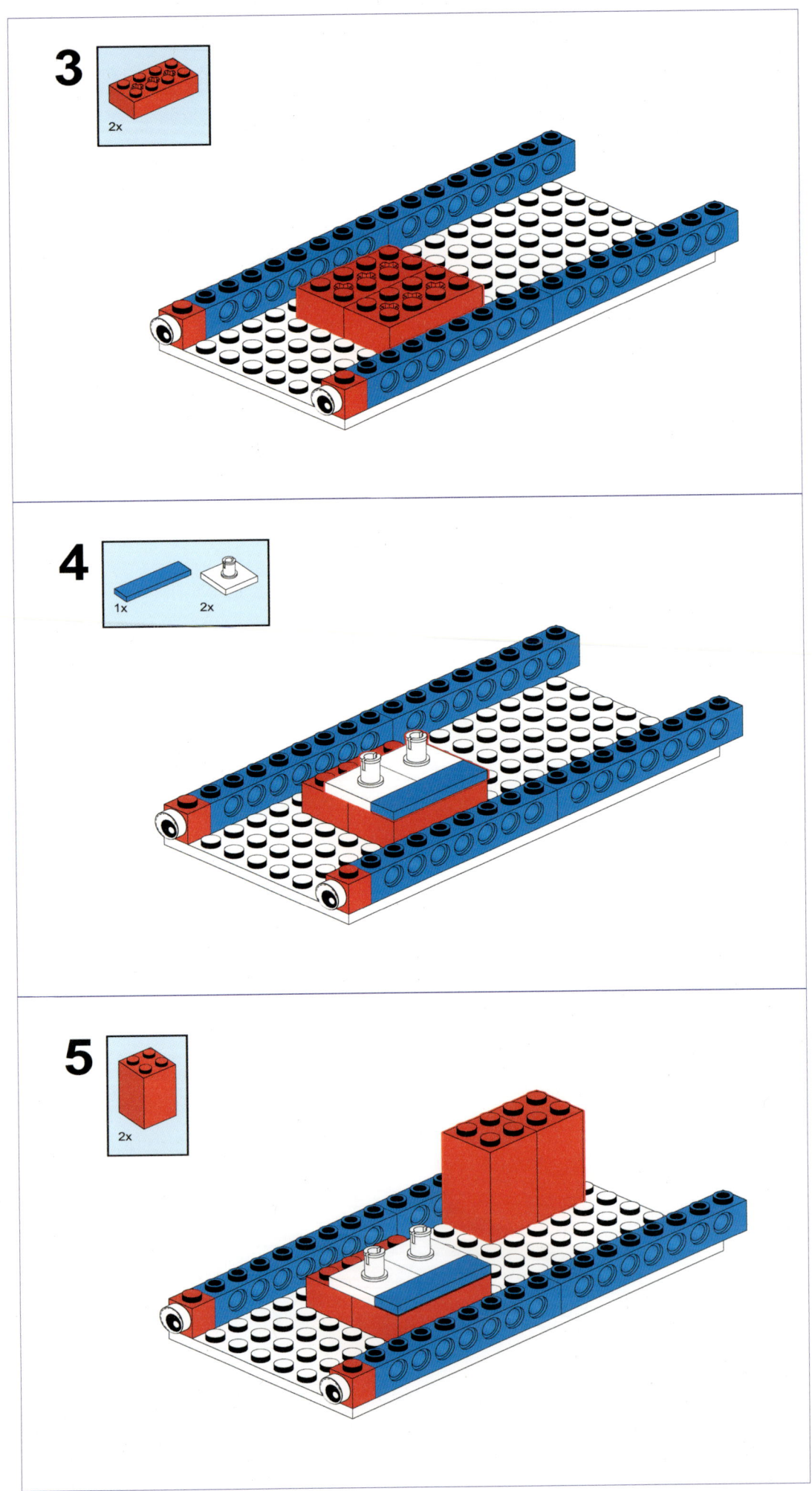

70　4단원_3. 나무를 심어요

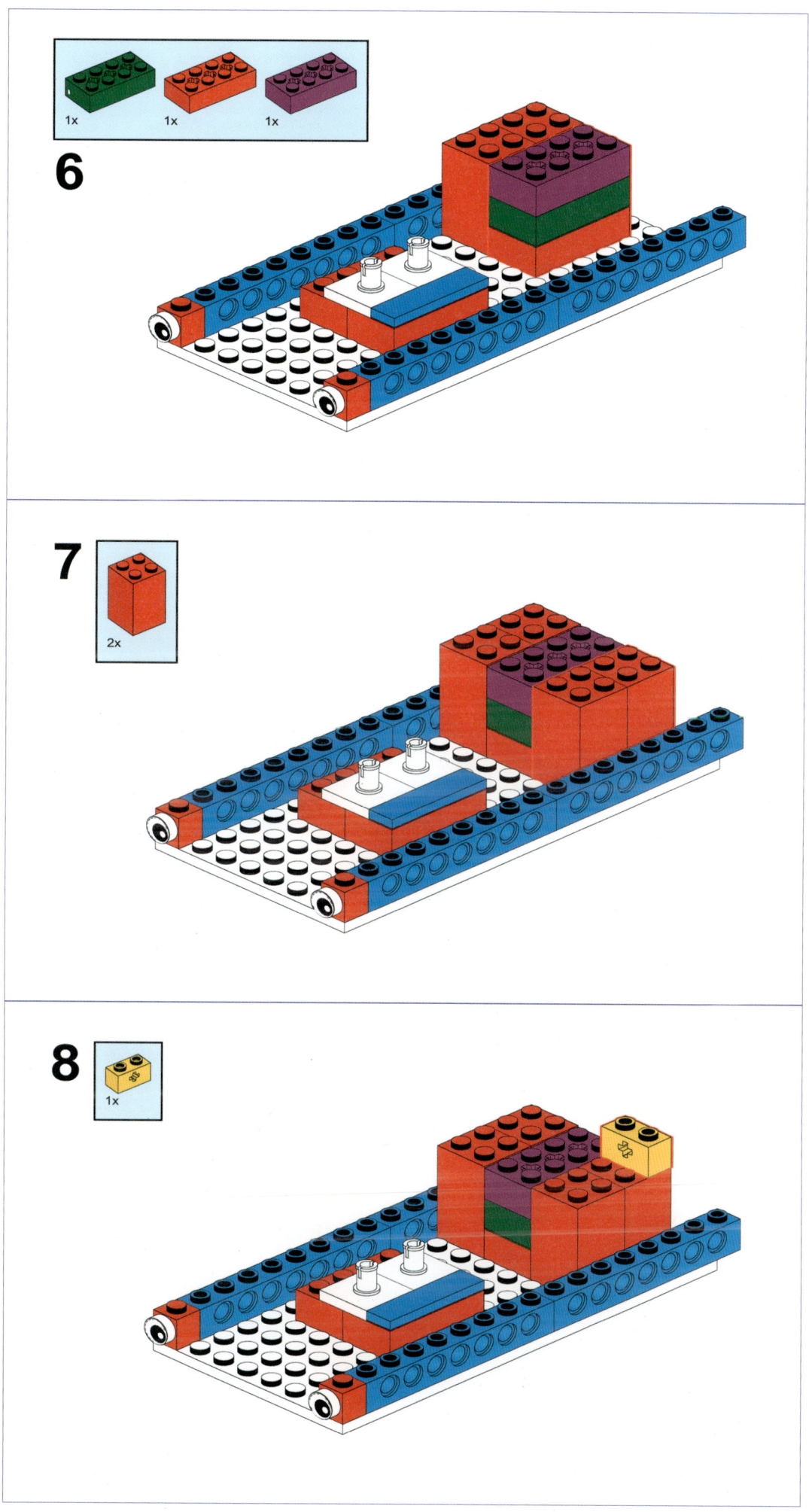

4단원_3. 나무를 심어요

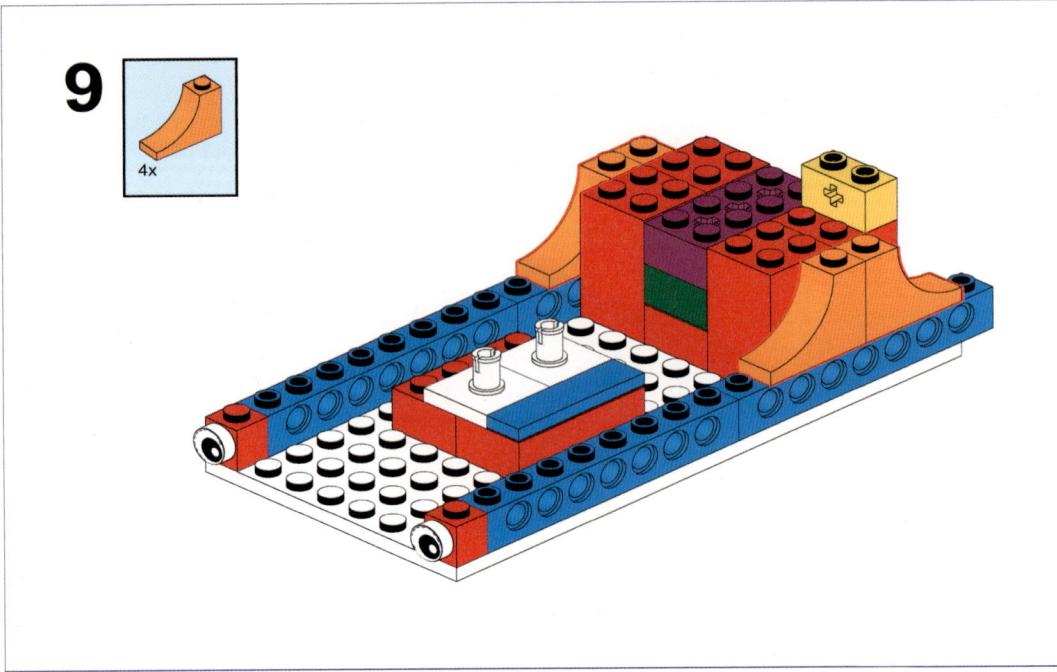

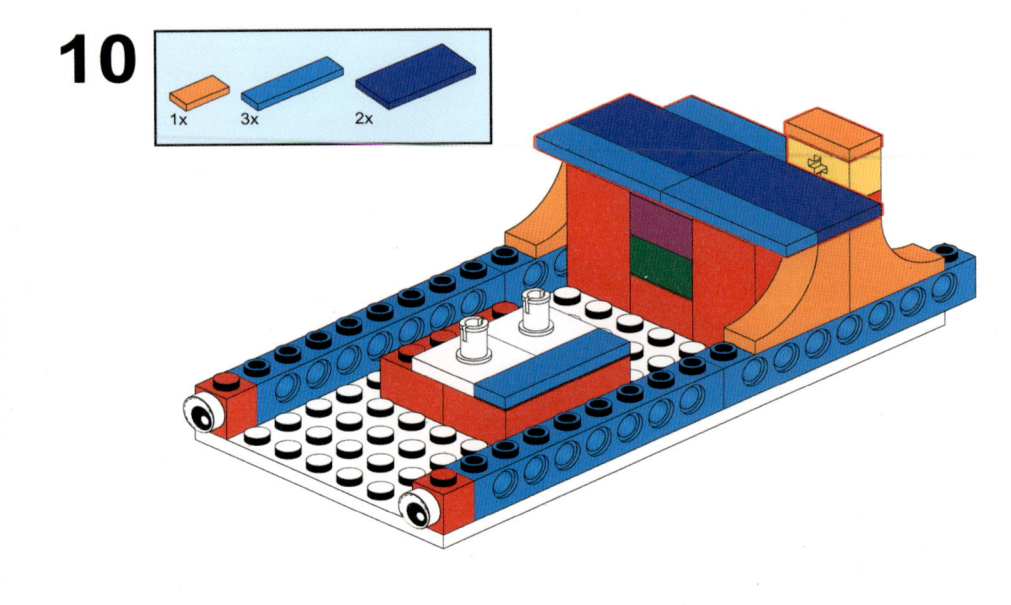

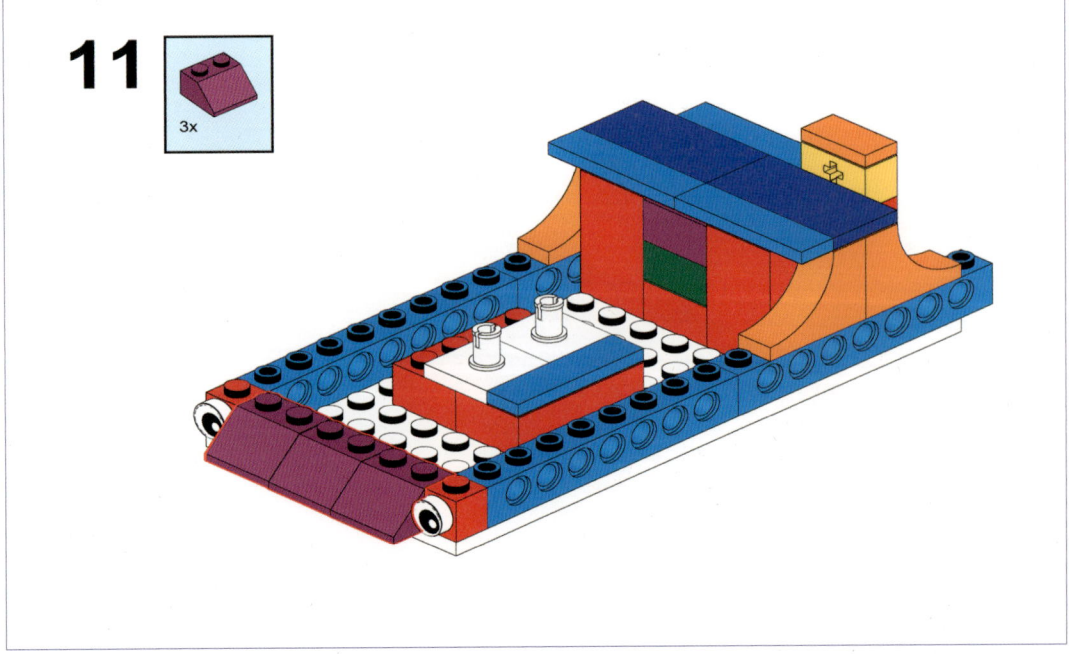

72 4단원_3. 나무를 심어요

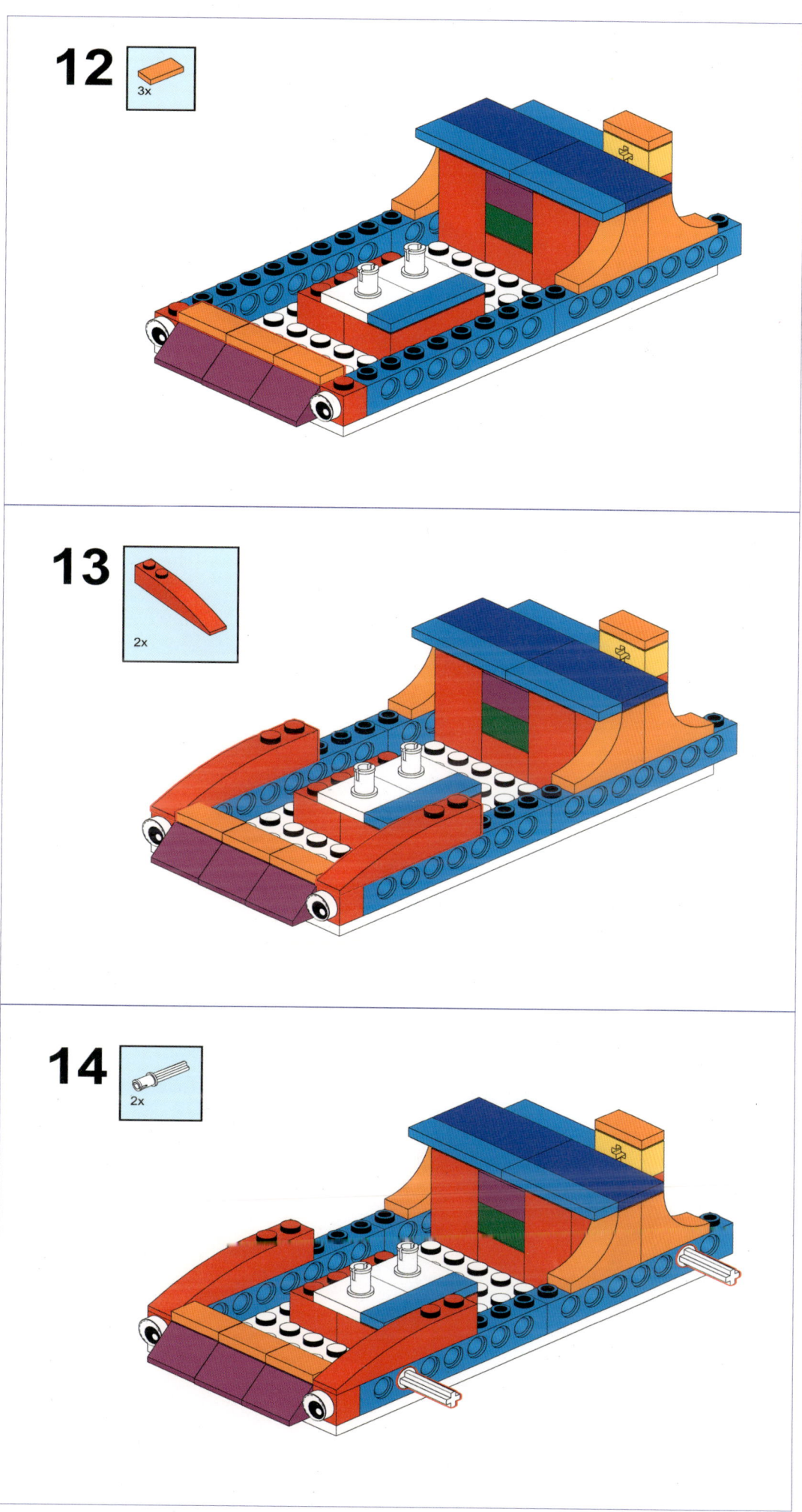

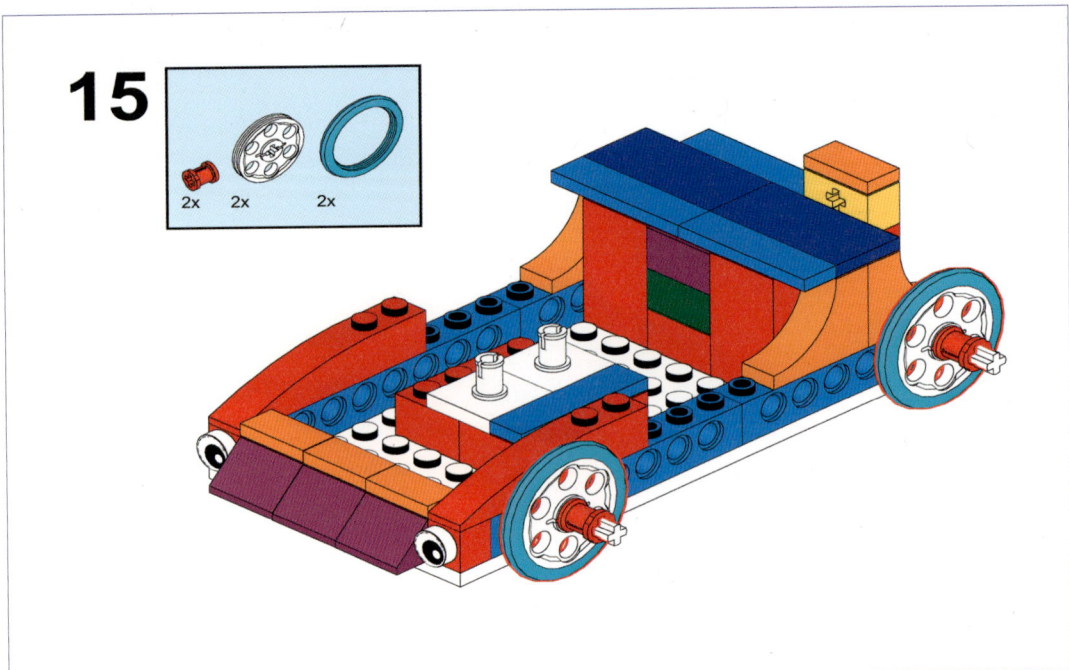

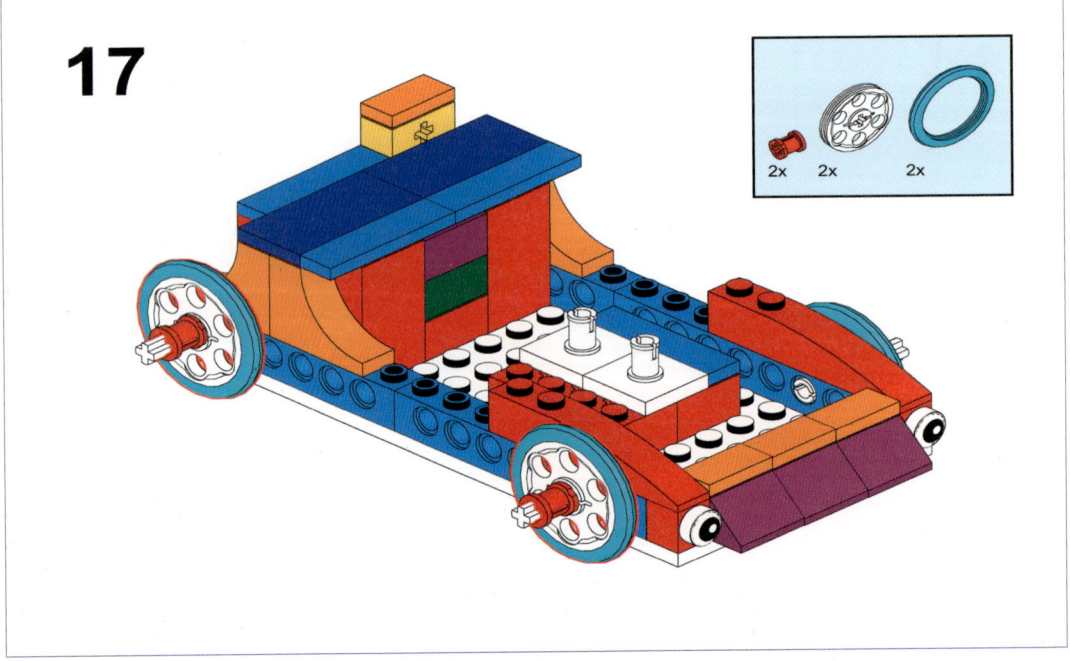

74 4단원_3. 나무를 심어요

18

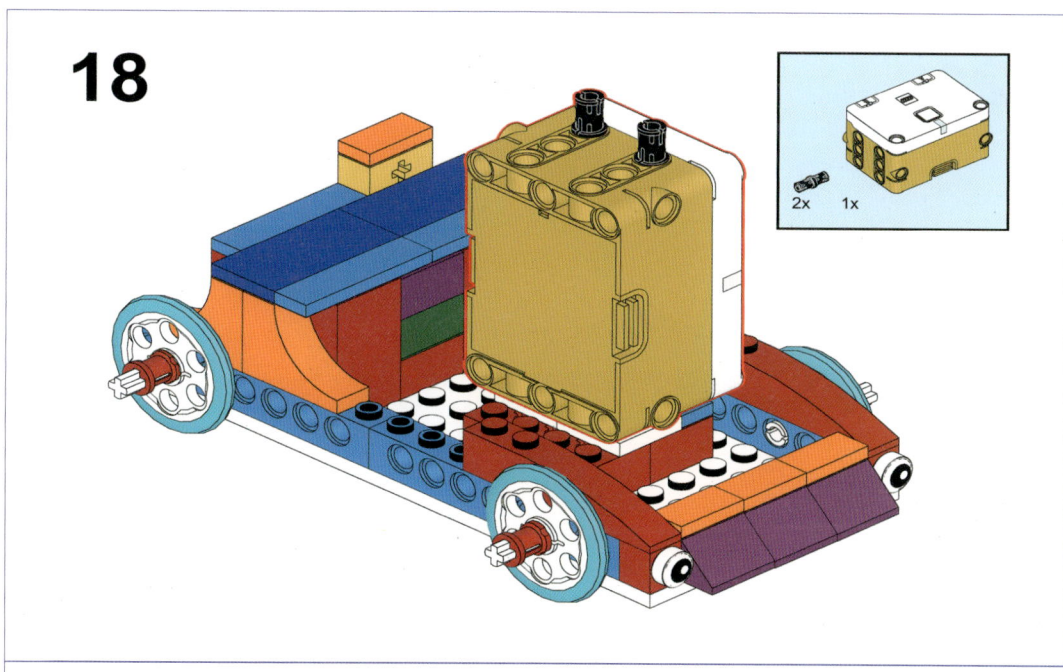

19

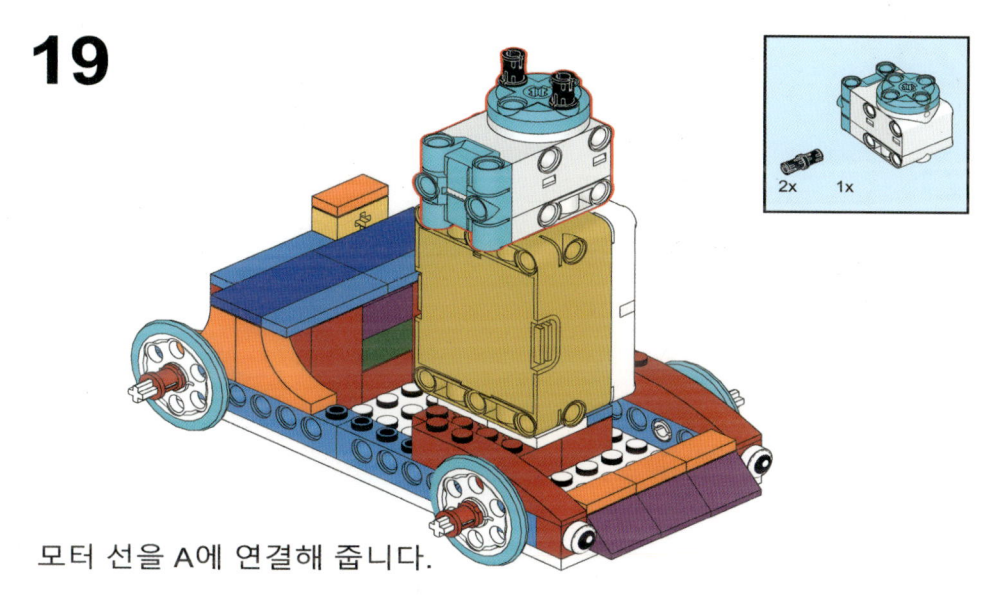

모터 선을 A에 연결해 줍니다.

20

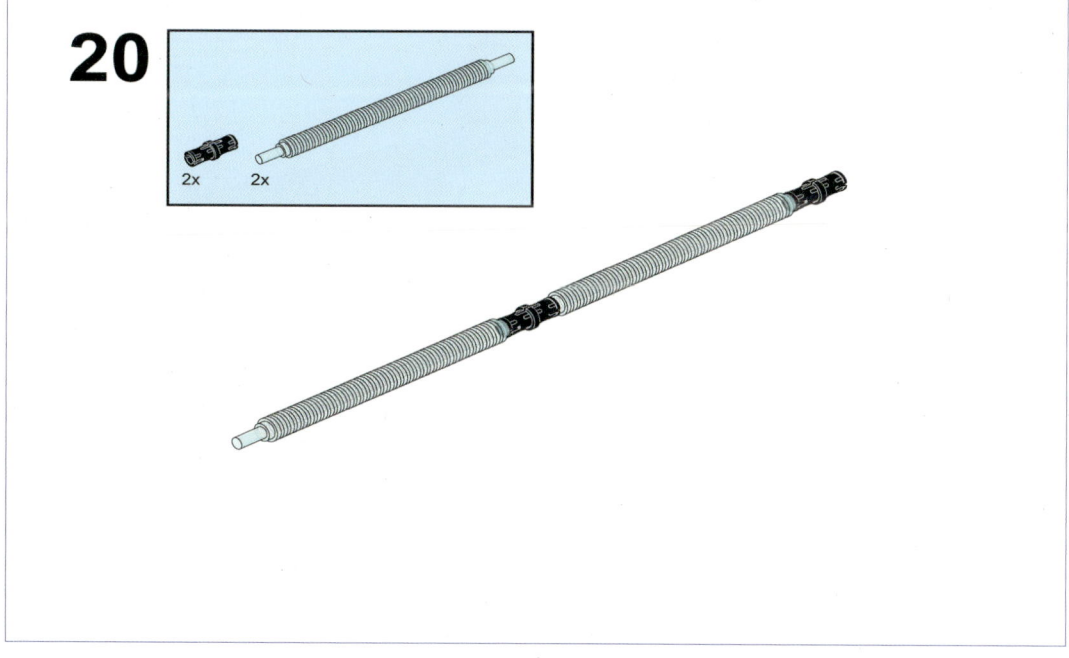

4단원_3. 나무를 심어요

21

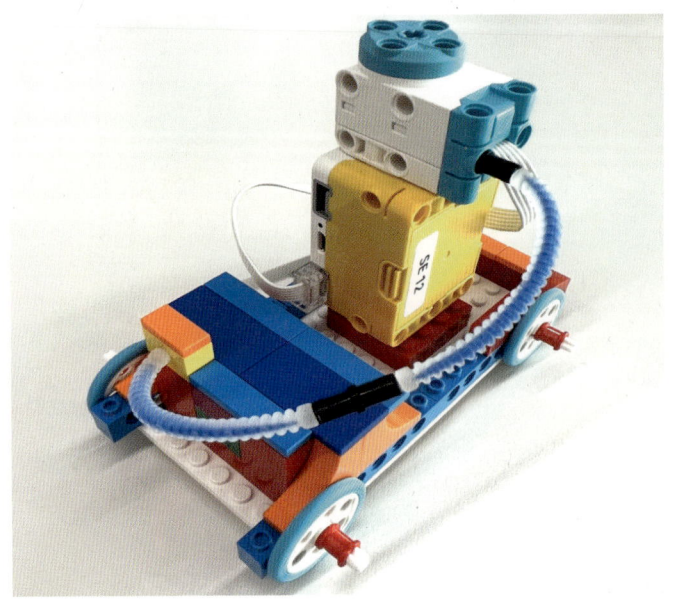

22

23

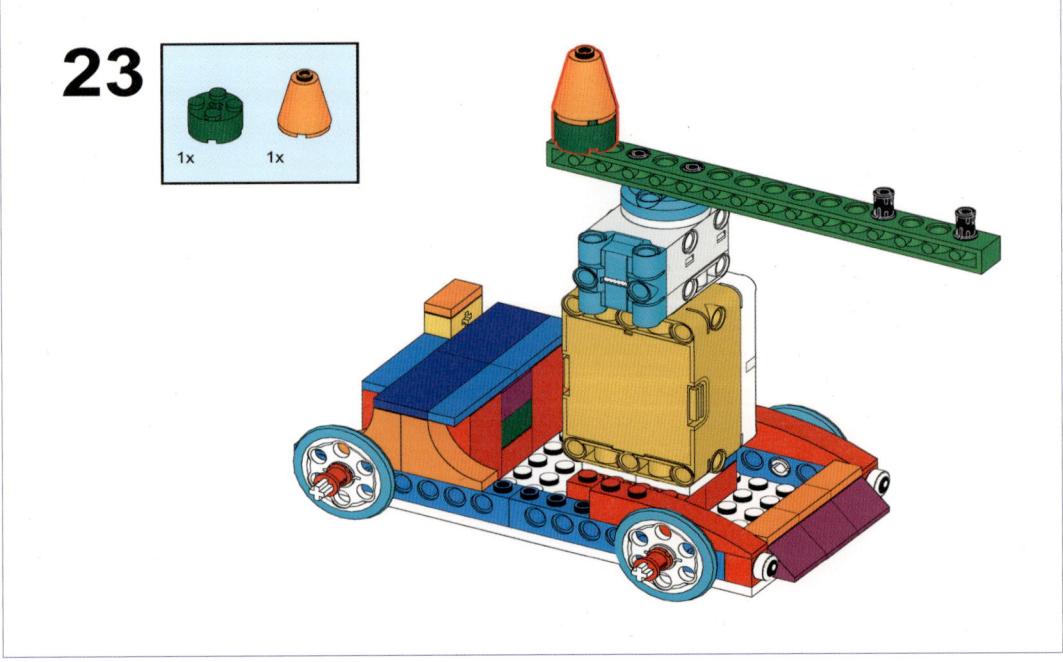

24

모터 선을 B에 연결해 줍니다.

25

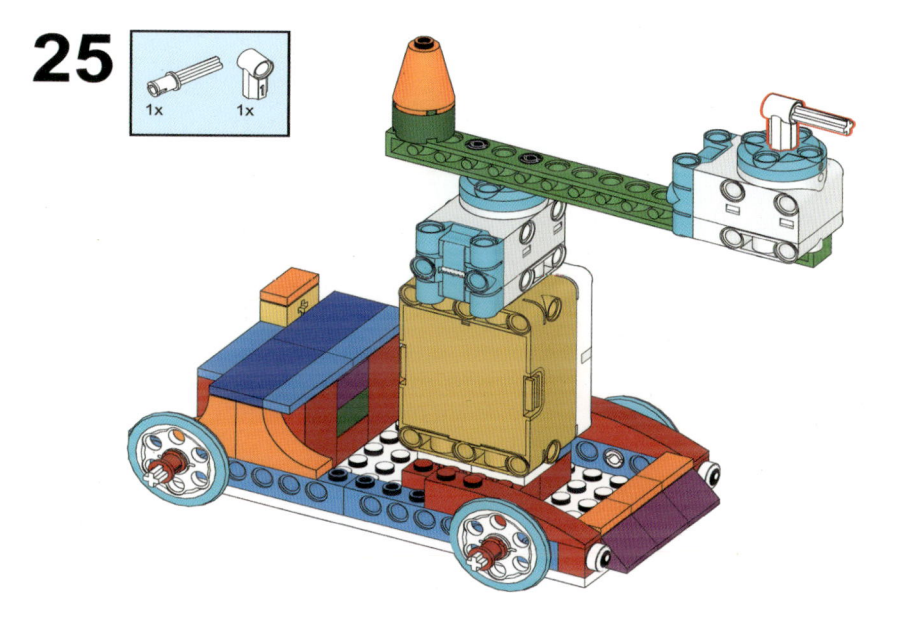

26

4단원_3. 나무를 심어요

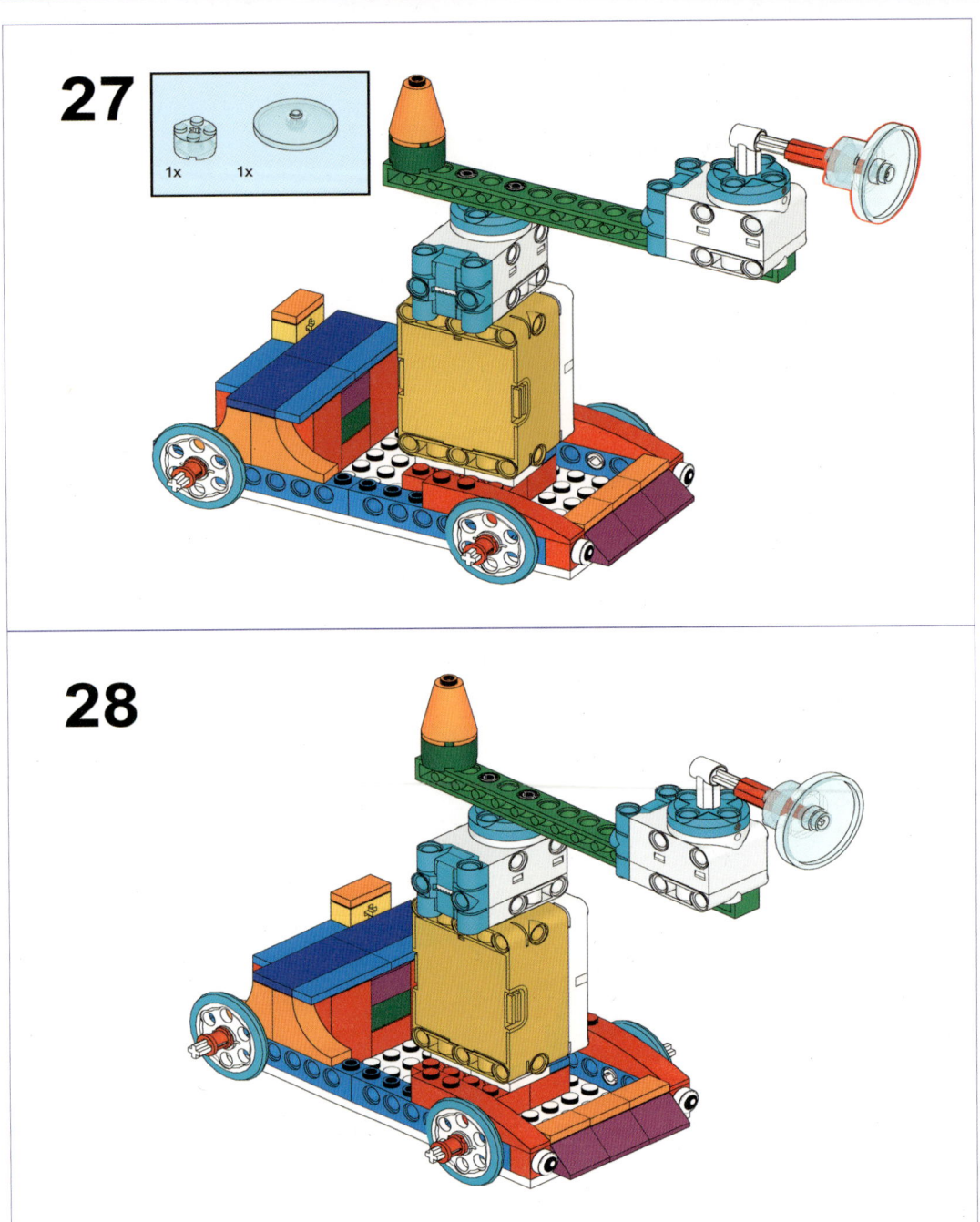

◆ 코딩으로 움직여 보아요.

코딩으로 움직이며 물을 뿌려주도록 만들어 보아요.

A 모터

B 모터

개념 쏙쏙

1. 식목일은 4월 5일입니다.
2. 나무를 심고 가꾸는 일은 지구를 건강하게 하는 일입니다.
3. 종이와 나무를 아끼는 생활을 실천합니다.

확인해요

평가 내용	평가 결과
■ 숲과 나무를 표현하였나요?	😊 😐 😟
■ 코딩으로 제작한 물 주는 장치가 알맞게 움직였나요?	😊 😐 😟

읽을거리

산림의 역할

녹색댐

녹색댐이란 산림이 빗물을 모으고 있다가 서서히 흘려 보내는 인공댐과 같은 기능을 한다고하여 붙여진 이름으로 산림 그 자체를 표현하는 말입니다.

산림은 비가 많이 내릴 때 빗물을 저장하여 홍수를 줄여 주고, 헐벗은 산보다 25배나 더 많은 물을 머금고 있다가 비가 내리지 않을 때 맑고 깨끗한 물을 서서히 흘려 보내 주는 거대한 자연 댐 역할을 합니다. 잘 가꾼 산림은 토사 유출을 감소시키고, 오염된 빗물을 깨끗하게 정화시켜 맑은 물로 만들어 주며 매년 180억 톤의 물을 저장했다가 공급합니다. 산림을 잘 가꾸어 주면 큰 인공댐을 열 개나 만들 수 있는 57억 톤의 맑은 물을 공급할 수 있습니다.

그린청정기

느티나무 1그루는 연간 1.8톤의 산소를 방출합니다. 이것은 성인 7명의 연간 필요 산소량에 해당하는 양입니다. 1ha의 숲은 연간 미세먼지 46kg을 포함한 대기오염 물질 168kg을 흡착하거나 흡수합니다. 나무와 숲은 우리에게 필요한 맑은 공기를 만들어 주는 자연 공기 청정기입니다.

참고 : 산림청 누리집 (https://www.forest.go.kr)

바다식목일을 아시나요?

매년 5월 10일은 바다식목일입니다.

바다 속 생태계의 중요성과 해양 오염의 심각성을 국민에게 알리고, 바다의 사막화를 막으며 건강한 바다를 유지할 수 있도록 바다숲을 조성하기 위하여 우리나라에서 세계 최초로 정한 날로 2012년부터 시작되었습니다.

식목일에는 육지에 나무를 심어 산과 자연을 푸르게 가꾸는 것처럼 바다식목일에는 바다에 해조류를 심어 바다 숲을 가꾸고 있습니다.

4 전등을 꺼요

> **핵심 개념** 지구온난화, 전기 절약, 에너지 절감, 탄소중립, 저탄소 생활
> **활동 개요** 지구 온난화의 문제점 알아보기
> 저탄소 생활의 중요성 알아보기

지구의 날은 매년 4월 22일로 지구의 환경오염 문제의 심각성을 알리기 위하여 자연보호자들이 제정한 지구 환경 보호의 날입니다. 우리나라는 2009년부터 기후변화의 심각성을 인식하고, 온실가스 감축을 위한 저탄소생활 실천을 알리며 전국적으로 소등행사 등의 환경운동을 진행하고 있습니다. 지구 환경 보호를 위해 우리가 할 수 있는 활동에는 어떤 것이 있을까요?

활동 안내

준비물	교재(활동지), 필기구, 스파이크 에센셜			
	단계	학습 내용	학습 형태	학습 자료
학습 활동	도입	■ 만화 이해하기	전체 학습	
	활동1	■ 지구 온난화와 저탄소 생활을 알아보아요. - 지구 온난화의 뜻 알기 - 저탄소 생활 방법 알기	전체 학습	활동지
	활동2	■ 저탄소 생활 실천을 약속해요. - 내가 지킬 수 있는 약속 정하기	전체 학습	필기구
	활동3	■ 지구의 날 소등행사에 참여하는 집을 만들어 보아요. - 코딩으로 다양하게 놀이하며 작동시키기	개별 학습	스파이크 에센셜
	정리	■ 학습한 내용 확인하기	개별 학습	
활동 팁	■ 지구 온난화의 심각성을 알게 합니다. ■ 전 세계적으로 발생하는 기후 현상에 관심을 가질 수 있도록 합니다. ■ 일상생활에서 자원을 아끼고 쓰레기를 줄이는 생활을 실천할 수 있도록 응원합니다.			

시작해요   지구의 날

• 지구 온난화로 생기는 문제에는 어떤 것이 있을까요?

_____

_____

• 지구 환경을 위해 우리가 할 수 있는 행동은 어떤 것이 있을까요?

_____

_____

학습 목표   저탄소 생활의 필요성을 알 수 있다.
               스파이크 에센셜을 활용하여 지구의 날 소등행사에 참여할 수 있다.

활동 1   지구 온난화와 저탄소 생활을 알아보아요.

◆ **지구 온난화란 무엇일까요?**

이산화탄소를 포함한 온실 기체가 지구를 둘러싸서 지구에서 밖으로 나가려는 대기의 열이 우주 공간으로 나가지 못하여 지구의 평균기온이 올라가는 것을 지구 온난화라고 합니다.

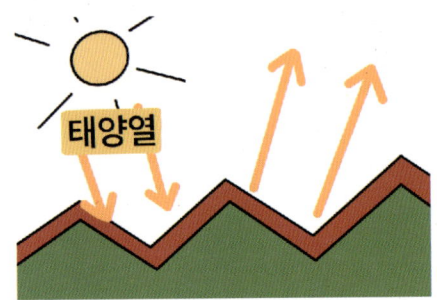 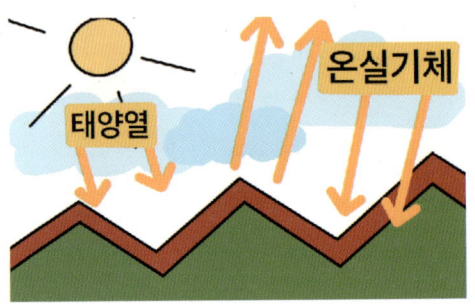

◆ **저탄소 생활이란 무엇일까요?**

지구 온난화를 막기 위하여 탄소 발생을 줄이는 생활입니다. 탄소는 물건이나 에너지를 생산할 때, 쓰레기를 처리하거나 세탁, 청소 등을 할 때 발생합니다.

<저탄소 생활 방법>

- 분리배출 철저하게 하기
  - 내용물을 깨끗하게 비우고 라벨을 제거하여야 재활용이 됩니다.
- 사용하지 않는 전기 플러그 뽑기(전자레인지, 충전기, 컴퓨터 등)
- 전자제품 사용시간 줄이기(전기밥솥, 전기장판, 텔레비전, 에어컨 등)
- 대중교통을 이용하거나 가까운 곳은 걸어가기
- 일회용 컵 대신 다회용 컵 사용하기
- 종이백, 비닐봉지 대신 장바구니 사용하기
- 종이 아껴서 사용하기
- 물 아껴서 사용하기(세수, 양치질, 설거지 할 때 물 받아서 사용하기)
- 엘리베이터 대신 가까운 거리는 계단 이용하기
- 불필요한 이메일 지우기

> **지도 tip**
> - 지구 온난화로 발생하는 문제점을 인식할 수 있도록 합니다.
> - 기후 변화의 위기, 저탄소 생활의 필요성을 인식할 수 있도록 합니다.
> - ['함께 실천해요' 온실가스 줄이는 생활 습관 | 환경부] 영상을 참고하실 수 있습니다.

활동 2 저탄소 생활 실천을 약속해요.

◆ 지구를 위해 내가 할 수 있는 저탄소 생활을 계획하고 실천해 보아요.

◆ 내가 지킬 수 있는 약속을 정해 보세요.

예시 :

다회용 컵 사용하기 · 장바구니 사용하기 · 전기 아껴서 사용하기 · 나무 심기 · 재활용품 분리하기

모바일로 영수증 받기 · 대중교통 이용하기 · 에어컨 사용 줄이기 · 사용하지 않는 플러그 뽑기 · 일회용품 사용 줄이기

활동 3   지구의 날 소등행사에 참여하는 집을 만들어 보아요.

◆ 만들기

소등 행사

지구의 날 소등행사에 참여해 보아요.

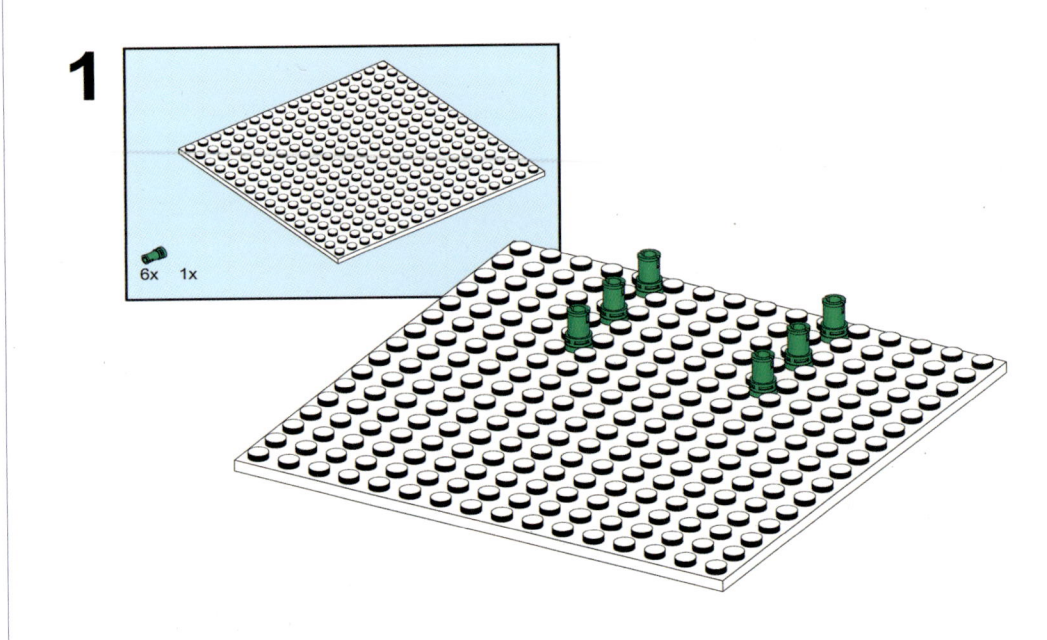

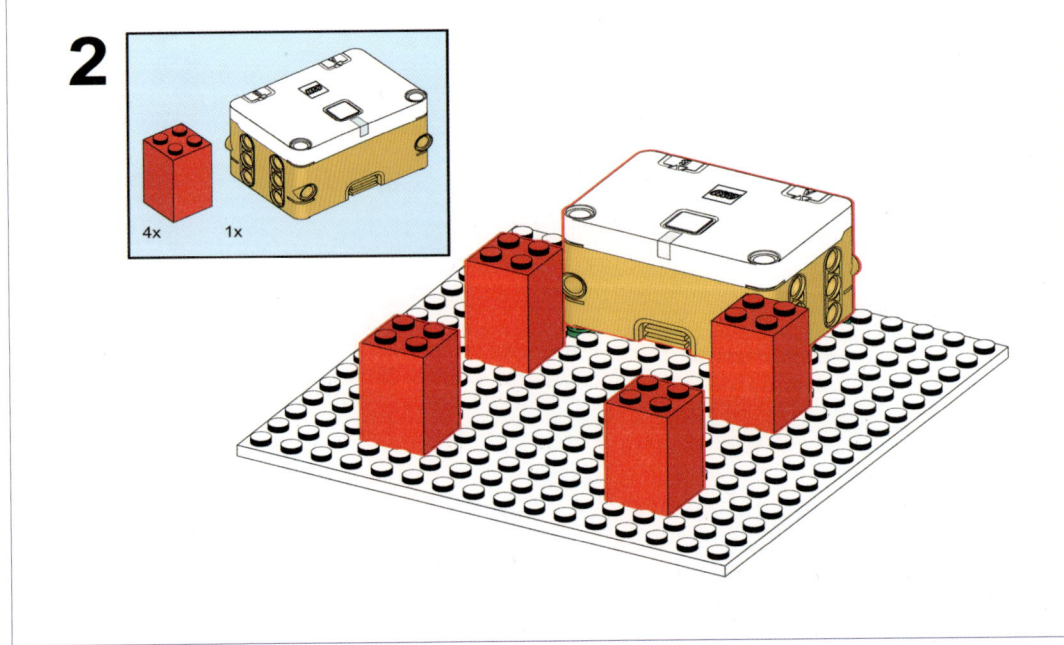

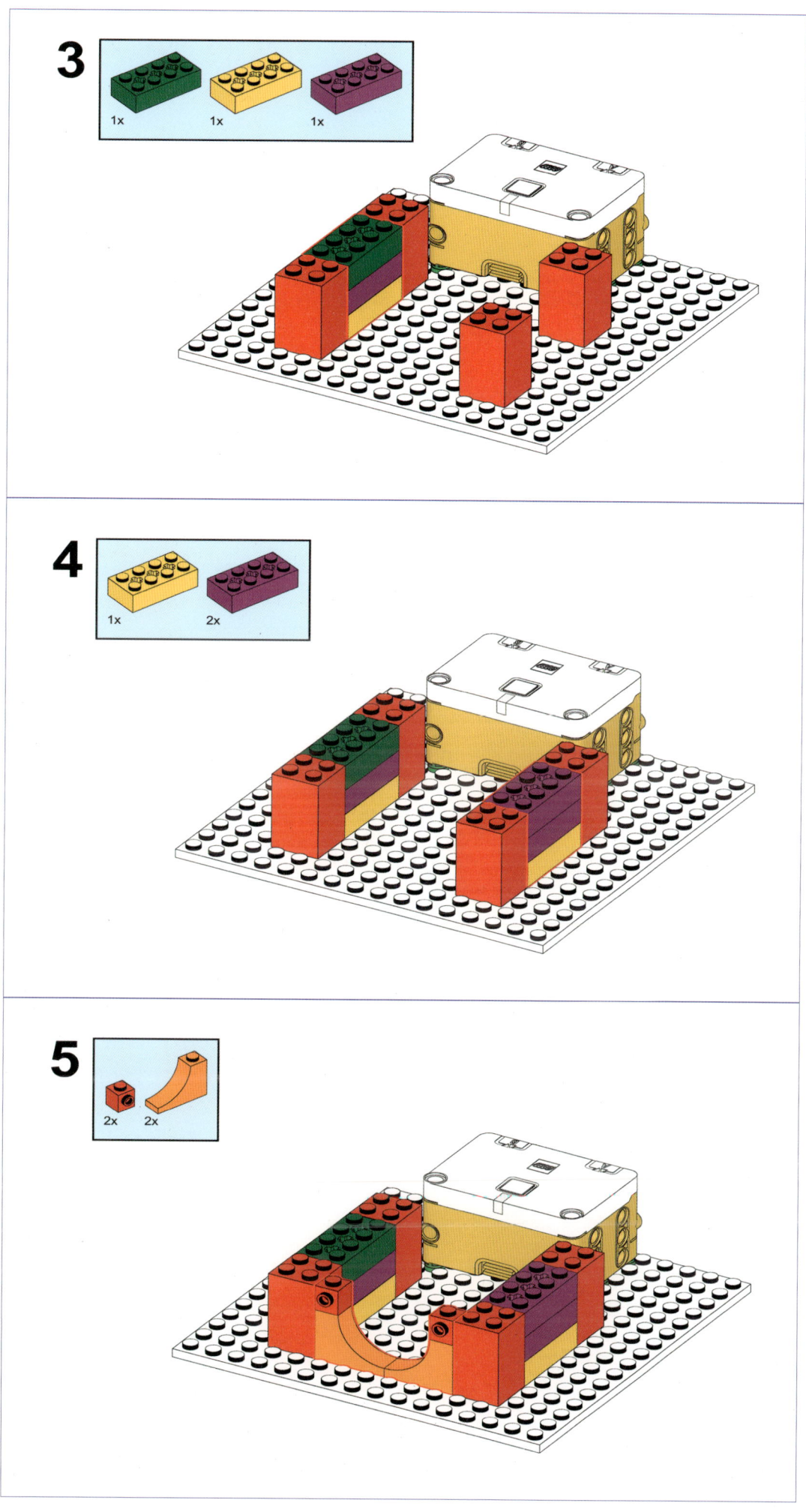

6

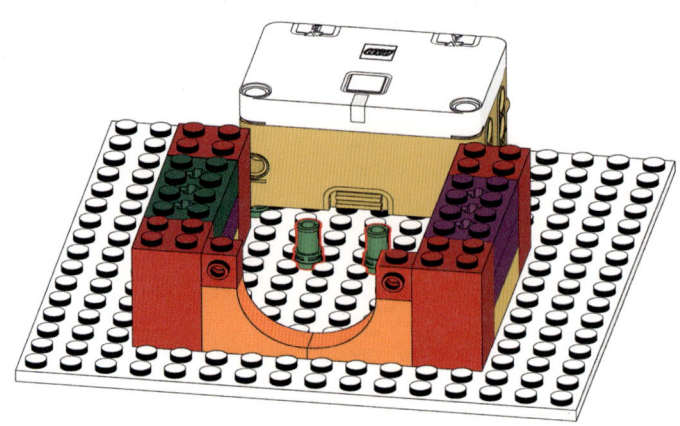

7

라이트 선을 B에 연결해 줍니다.

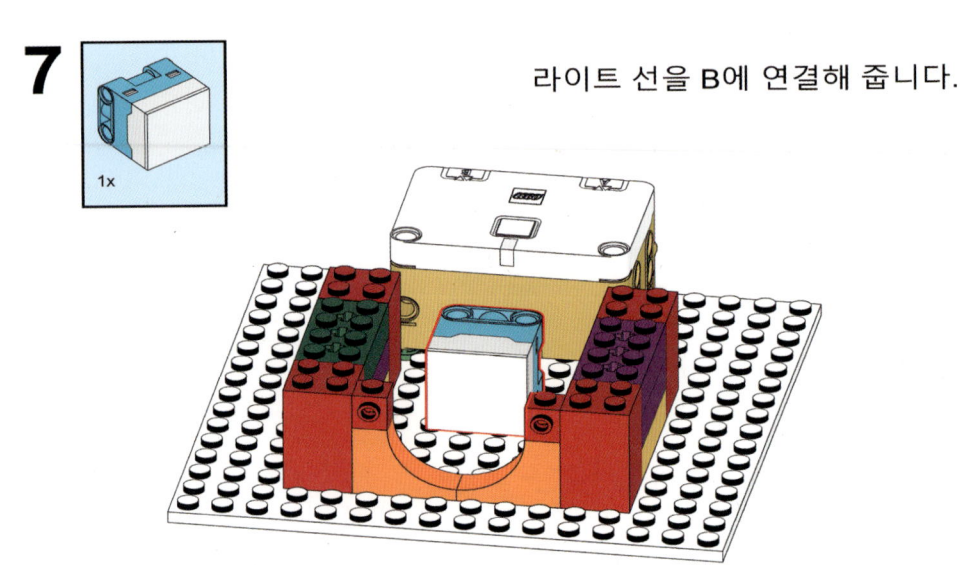

8

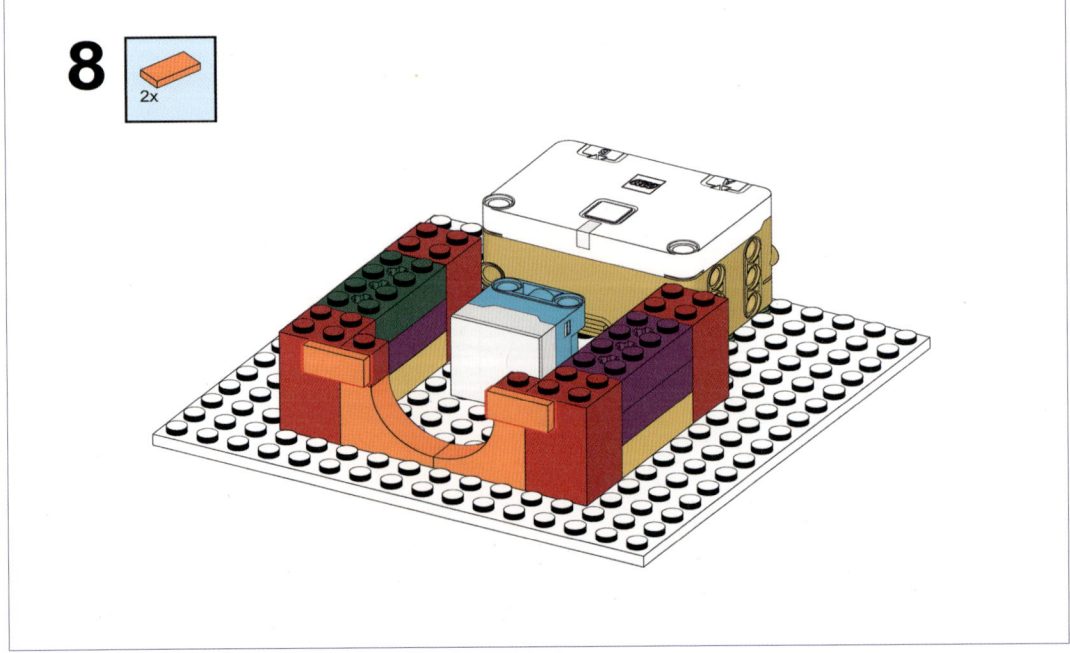

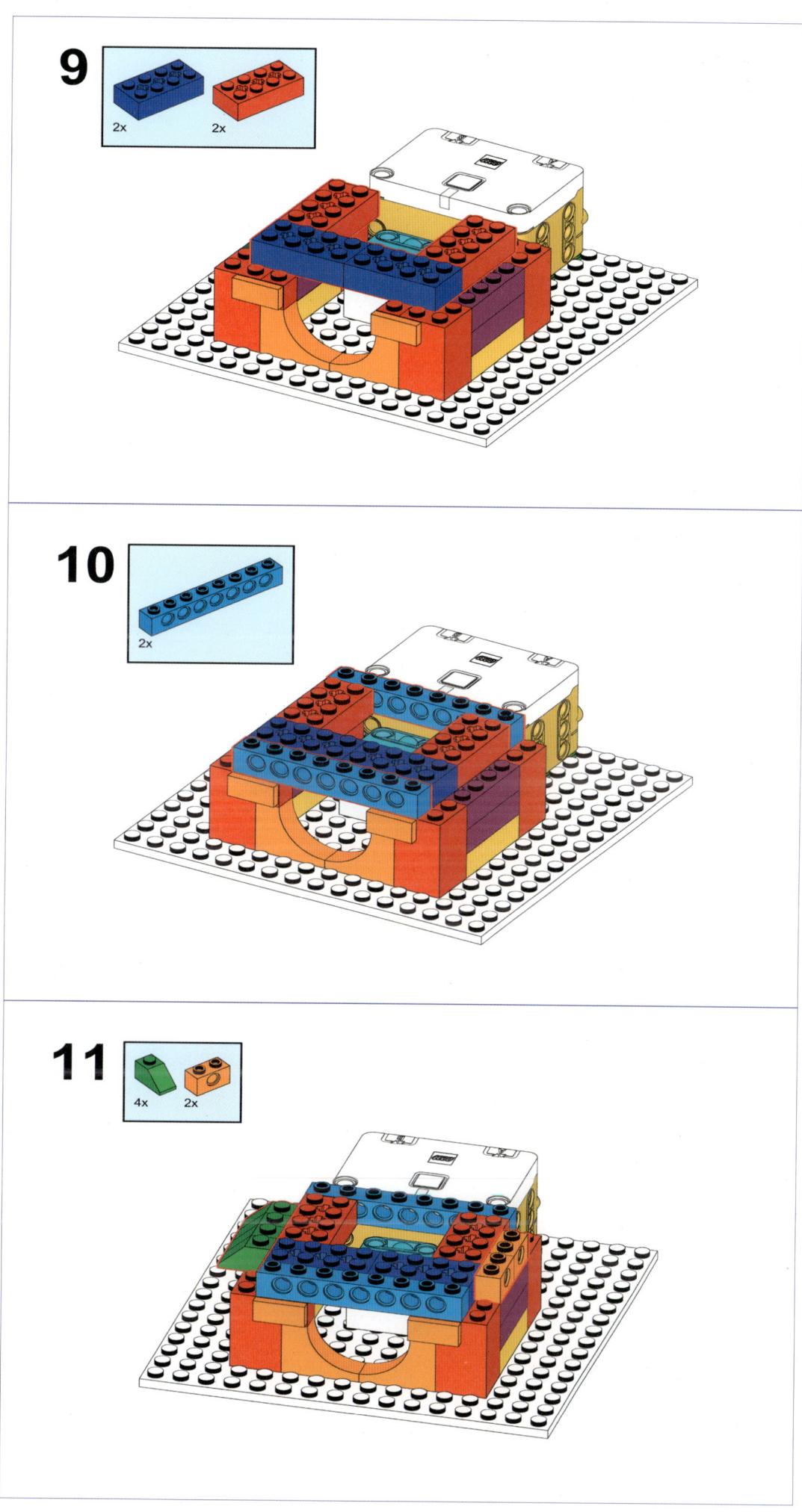

12

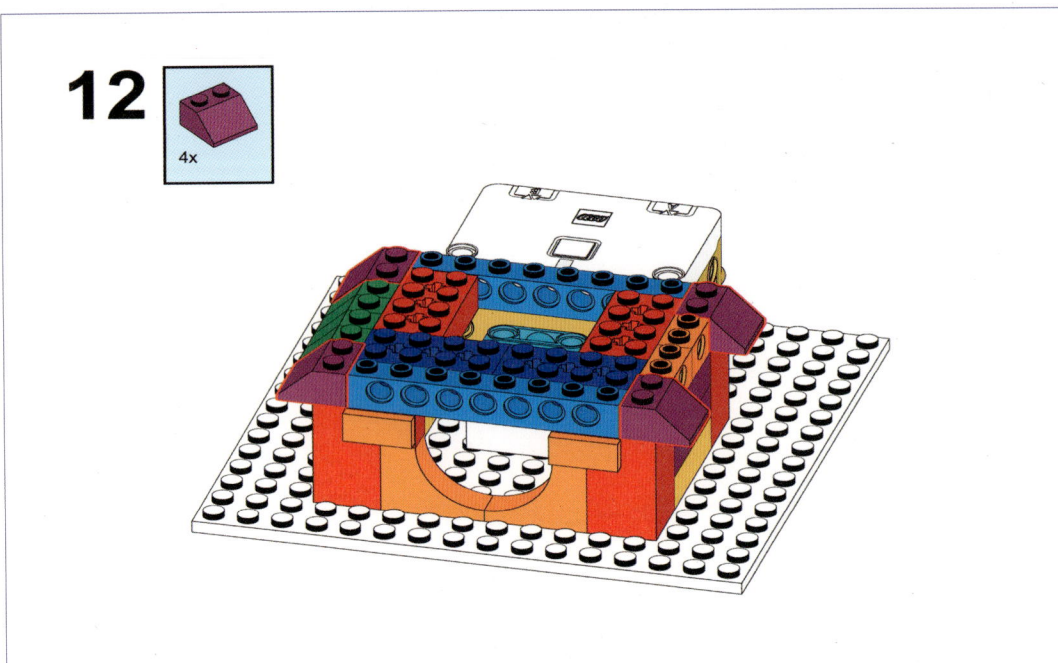

13

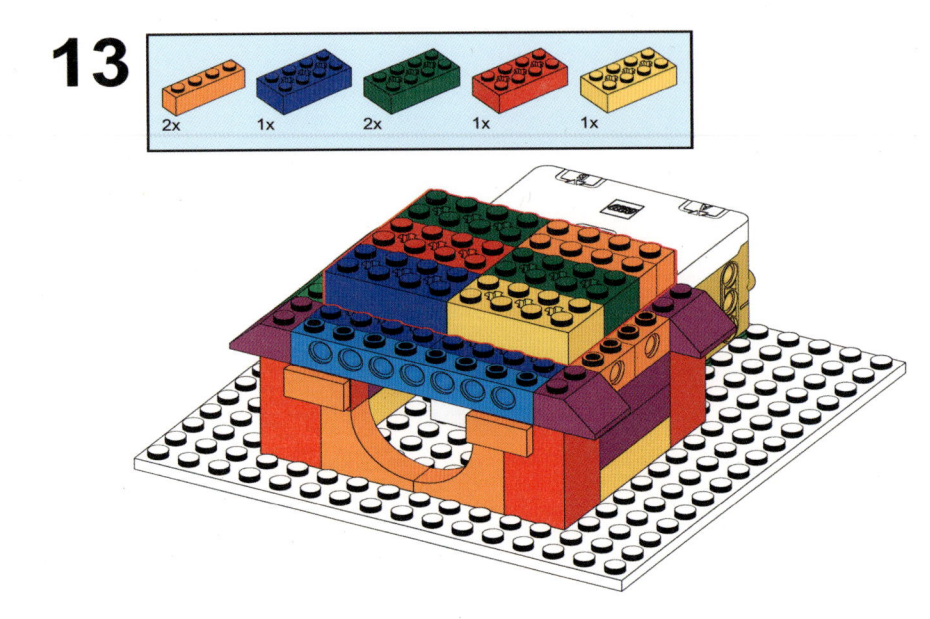

14

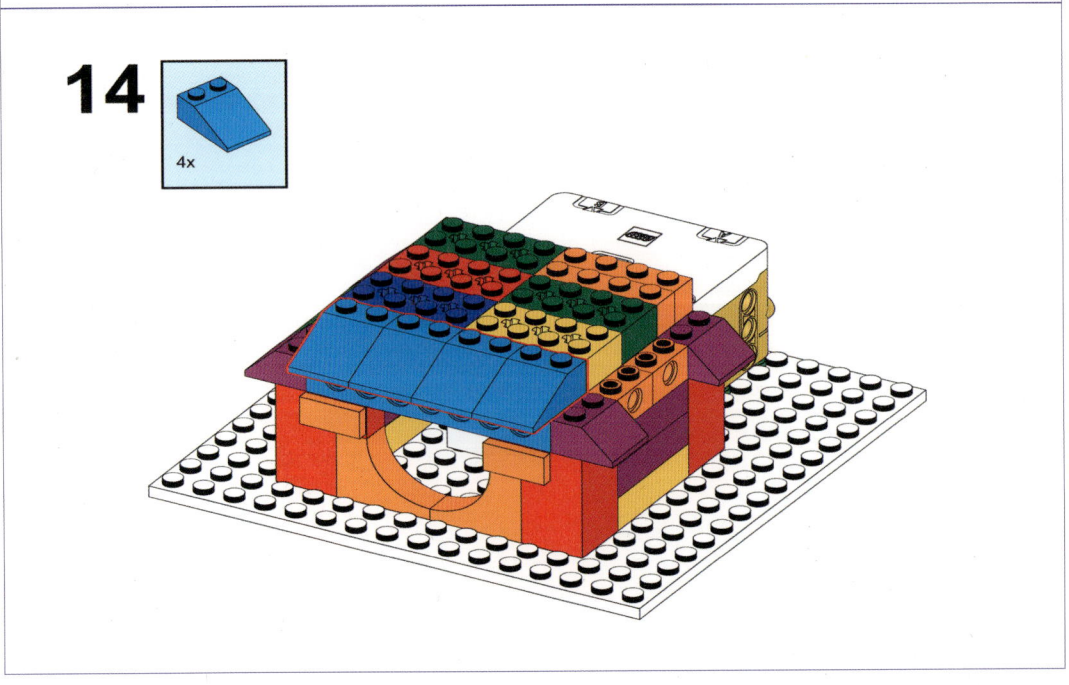

90 4단원_4. 전등을 꺼요

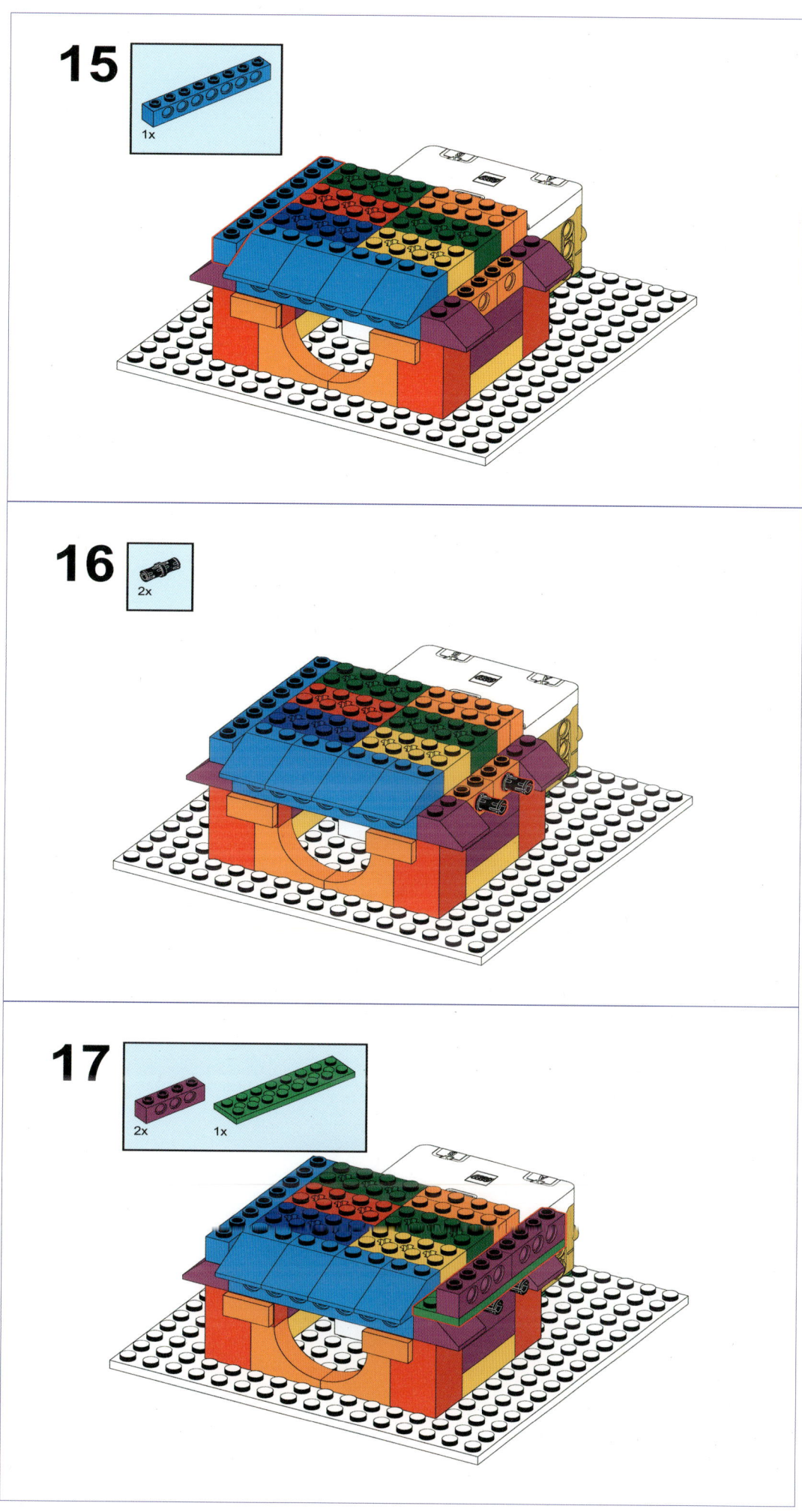

18

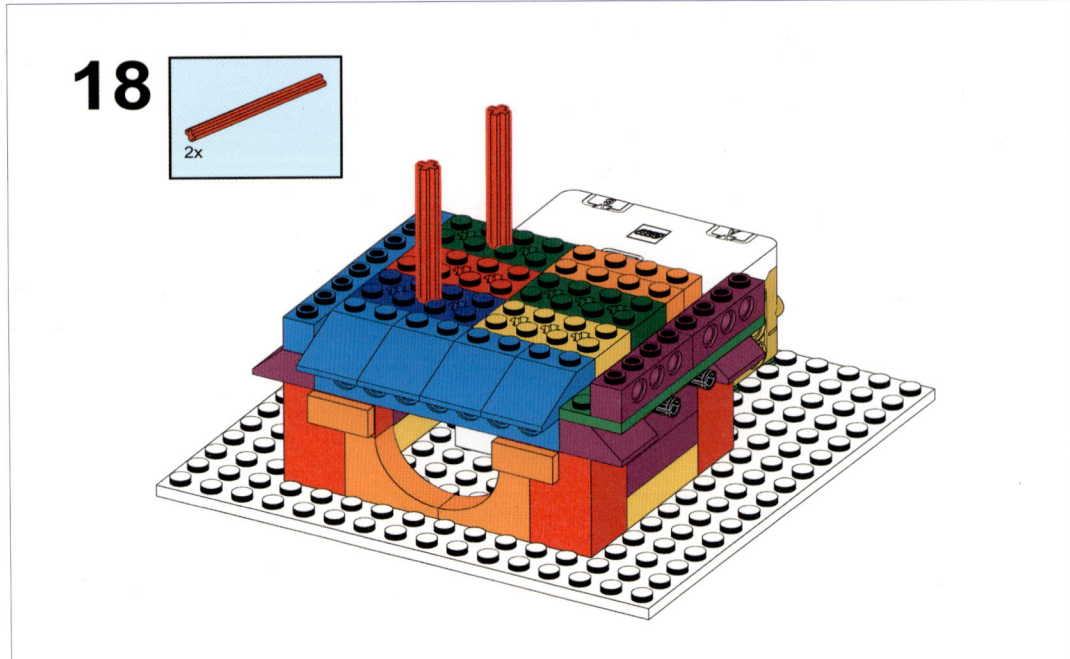

19

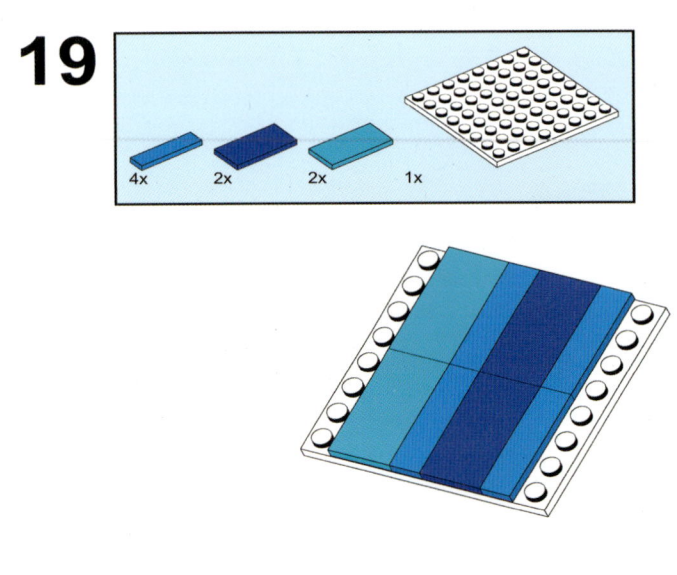

20

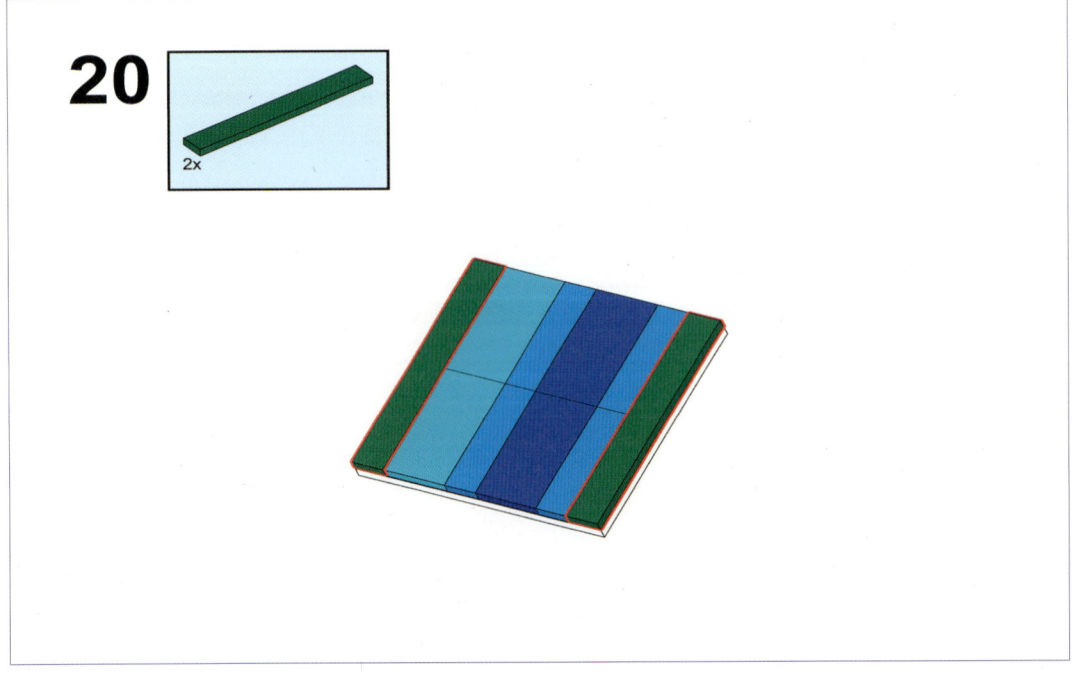

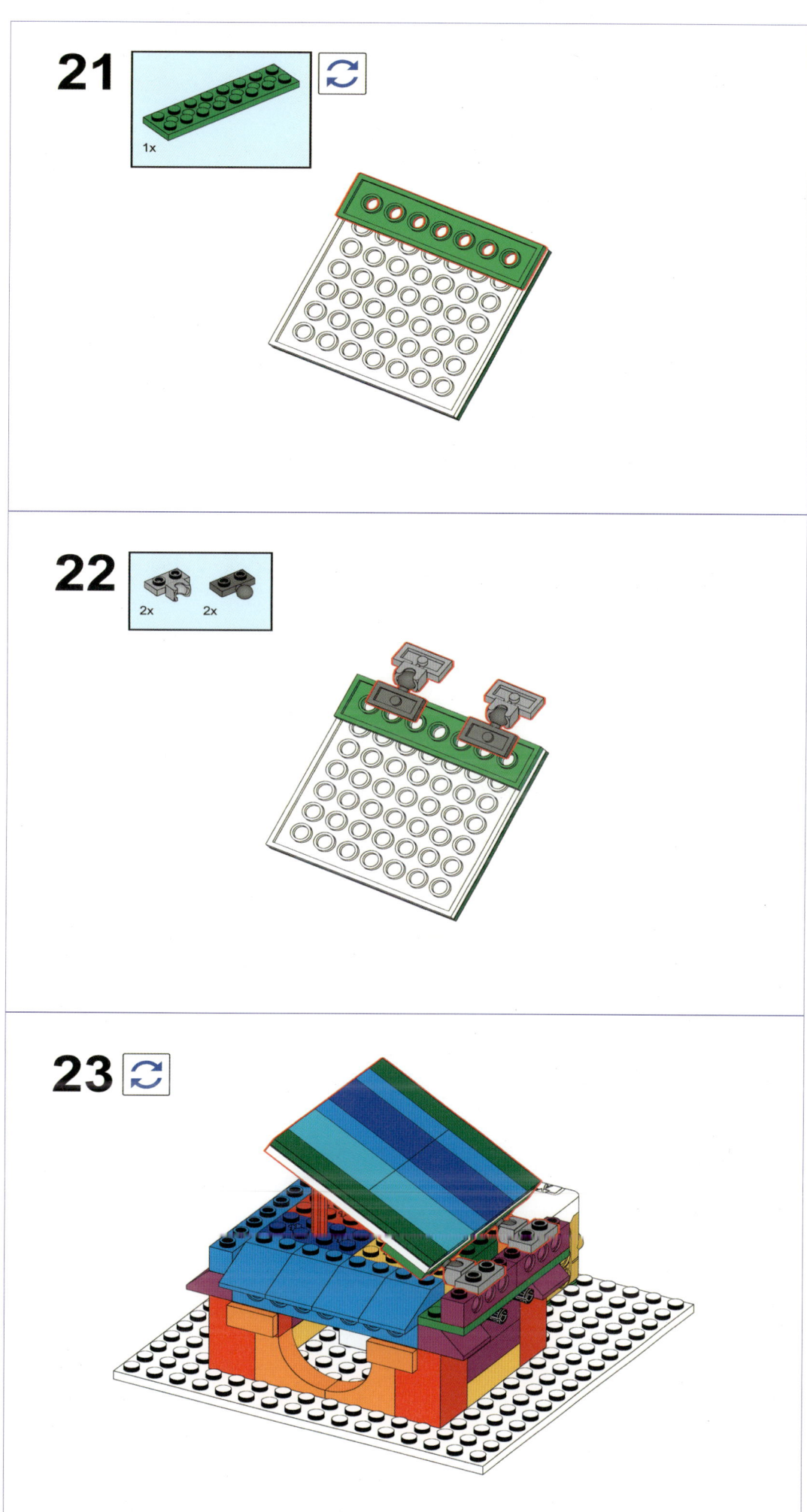

24

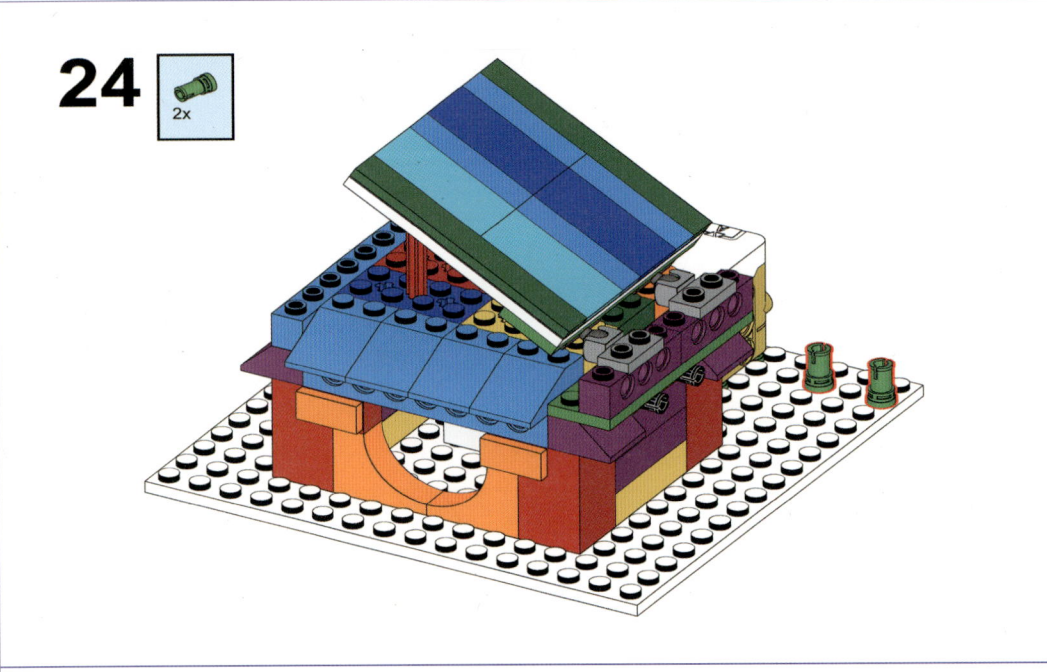

25

컬러 선을 A에 연결해 줍니다.

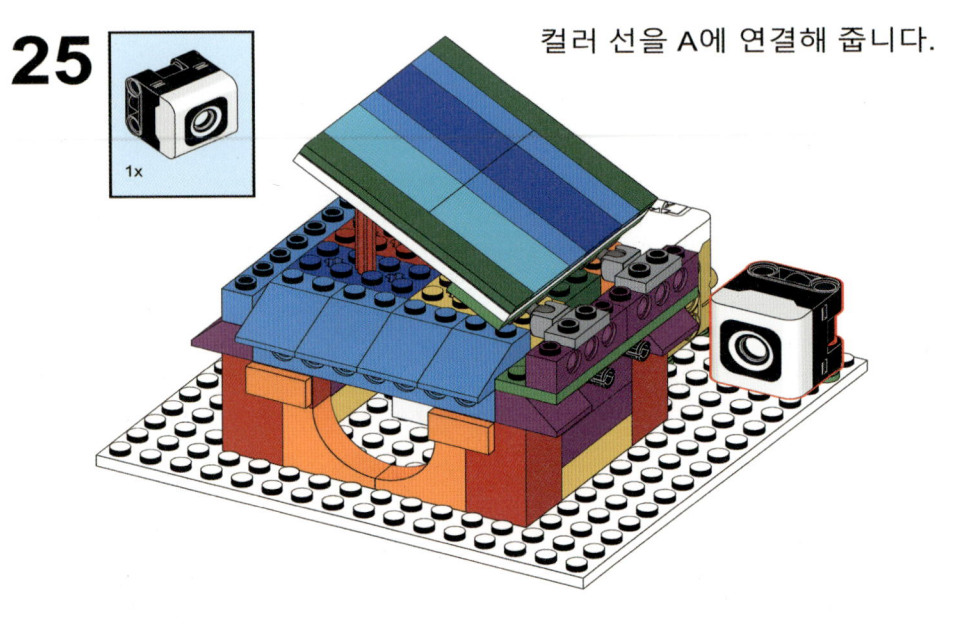

26

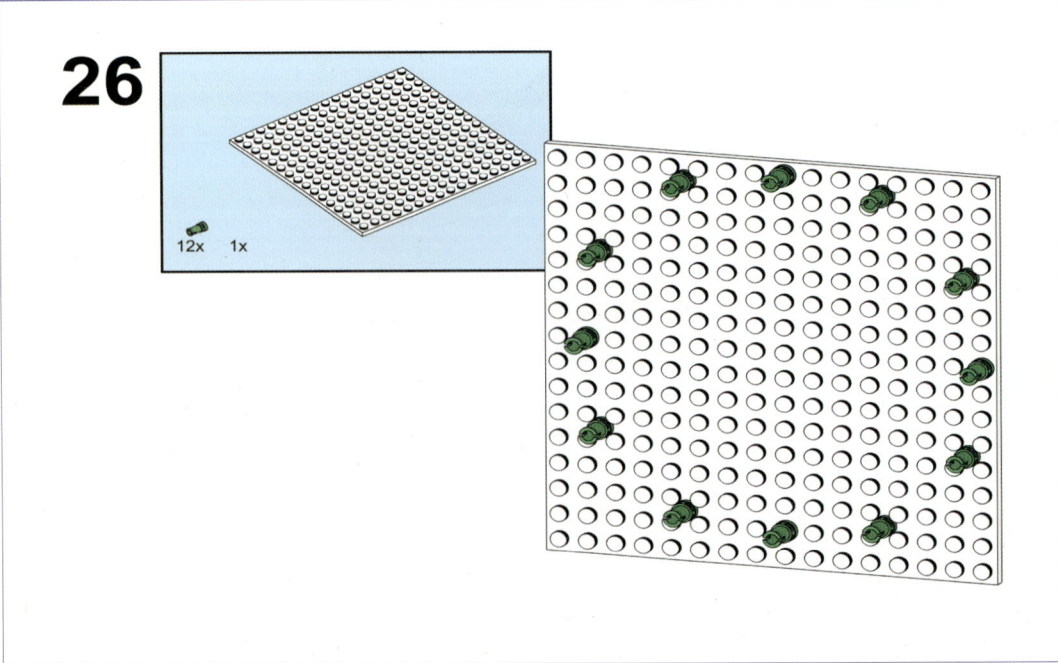

27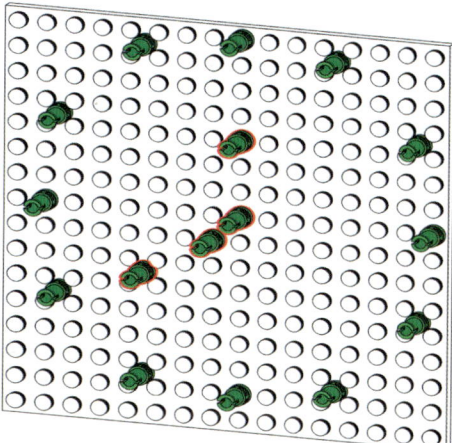

28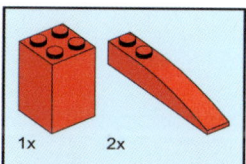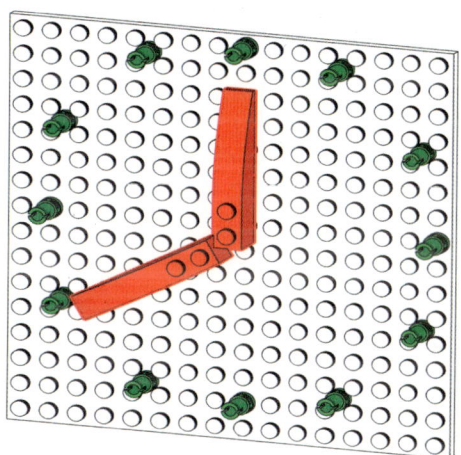

29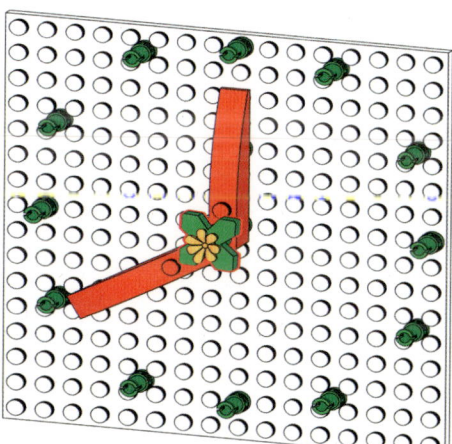

4단원_4. 전등을 꺼요

30

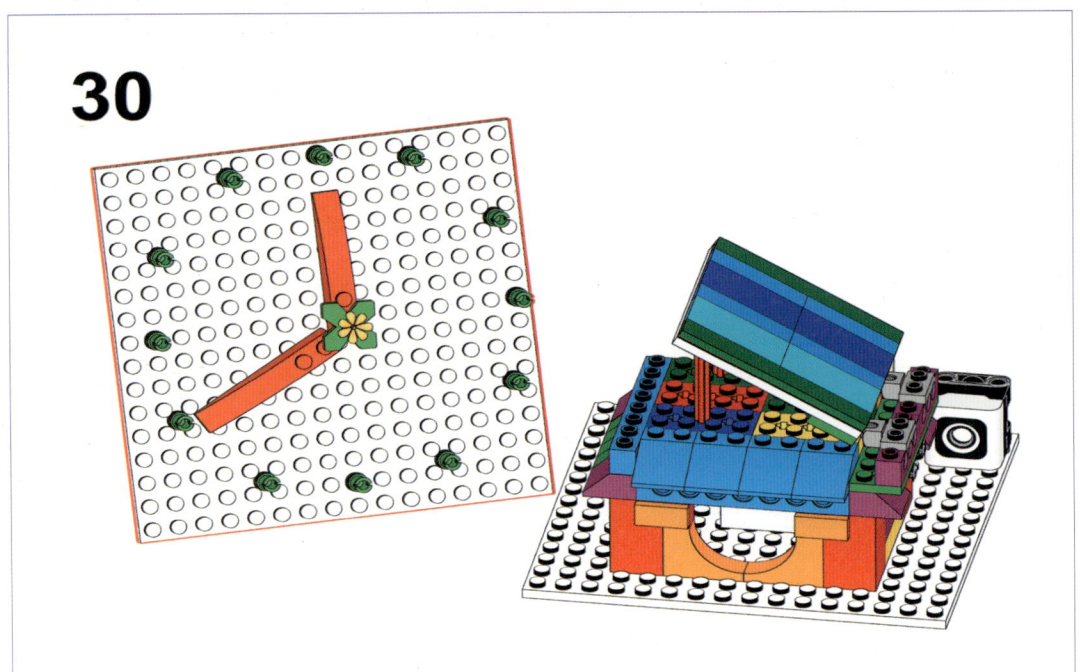

◆ **코딩으로 움직여 보아요.**

지구의 날 소등할 수 있도록 코딩을 해 보아요.

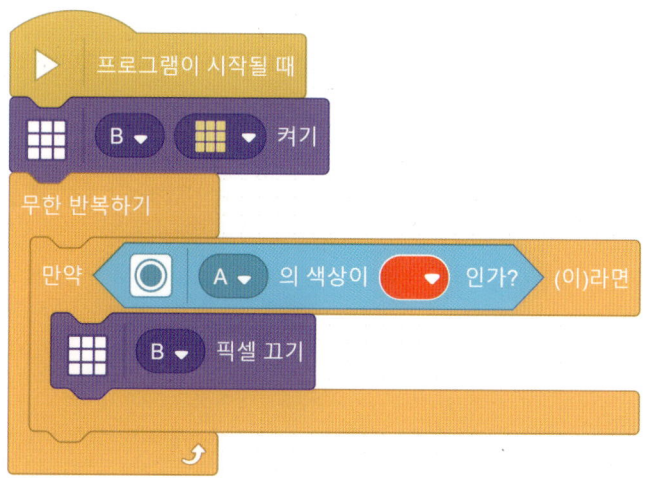

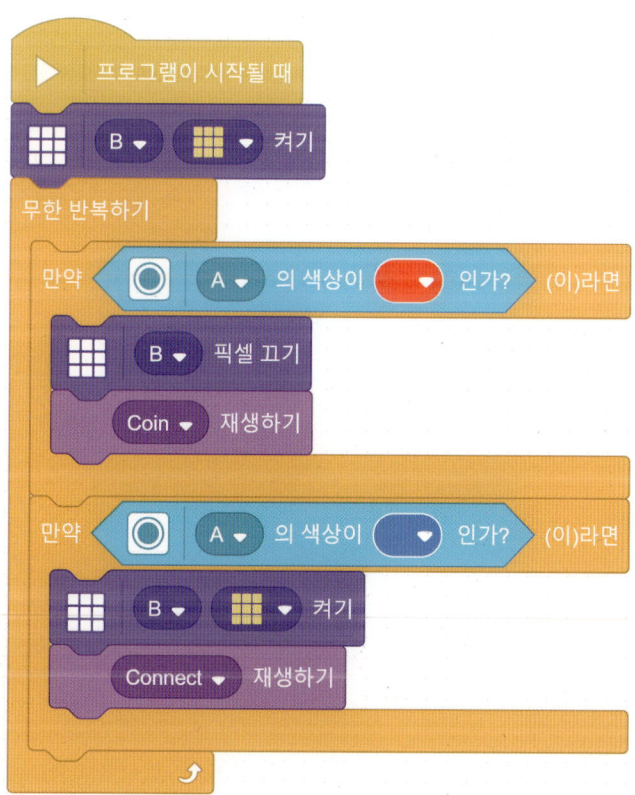

소리를 넣거나 불이 다시 켜질 수 있도록 코딩을 수정해 보아요.

개념 쏙쏙

1. 지구의 날은 지구 환경을 고민하기 위해 만든 날입니다.
2. 저탄소 생활을 실천하여 지구온난화를 완화할 수 있습니다.
3. 지구 환경 보전을 위하여 일상생활에서 저탄소 생활을 실천해야 합니다.

확인해요

평가 내용	평가 결과
■ 집의 모습이 나타나도록 만들었나요?	☺ 😐 ☹
■ 컬러 센서가 알맞게 움직였나요?	☺ 😐 ☹

> **읽을거리**

탄소중립(넷-제로, Net-Zero)이란?

이산화탄소를 배출한 만큼 이산화탄소를 흡수하는 대책을 세워 이산화탄소의 배출량을 '0'으로 만든다는 개념입니다.

$CO_2 = 0$

2050 탄소중립 정책

대표적인 온실가스인 이산화탄소(CO_2) 농도는 산업혁명 이전 280ppm이었던 것이 산업화와 환경 개발로 급격하게 증가하여 2019년 410ppm이 되었습니다.

현재 지구는 지구 온난화에 의해 폭염, 폭설, 한파, 홍수, 장마 등 이상기후 현상이 나타나고 생태계의 변화로 개체수가 감소하거나 멸종되는 생물이 등장하였으며, 이에 따른 인명 및 경제적 피해도 심각한 수준에 이르게 되었습니다. 이에 따라 기후변화에 관한 정부간 협의체(IPCC)는 기후변화로 인한 위험을 줄이기 위해 지구 평균 온도를 산업화 이전 대비 1.5℃ 이하로 억제하자는 내용을 담은 '지구 온난화 1.5도 특별보고서'를 발간했습니다. 그리고 2050년까지 전 지구적으로 탄소중립 정책을 실천하여 지구 온난화를 완화하자고 하였습니다.

스웨덴, 영국, 프랑스, 덴마크, 뉴질랜드, 헝가리 등 6개 국가는 탄소중립을 법제화하였고, 유럽, 중국, 일본 등 주요 국가들은 탄소중립 목표를 선언하였습니다.

우리나라는 2020년 10월 28일 국회시정 연설에서 2050년까지 탄소중립을 시행하겠다는 목표를 밝히고 2020년 10월 31일 G20 정상회의에서 탄소중립에 대한 의지를 밝혔습니다. 그 뒤 2022년 3월 25일 「기후위기 대응을 위한 탄소중립·녹색성장 기본법」이 시행되었습니다.

탄소중립을 실천하기 위해 정부와 기업에서 투자와 노력을 아끼지 않고 있습니다. 탄소중립은 이미 시작하였고, 제로웨이스트, 비건, 플라스틱 줄이기 등 개인 차원에서 다양한 환경운동도 일어나고 있습니다. 탄소중립은 우리 모두 함께 실천해야 이루어낼 수 있습니다. 지구를 위해 나부터 탄소중립 운동에 참여하는 것은 어떨까요?

5 쓰레기를 청소해요

> **핵심 개념** 세계 환경의 날, 자원 재활용, 쓰레기 줄이기
> **활동 개요** 환경 보전의 중요성 알기
> 　　　　　　 환경보호, 보전을 위한 실천 방법 알기

세계 환경의 날은 1972년 6월 스웨덴 스톡홀름에서 열린 '유엔인간환경회의'에서 지구환경보전을 위한 국제사회의 공동노력을 다짐하며 제정한 날로, 매년 6월 5일입니다. 우리나라는 1996년부터 '환경의 날'로 제정하여 환경보전을 위한 노력을 진행하였고, 1997년에는 서울에서 '세계 환경의 날' 행사를 개최하였습니다.
환경 보전을 위해 우리가 할 수 있는 활동에는 어떤 것이 있을까요?

활동 안내

준비물	교재(활동지), 필기구, 스파이크 에센셜				
	단계	학습 내용		학습 형태	학습 자료
학습 활동	도입	■ 만화 이해하기		전체 학습	
	활동1	■ 심각한 환경 오염 사례를 알아보아요. 　- 환경오염으로 인한 문제점 알기 　- 환경 보호의 목적과 실천 방안 알기		전체 학습	활동지, 필기구
	활동2	■ 환경을 생각하며 레고로 표현해요. 　- 환경과 관련된 사물이나 장치 만들기		전체 학습	스파이크 에센셜
	활동3	■ 쓰레기를 처리하는 청소차를 만들어 보아요. 　- 청소차 만들기 　- 청소차가 움직이도록 코딩하기		개별 학습	스파이크 에센셜
	정리	■ 학습한 내용 확인하기		개별 학습	
활동 팁	■ 환경 오염의 심각성을 알게 합니다. ■ 환경은 나 혼자만의 문제가 아님을 알게 합니다. ■ 우리가 실천할 수 있는 환경보전 방법을 찾을 수 있도록 격려합니다.				

시작해요 환경 오염이 심각해요.

- 환경문제로 생기는 어려움에는 어떤 것이 있을까요?

_____
_____

- 지구 환경과 생태계 보전을 위해 우리가 할 수 있는 행동은 어떤 것이 있을까요?

_____
_____

학습 목표 환경오염의 심각성을 알고 우리가 할 수 있는 환경보전 실천 방법을 알 수 있다.
스파이크 에센셜을 활용하여 쓰레기를 처리하는 청소차를 만들 수 있다.

활동 1   심각한 환경 오염 사례를 알아보아요.

◆ 환경이 오염되면 어떻게 될까요?

공기오염

숨 쉬기 힘들고 눈, 코, 피부 등으로 오염 물질이 들어가 질병이 발생합니다.
오염된 공기를 흡수한 식물은 제대로 자라지 못하고, 병충해에도 약합니다.
이러한 식물을 먹은 동물들도 건강에 문제가 생깁니다.
공기 오염 물질에 직접 닿거나 공기 오염 물질이 섞인 비를 맞은 문화재 및 건물은 표면이 변색되거나 녹아내리기도 합니다.

토양오염

먹을거리가 오염되고, 동물이 살기 힘들어집니다.
지하수가 오염되고 강물과 바다, 우리가 먹는 물도 오염이 됩니다.

음식쓰레기와 환경

음식쓰레기 냄새로 사람들이 불쾌함을 느끼고, 공기가 오염됩니다.
음식쓰레기를 옮기고 처리하는데 에너지가 소비됩니다.

생물의 서식지 파괴

도시 개발, 산불, 환경오염 등으로 숲과 자연이 파괴되면 생물들이 살 곳이 사라집니다. 숲에서 살던 동물들이 먹이를 찾아 주택가로 오게 되고, 사람을 공격하거나 사람에게 잡혀 해를 입기도 합니다.
산림이 파괴되면 지구온난화 현상이 가속화되고, 맑은 공기를 만들어 주지 못합니다.

◆ 이 외에 우리 주변에서 볼 수 있는 환경 오염 문제에는 어떤 것이 있을까요?

 지도 tip

- 환경의 소중함을 알게 합니다.
- 인간도 환경의 영향을 받으며 살아가고 있음을 이해하게 합니다.
- 환경보호의 중요함을 인식하게 하고 작은 행동부터 실천할 수 있게 합니다.

◆ 환경보호 목적과 실천방안을 알맞게 연결시켜 주세요.

◆ 실천할 수 있는 활동을 찾아 실천 약속을 해 보아요.

활동 2   환경을 생각하며 레고로 표현해요.

◆ 환경과 관련된 사물이나 장치를 레고로 만들어 보아요.

이동식 청소차

도로의 미세먼지를 제거하는 청소차

◆ 직접 만들어 보아요.

활동 3   쓰레기를 처리하는 청소차를 만들어 보아요.

◆ 만들기

청소차

청소차를 만들어 보아요.

1

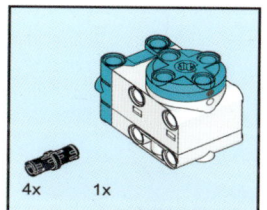

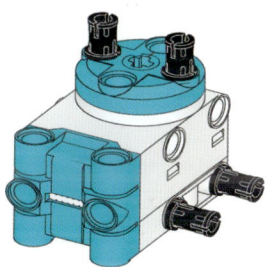

2

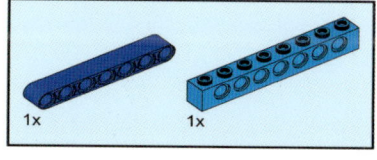

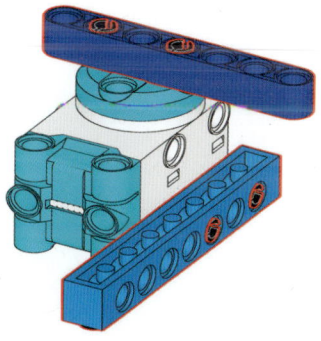

4단원_5. 쓰레기를 청소해요

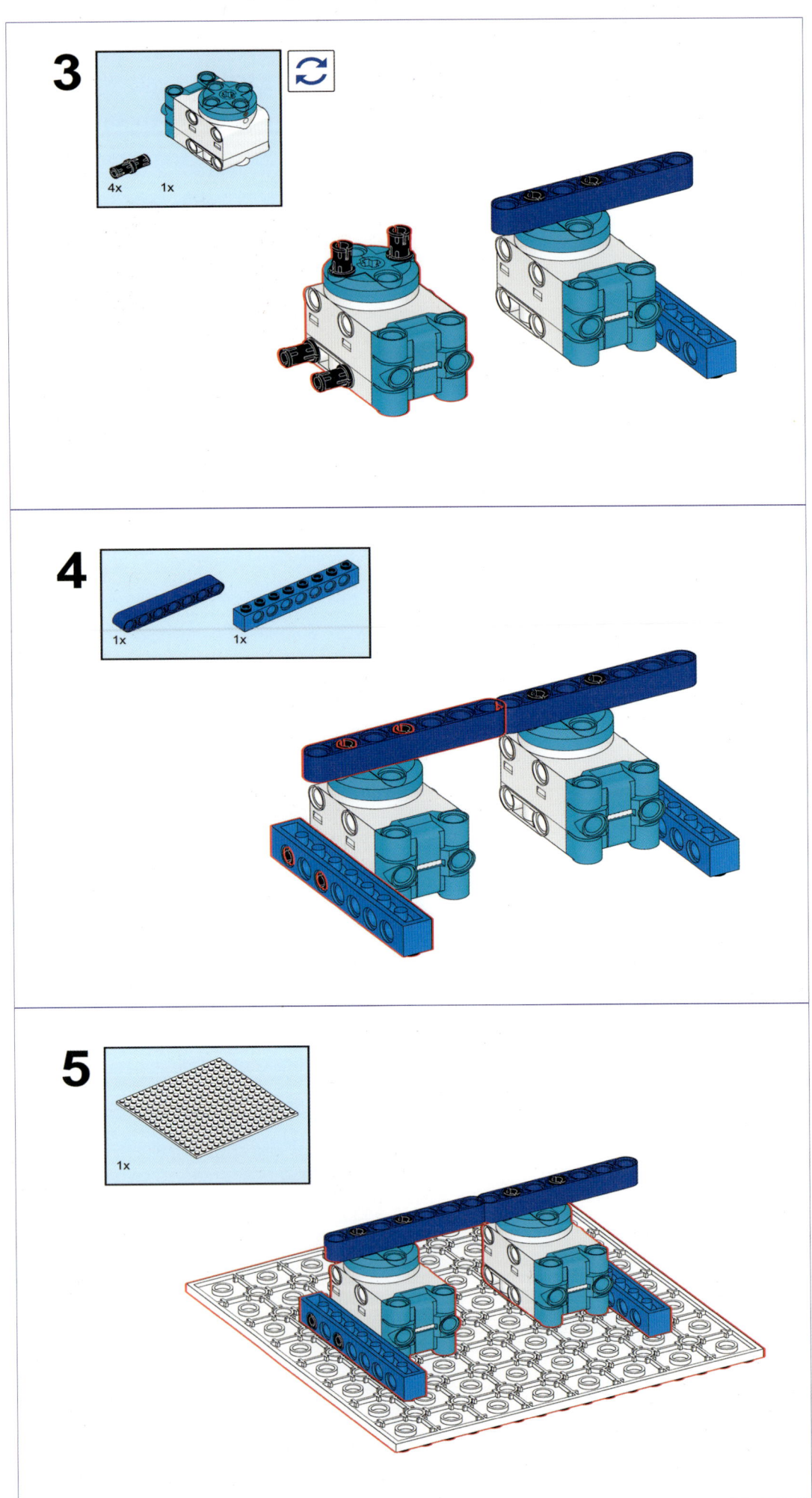

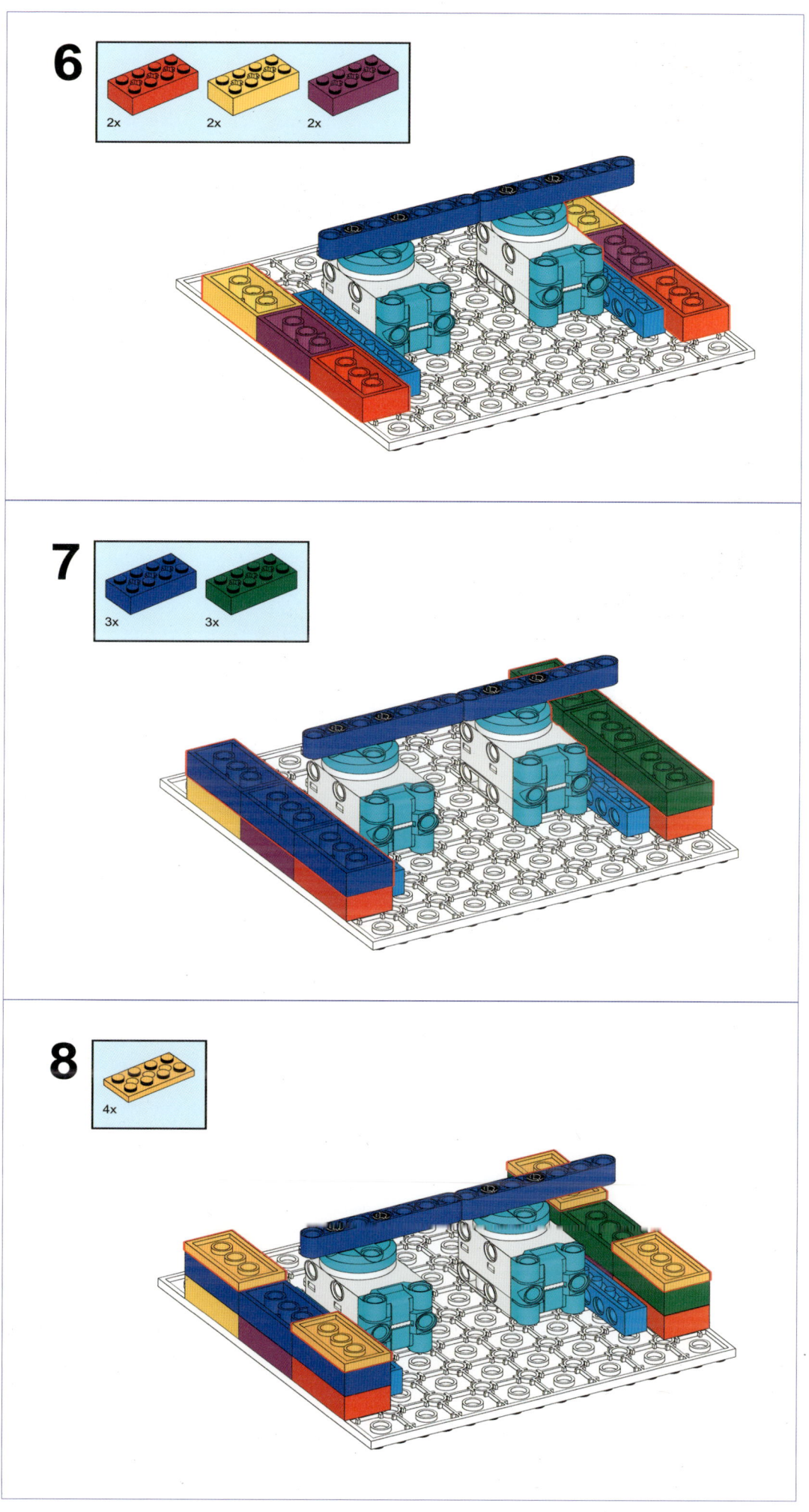

9

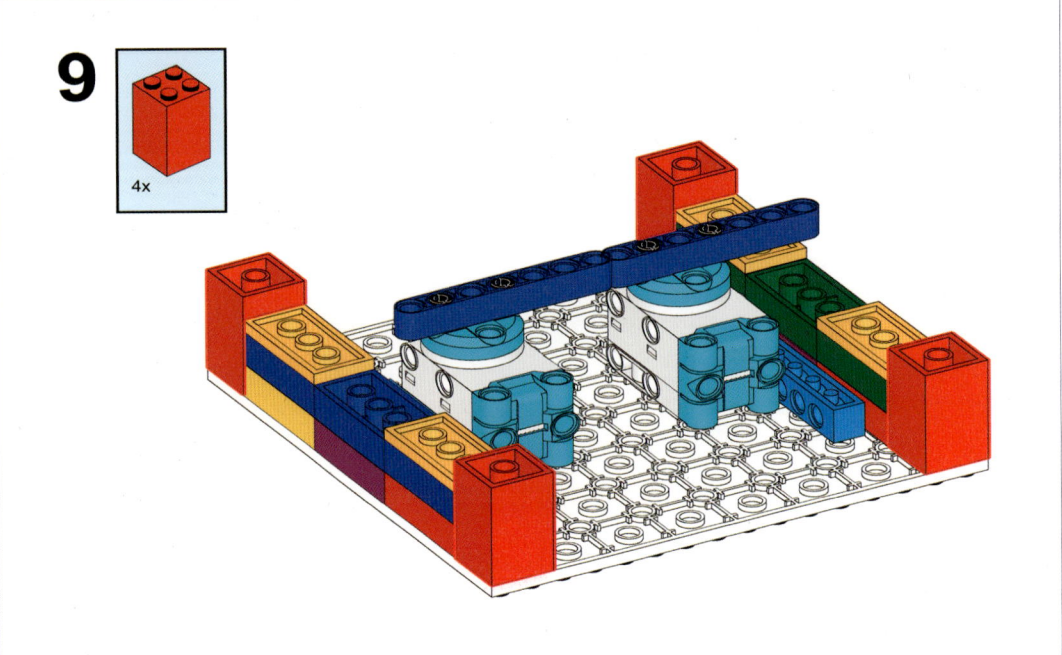

10

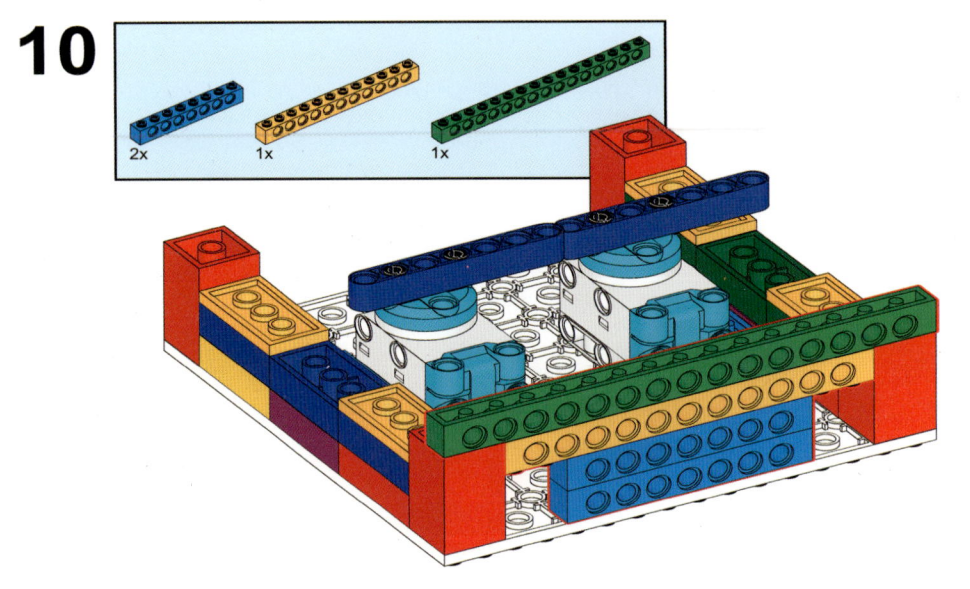

11

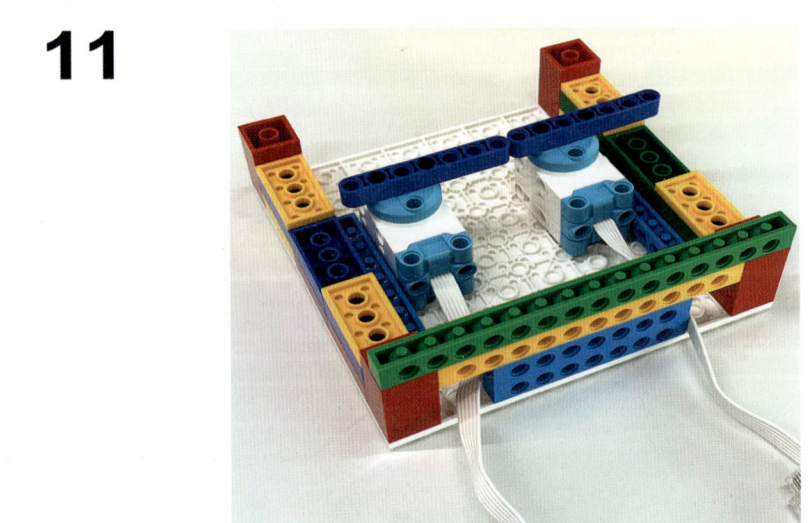

사진과 같이 모터 선을 구멍에 통과시켜줍니다.

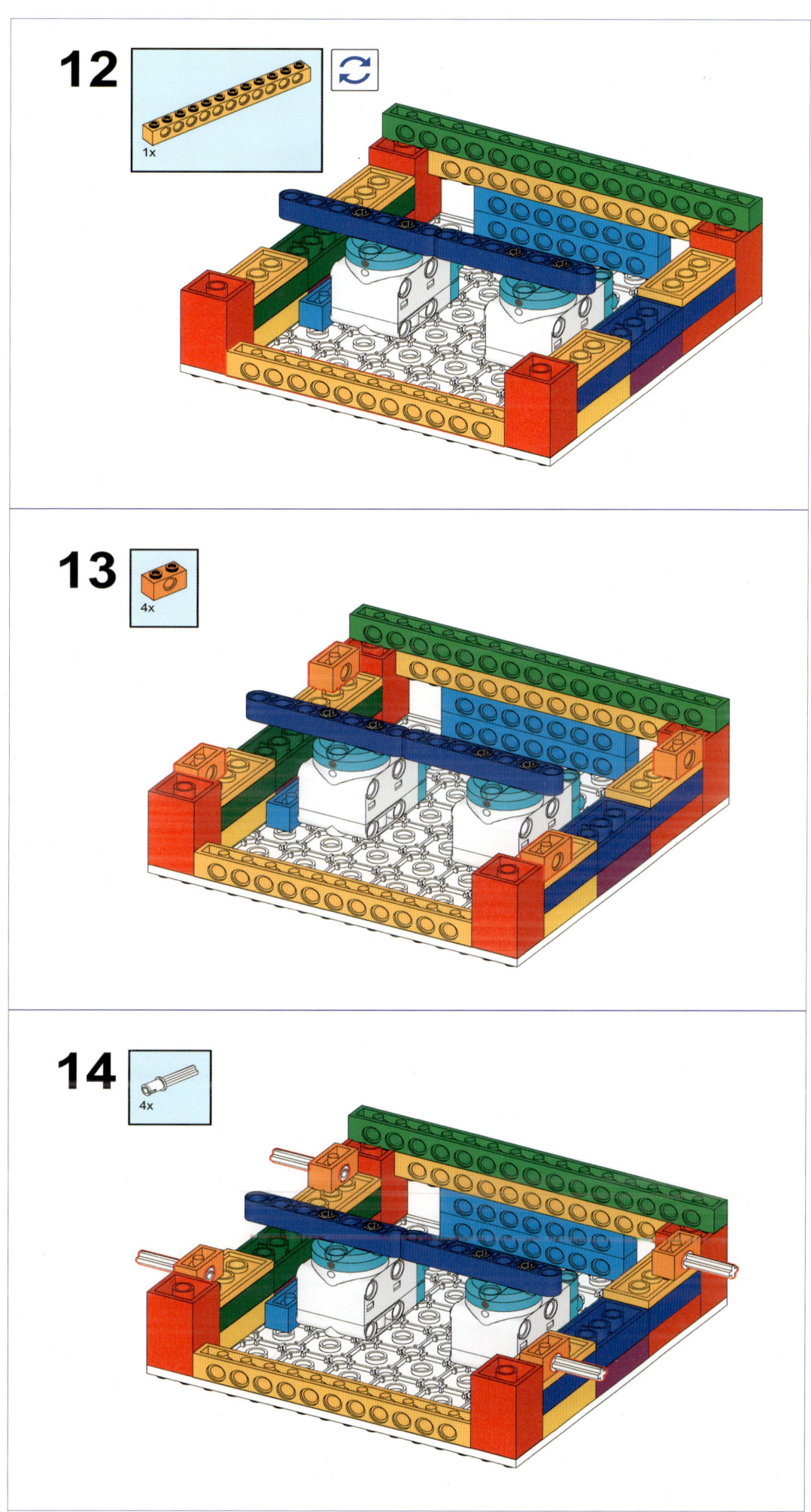

15

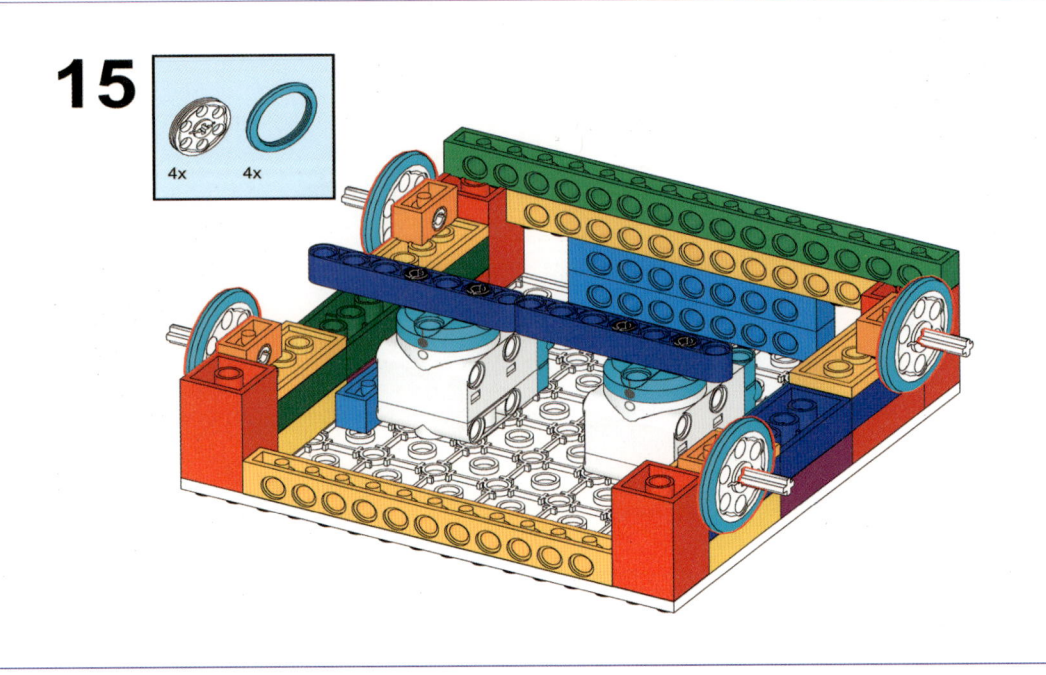

16

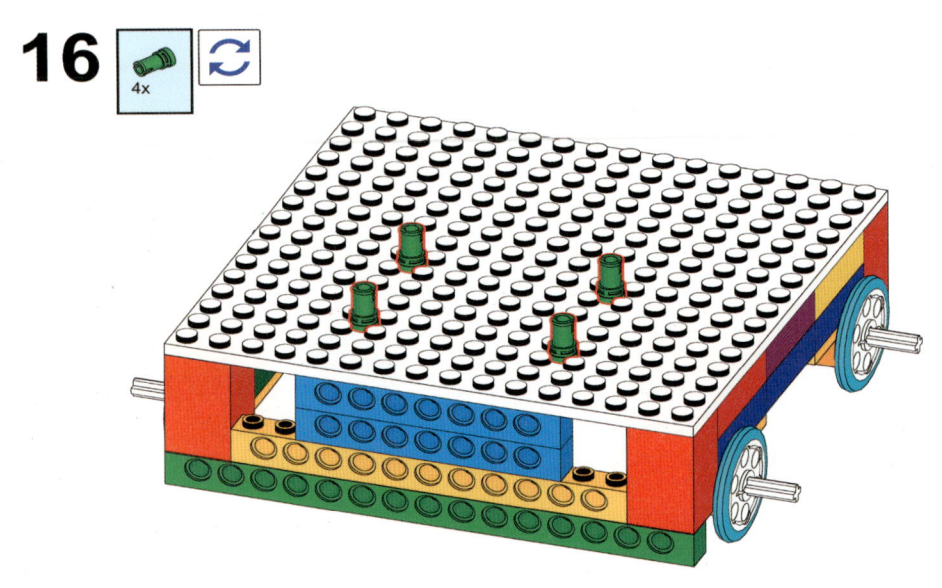

17

모터 선을 허브에 연결해 줍니다.

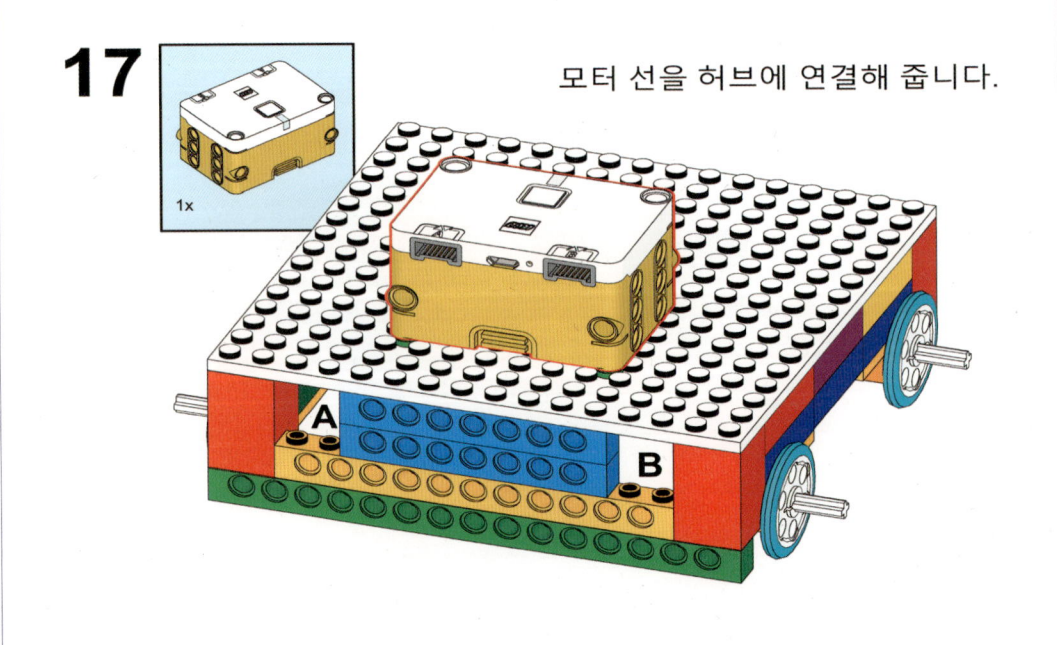

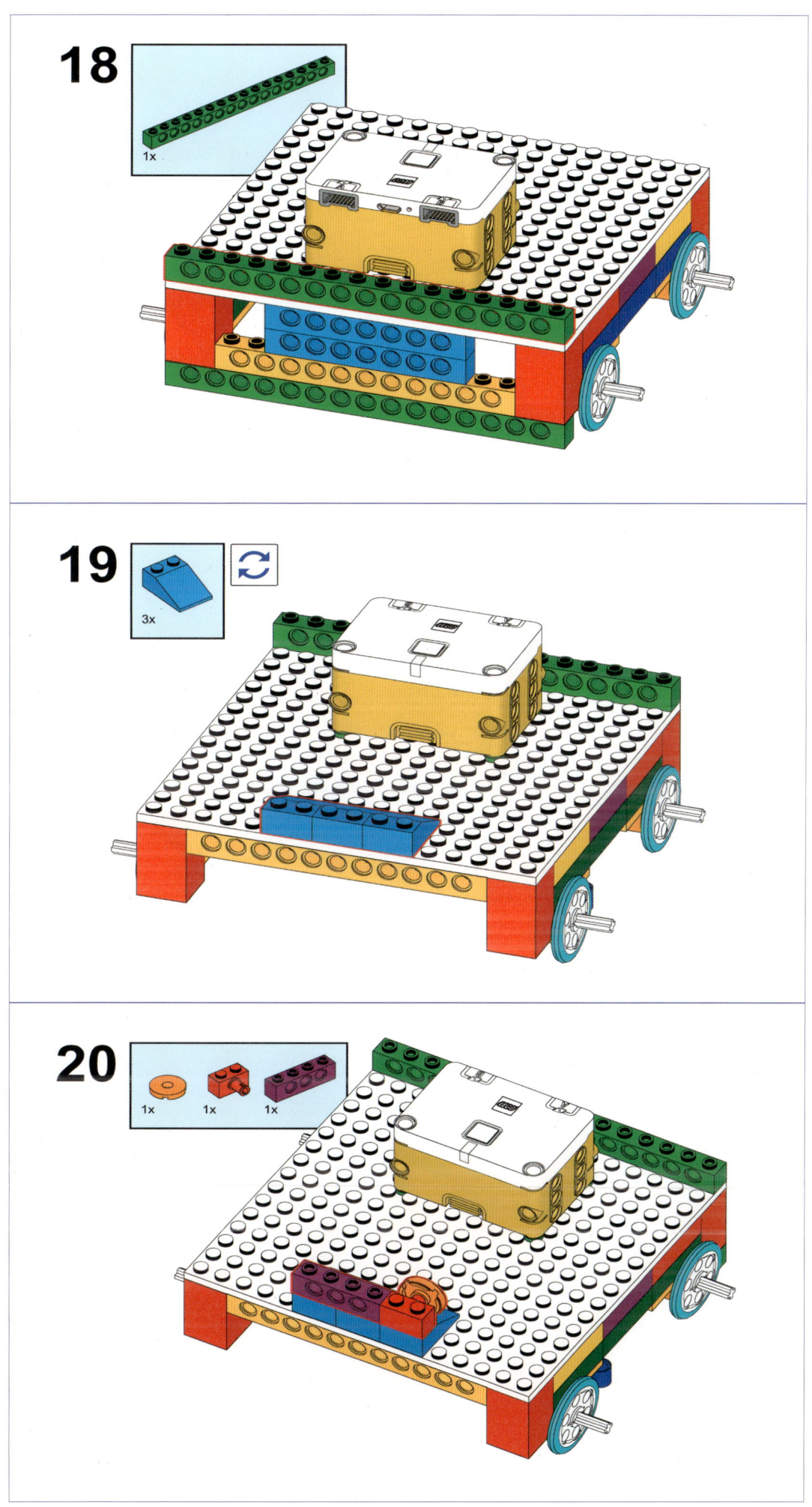

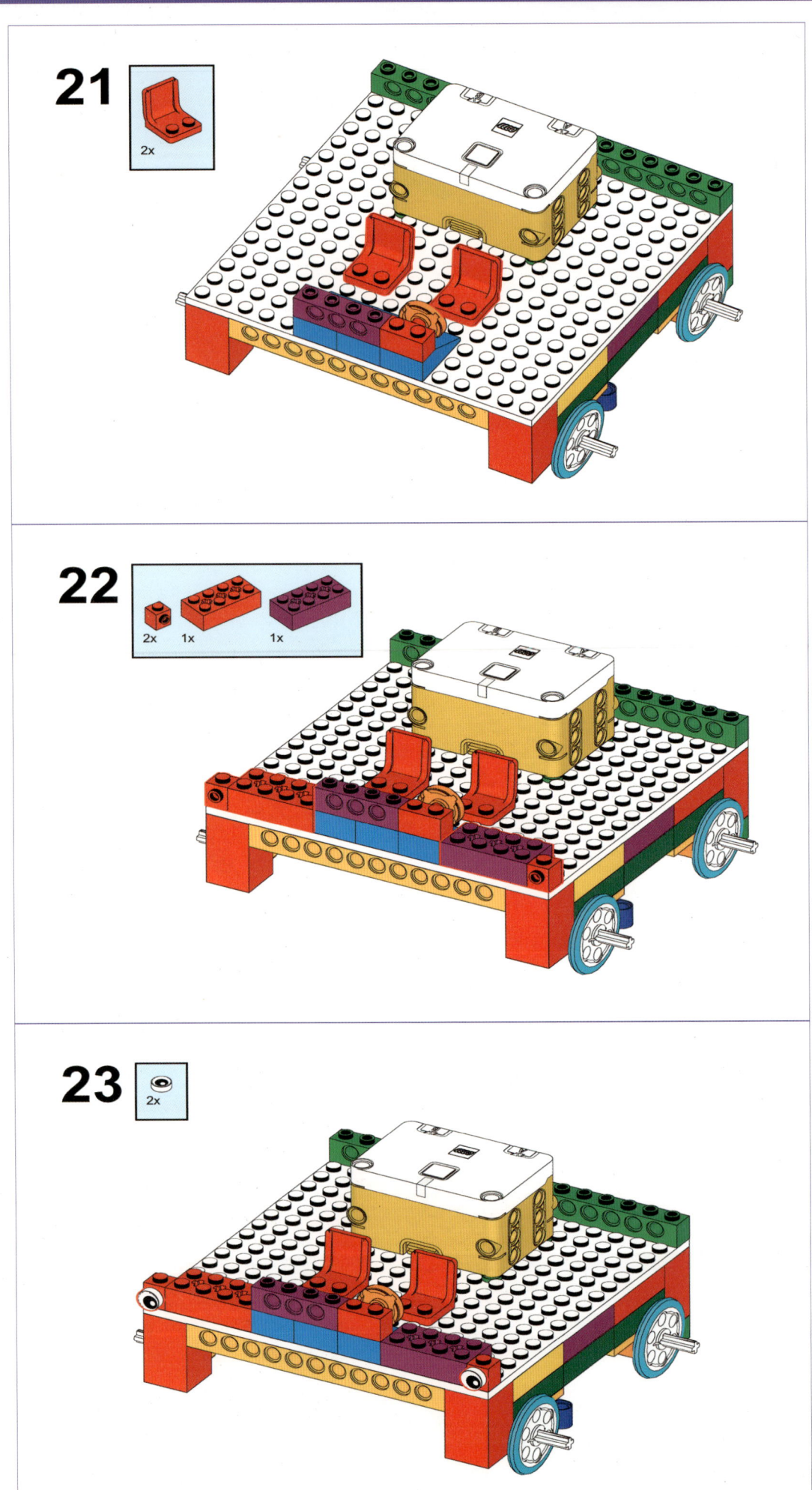

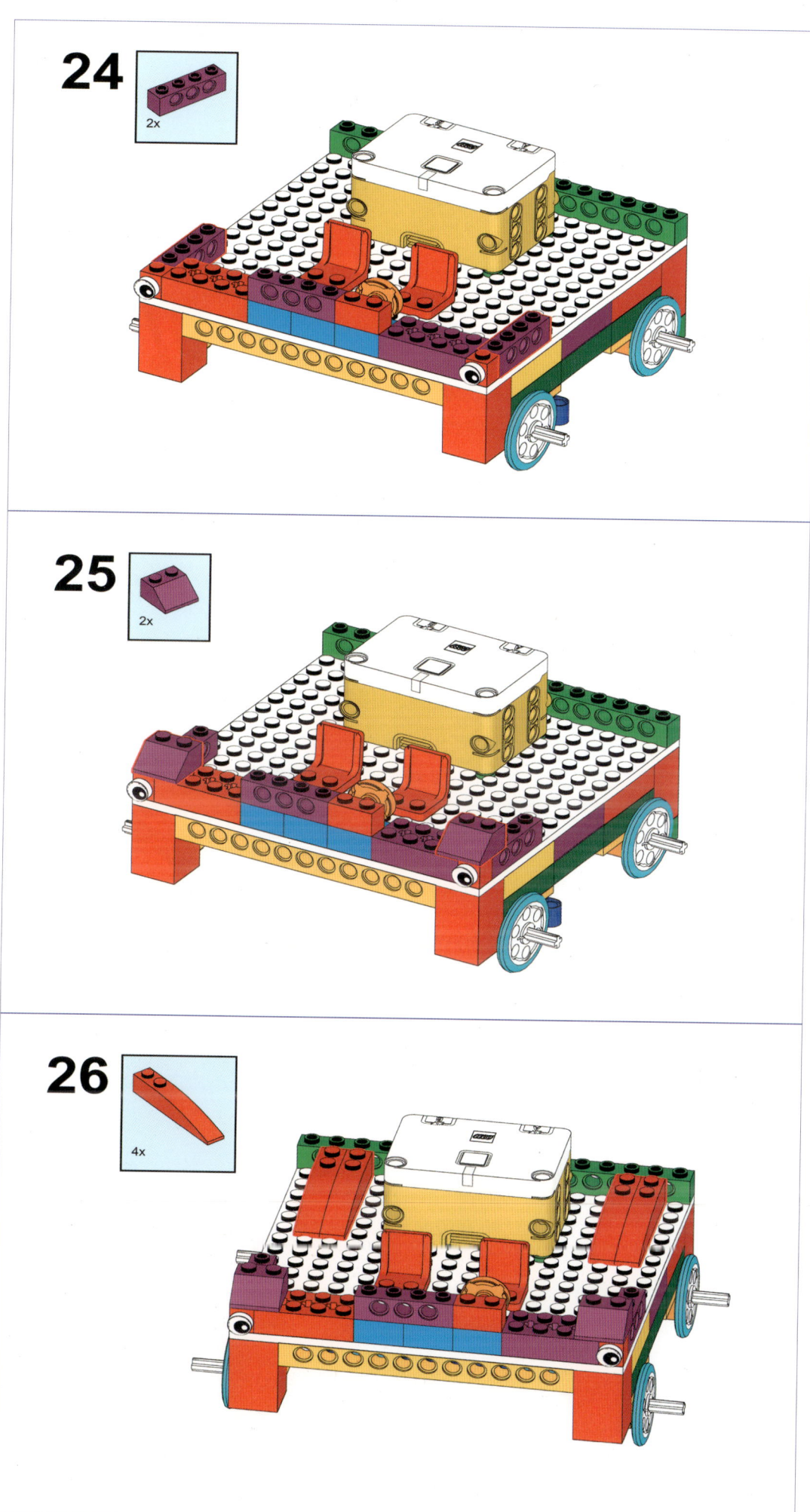

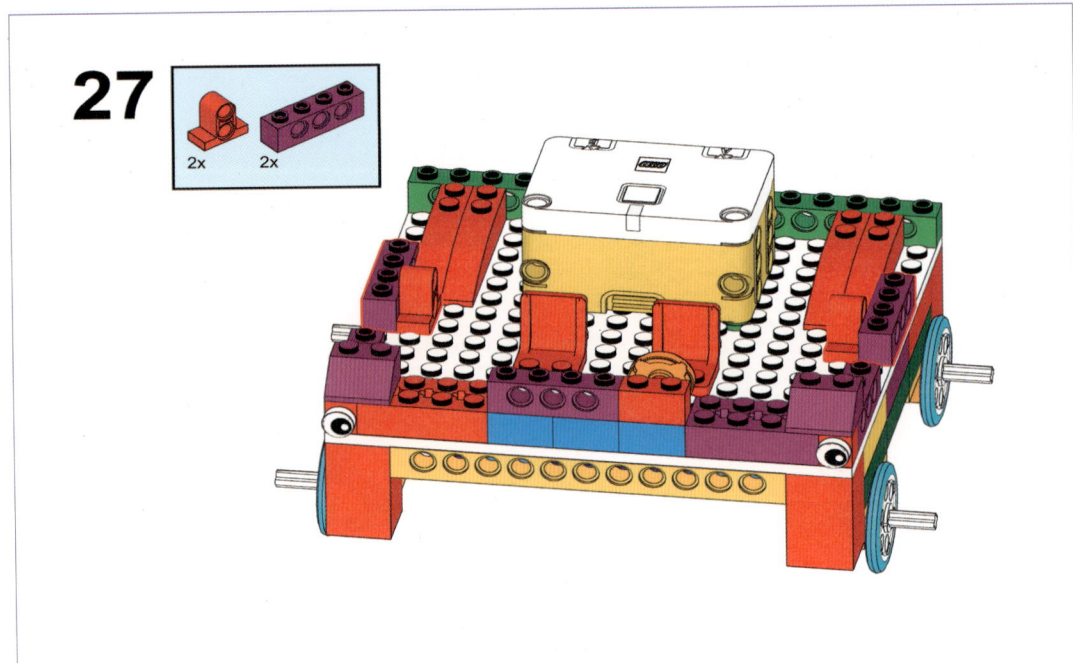
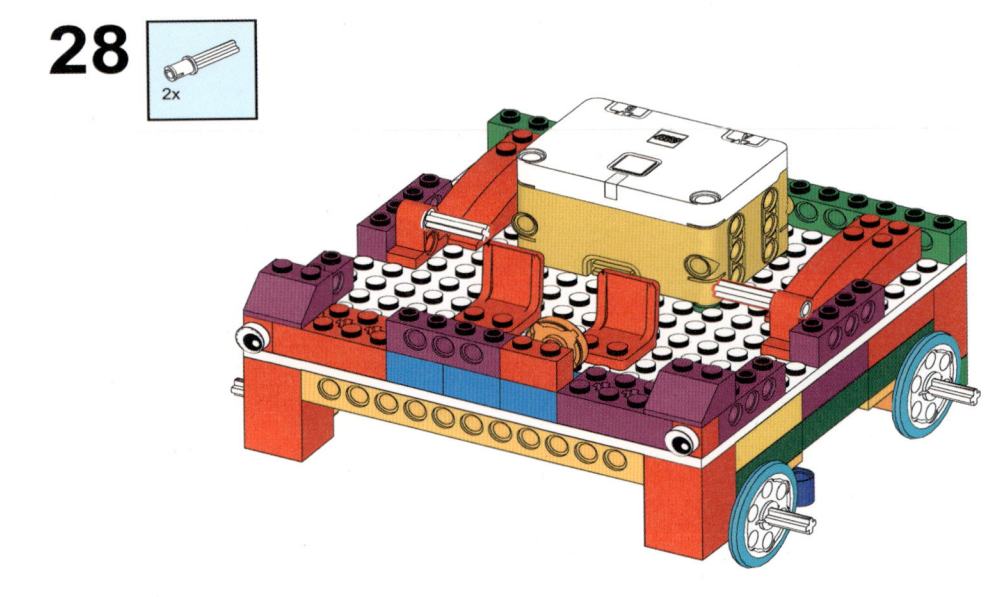
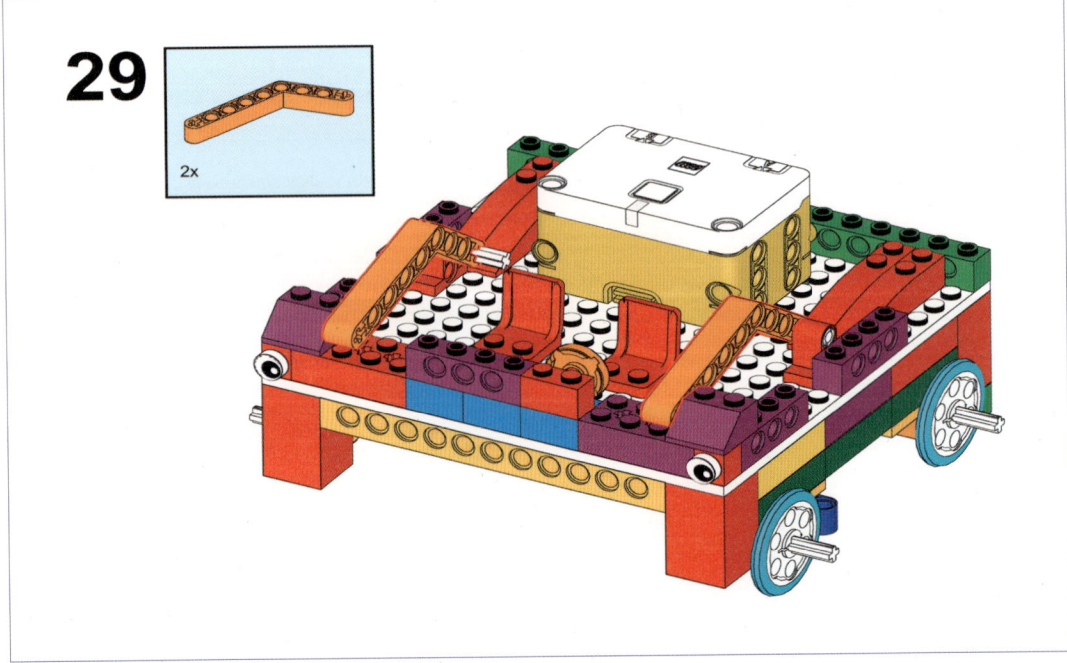

114 4단원_5. 쓰레기를 청소해요

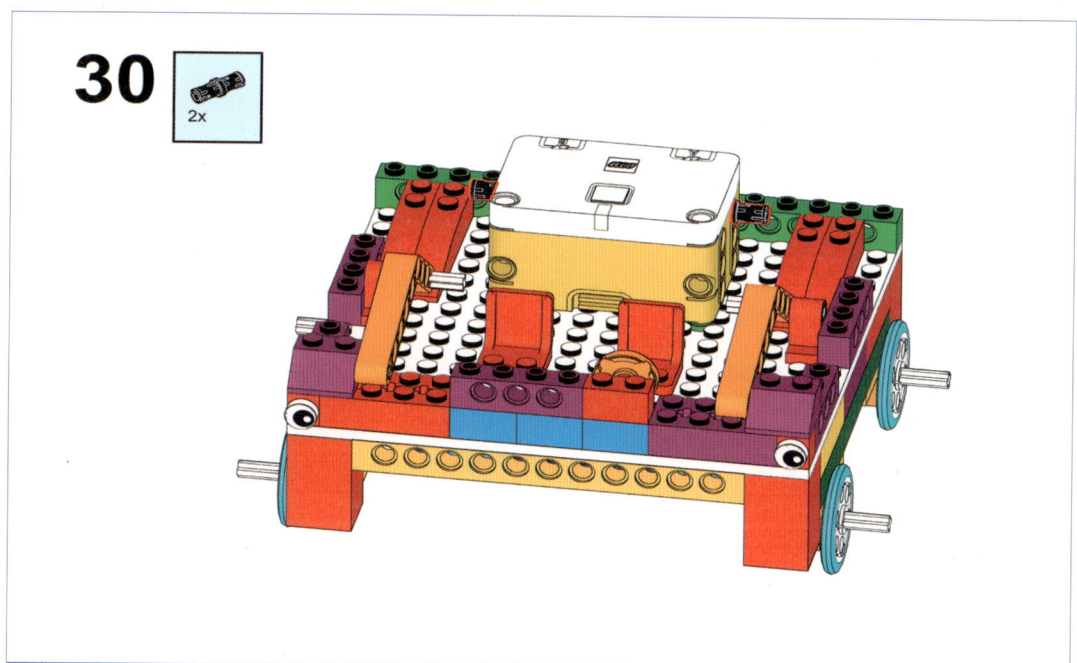

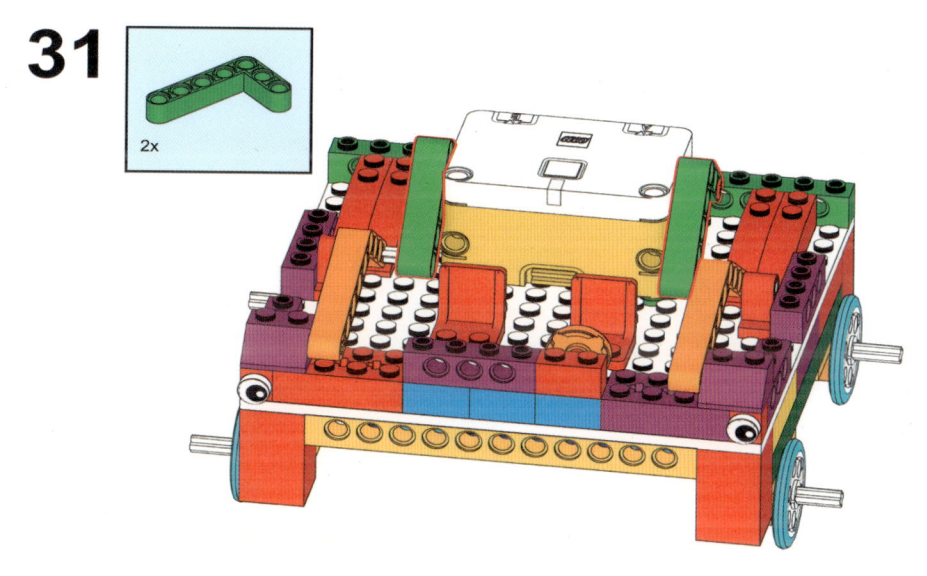

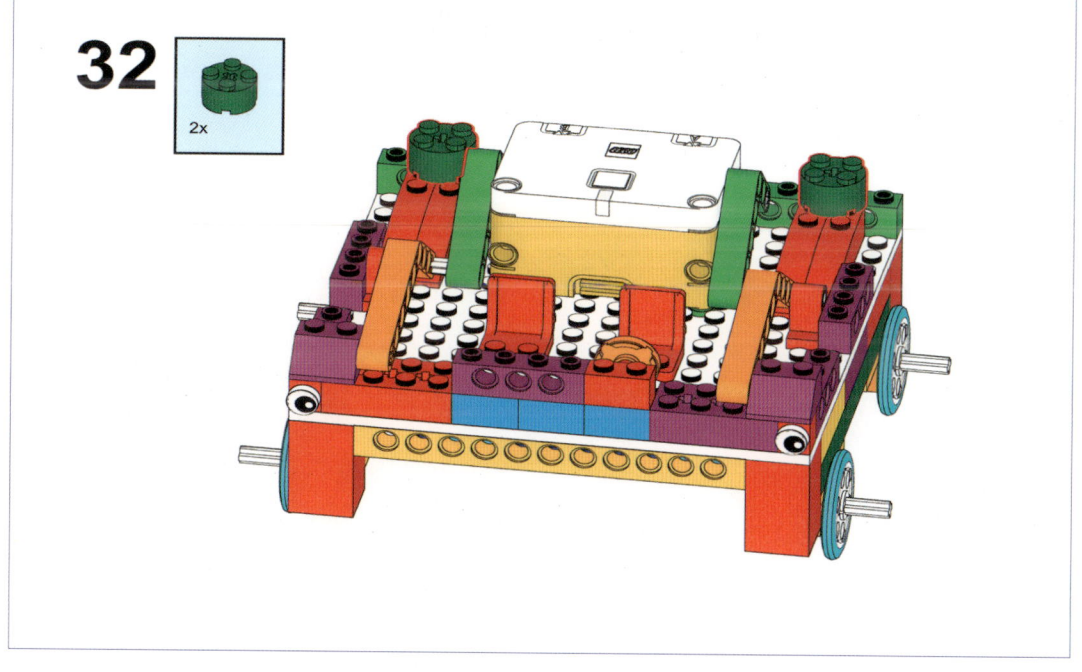

4단원_5. 쓰레기를 청소해요 115

33

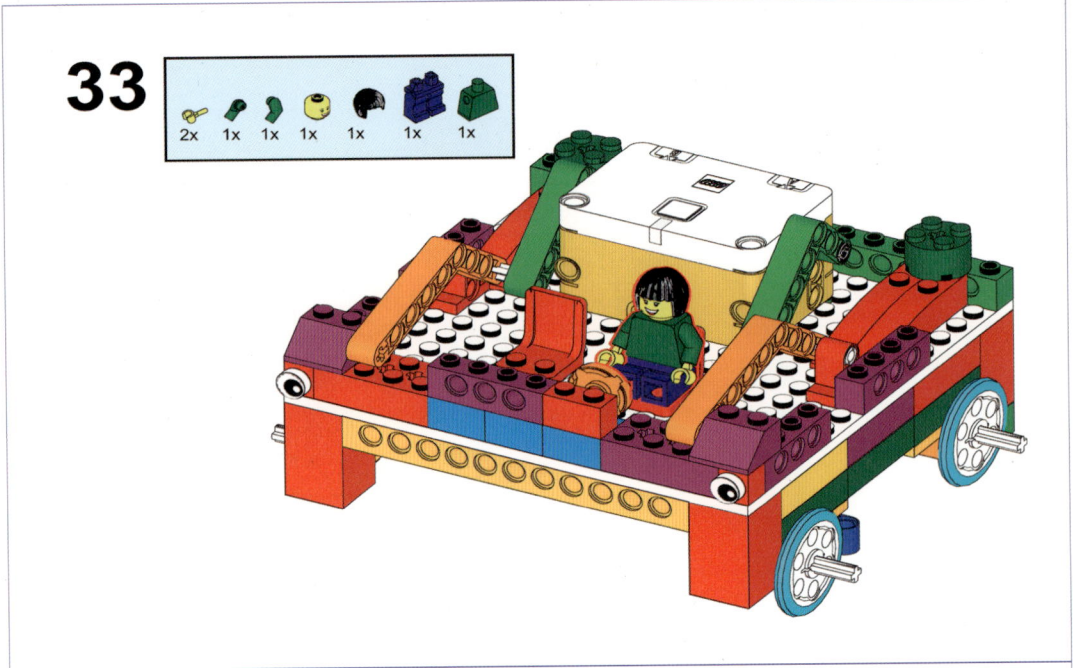

34

35

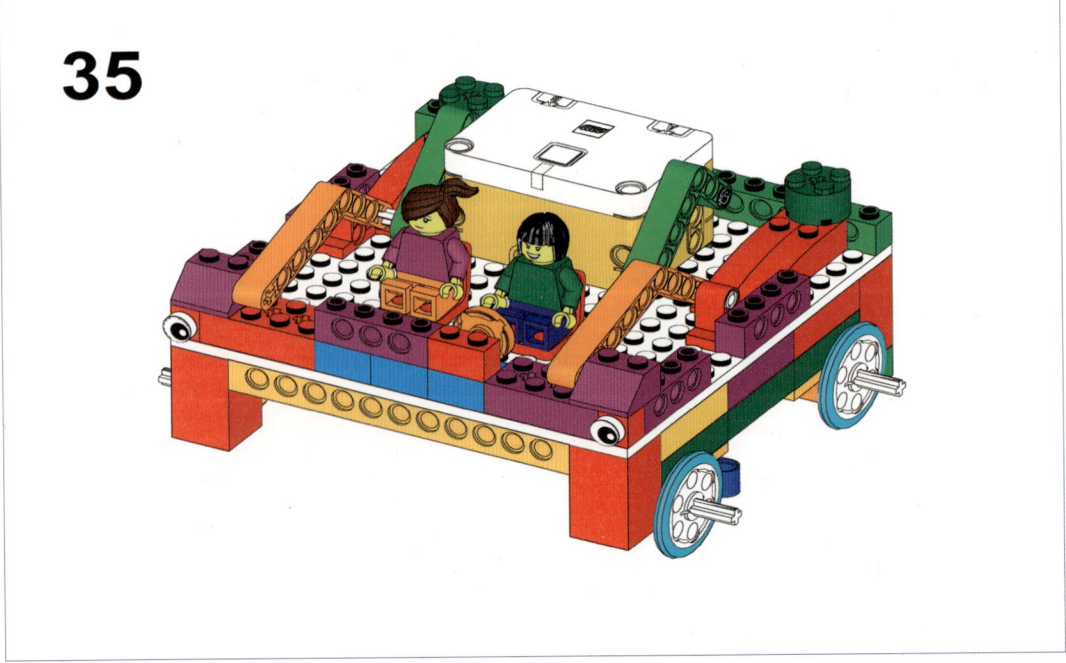

4단원_5. 쓰레기를 청소해요

◆ 코딩으로 움직여 보아요.

청소차가 움직일 수 있도록 코딩해 보아요.

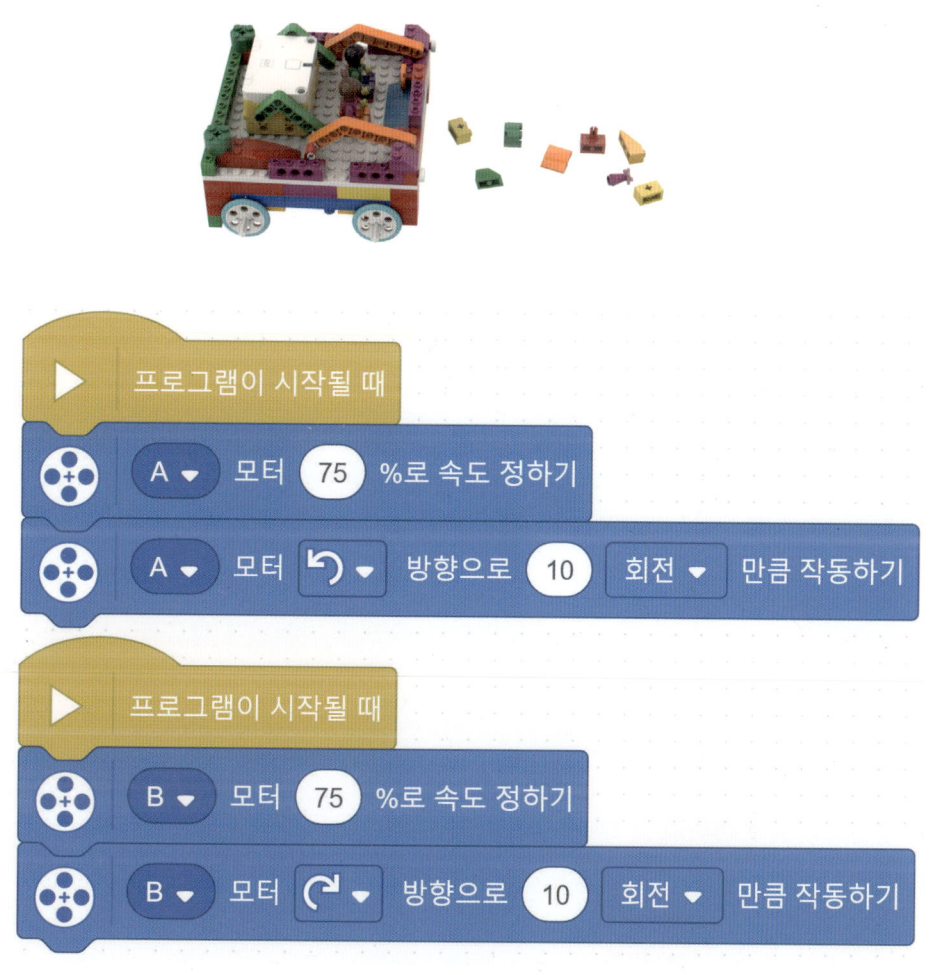

모터가 돌면서 쓰레기를 모을 수 있도록 코딩을 해 보아요.

개념 쏙쏙

1. 세계 환경의 날은 유엔인간환경회의에서 국제사회가 함께 지구환경 보전을 위해 노력하자는 의미로 제정한 날입니다.
2. 지구온난화 완화와 생물의 생존을 위해 환경보전을 실천해야 합니다.
3. 자원을 절약하고, 쓰레기 줄이기에 모두 함께 참여해야 합니다.

확인해요

평가 내용	평가 결과
■ 환경과 관련된 장치를 만들었나요?	☺ 😐 ☹
■ 청소차가 알맞게 움직여 쓰레기를 모았나요?	☺ 😐 ☹

읽을거리

유엔인간환경회의(UNCHE)

'유엔인간환경회의'는 1972년 6월, 스웨덴 스톡홀름에서 열린 유엔회의입니다.

유엔인간환경회의에서 국제 사회가 지구환경을 보전하기 위해 공동으로 노력해야 함을 약속하며 6월 5일을 '세계 환경의 날'로 지정하였습니다. 이 회의를 통해 설립된 기구인 유엔환경계획(UNEP)에서는 매년 세계 환경의 날 주제를 선정하고, 하나의 나라를 지정해 행사를 진행합니다.

유엔환경계획(UNEP)

유엔환경계획의 회원은 193개국이며 본부 소재지는 케냐 나이로비입니다. 한국위원회는 1996년 2월 14일에 설립되었습니다.

주요 역할은 기업과 시민사회 등의 참여를 통해 국제환경 기준을 국내에서도 이행될 수 있도록 지원하고, 국내의 환경 정책과 제도 및 실행에 대한 모니터링과 평가를 진행하며, 지구 환경에 대한 정보와 교육프로그램 제공으로 지구 환경 보전에 대한 대중의 이해와 참여를 독려하는 것입니다.

사막에 옷 산이 있는 것을 아시나요?

칠레 북부 아타카마 사막에는 버려진 옷들이 쌓여 거대한 산을 이루고 있습니다. 유행이 지나서 버려지는 옷, 팔리지 않고 남아서 버려지는 옷들이 매우 많습니다. 옷을 만드는 데는 많은 물과 자원이 필요합니다. 화학처리를 한 옷들은 썩지도 않아 땅 속에 묻을 수도 없습니다.

우리들이 사용하고 버리는 물건들이 이제는 지구에 쌓여서 우리의 삶에 영향을 미치고 있습니다. 빠르게 만들고, 쉽게 구입하며, 쉽게 버리는 우리 삶의 모습을 되돌아보아야 할 때입니다.

05
교과 연계

1. 구석기 시대로의 여행 Ⅰ
2. 구석기 시대로의 여행 Ⅱ
3. 장영실과 만나다
4. 김정호와 만나다
5. 유관순과 만나다

1 구석기 시대로의 여행 Ⅰ

> **핵심 개념** 자연에서 음식을 구하는 구석기 시대의 사람들
> **활동 개요** 구석기 시대 사람들이 음식 재료를 구한 방법 알기
> 　　　　　　 열매를 채집하는 구석기 시대의 사람을 돕는 그네 만들기

사람들은 음식 재료를 어디에서 구하나요? 직접 농사를 짓거나 가축을 기르기도 하고, 마트에서 사기도 하지요? 구석기 시대 사람들은 돌로 화살과 창을 만들어 동물을 사냥하고, 강가에서 돌 그물과 작살을 사용해서 물고기를 잡았습니다. 또한 나무에서 열매를 따거나 풀뿌리를 캐는 채집 활동을 하여 음식을 구했습니다.

활동 안내

준비물	교재(활동지), 필기구, 가위, 풀, 스파이크 에센셜, 스마트기기				
	단계	학습 내용		학습 형태	학습 자료
학습 활동	도입	▪ 만화 이해하기		전체 학습	
	활동1	▪ 구석기 시대 사람들은 자연에서 음식을 얻었어요. 　- 구석기 시대 사람들이 음식 재료를 구한 방법 알기 　- 구석기 시대의 다양한 도구 알기		개별 학습	동영상, 활동지, 필기구, 가위, 풀
	활동2	▪ 높은 곳에 열린 열매를 딸 수 있도록 돕는 그네를 만들어요. 　- 모터 블록을 활용하여 높은 곳에 열린 열매를 딸 수 있는 그네 만들기		모둠 학습	스파이크 에센셜
	활동3	▪ 높은 곳에 열린 나무 열매를 채집해요. 　- 그네를 나무 꼭대기에 있는 열매의 높이까지 올라가게 하려면 어떻게 해야 할까요? 　- 열매를 따는 동안 신나는 음악이 나오고, 열매를 따면 환호성이 나오게 하려면 어떻게 해야 할까요?		모둠 학습	스파이크 에센셜, 스마트기기
	정리	▪ 학습한 내용 확인하기		개별 학습	
활동 팁	▪ 구석기 시대 사람들의 생활 모습을 영상을 통해 살펴봅니다. ▪ 다양한 유적지와 박물관의 유물 사진을 통해 구석기 시대 사람들의 생활 모습을 살펴봅니다. ▪ 구석기 시대 사람들은 높은 곳에 열린 열매를 어떻게 땄을지 상상해봅니다.				

시작해요 구석기인을 만나다.

- 구석기인은 왜 한숨을 쉬고 있었나요?

- 다니엘과 마리아는 구석기인을 어떻게 도와주려고 하나요?

학습 목표 구석기 시대 사람들이 음식 재료를 구한 방법을 설명할 수 있다.
스파이크 에센셜을 활용해 높은 곳에 열린 열매를 딸 수 있는 그네를 만들 수 있다.

활동 1   구석기 시대 사람들은 자연에서 음식을 얻었어요.

◆ 구석기 시대 사람들은 어떻게 음식 재료를 구했을까요?

※ 참고 영상 : 구석기 시대/대교눈높이/https://youtu.be/4EfPxTnHH88

한반도에는 `70만년` 전 전기 `구석기` 시대부터 사람이 생활한 흔적이 있습니다.

구석기 시대 사람들은 어떻게 음식 재료를 구했을까요?
내용을 따라 쓰고, 알맞은 그림을 잘라 붙여보세요.
(233쪽의 <부록 1>을 잘라 붙이세요.)

	사냥
	돌로 만든 도끼와 창을 이용하여 동물을 잡았다.

	채집
	나무에서 열매를 따거나 풀뿌리를 캤다.

	낚시
	강가에서 돌 그물이나 작살을 사용해서 물고기를 잡았다.

구석기 시대 사람들은 돌을 깨뜨려서 만든 도구인 떼석기 를 사용했어요.

주로 큰 돌에 힘을 가하거나 다른 물체와 부딪히게 해 조각을 떼어 내는 방법으로 만들었어요.
구석기 시대에 사용한 도구와 무엇을 할 때 사용했는지 줄로 바르게 이으세요.

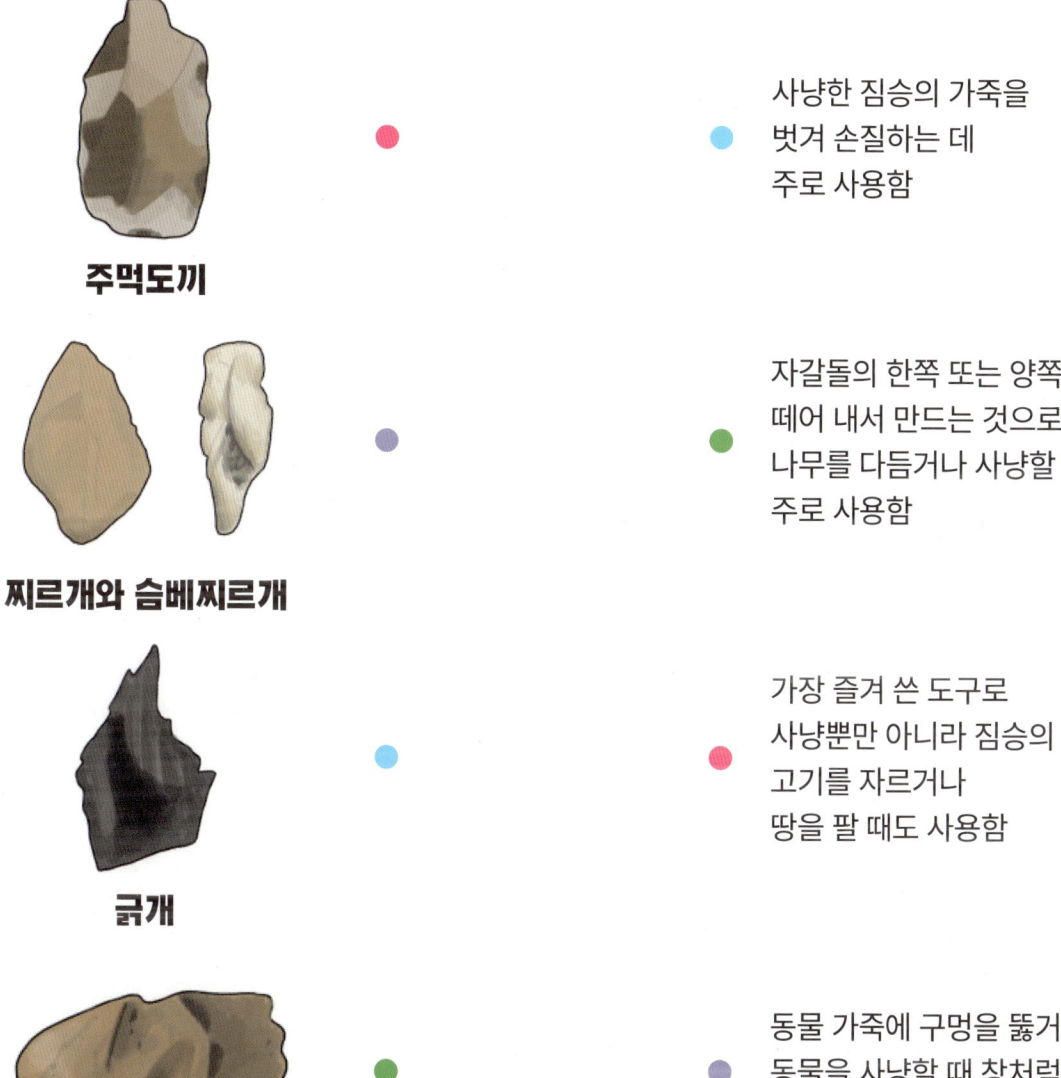

지도 tip

- 구석기인이 되어 자연에서 음식을 얻을 수 있는 방법을 생각해보게 합니다.
- [초능력 비주얼씽킹 한국사]1-1-04. 한반도의 구석기인들은 어떻게 생활했을까요?/참쌤스쿨/https://youtu.be/RaV5V4aAUYw

- 음식을 얻기 위해 사용한 구석기 시대의 도구 뗀석기에 대해 알아봅니다.
- 영상한국사 ǀ 003 구석기시대 석기의 종류와 용도/KBS역사저널 그날/https://youtu.be/Y9aFwHo83tE

활동 2 높은 곳에 열린 열매를 딸 수 있도록 돕는 그네를 만들어요.

◆ 만들기

그네

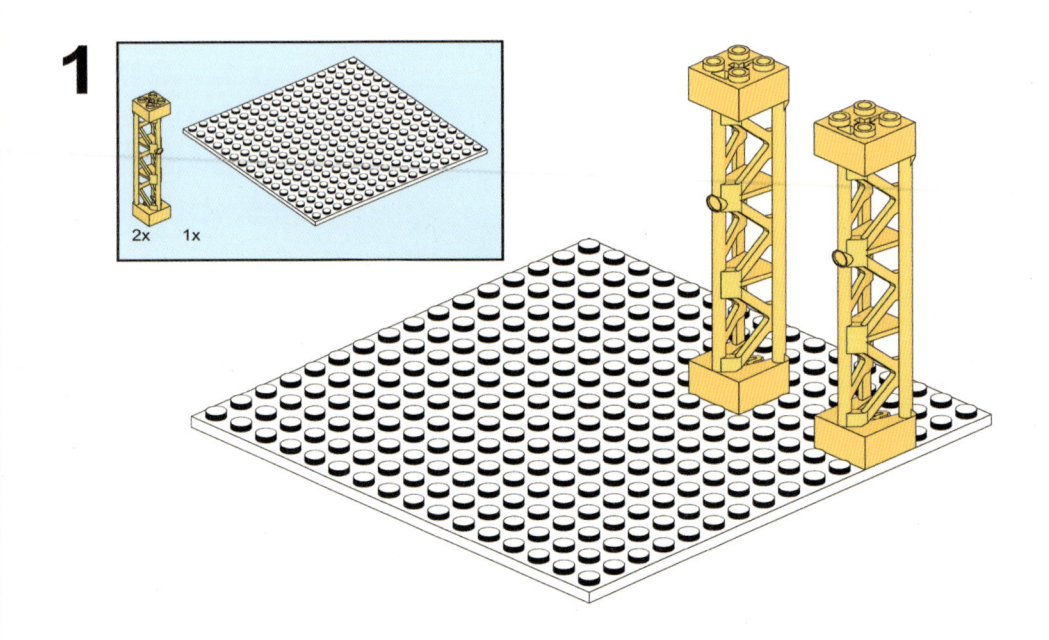

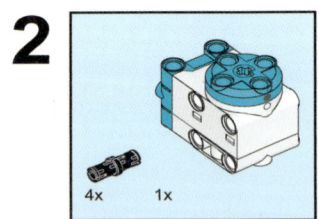

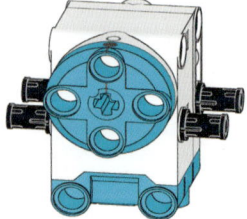

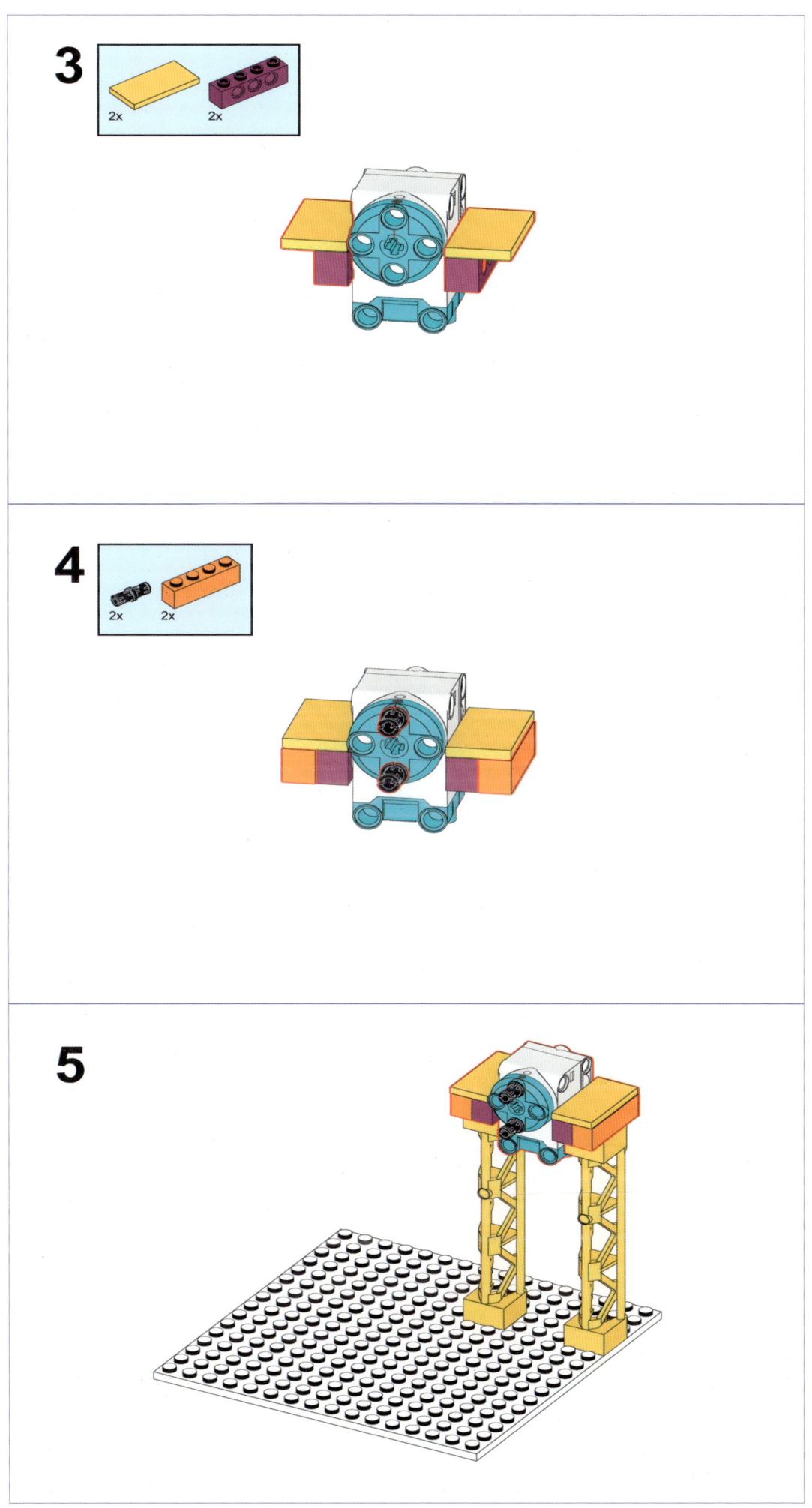

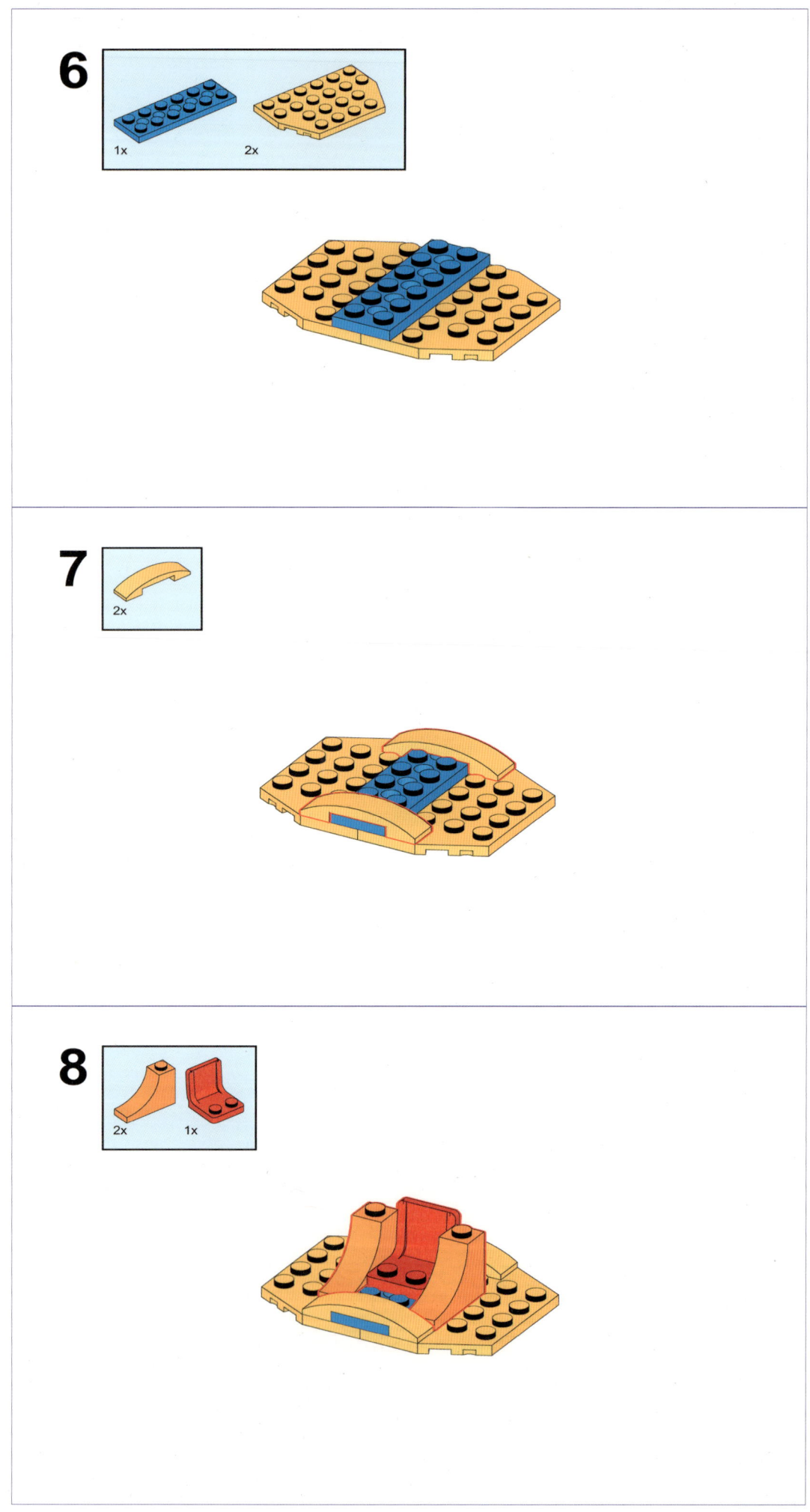

128 5단원_1. 구석기 시대로의 여행 I

5단원_1. 구석기 시대로의 여행 | 129

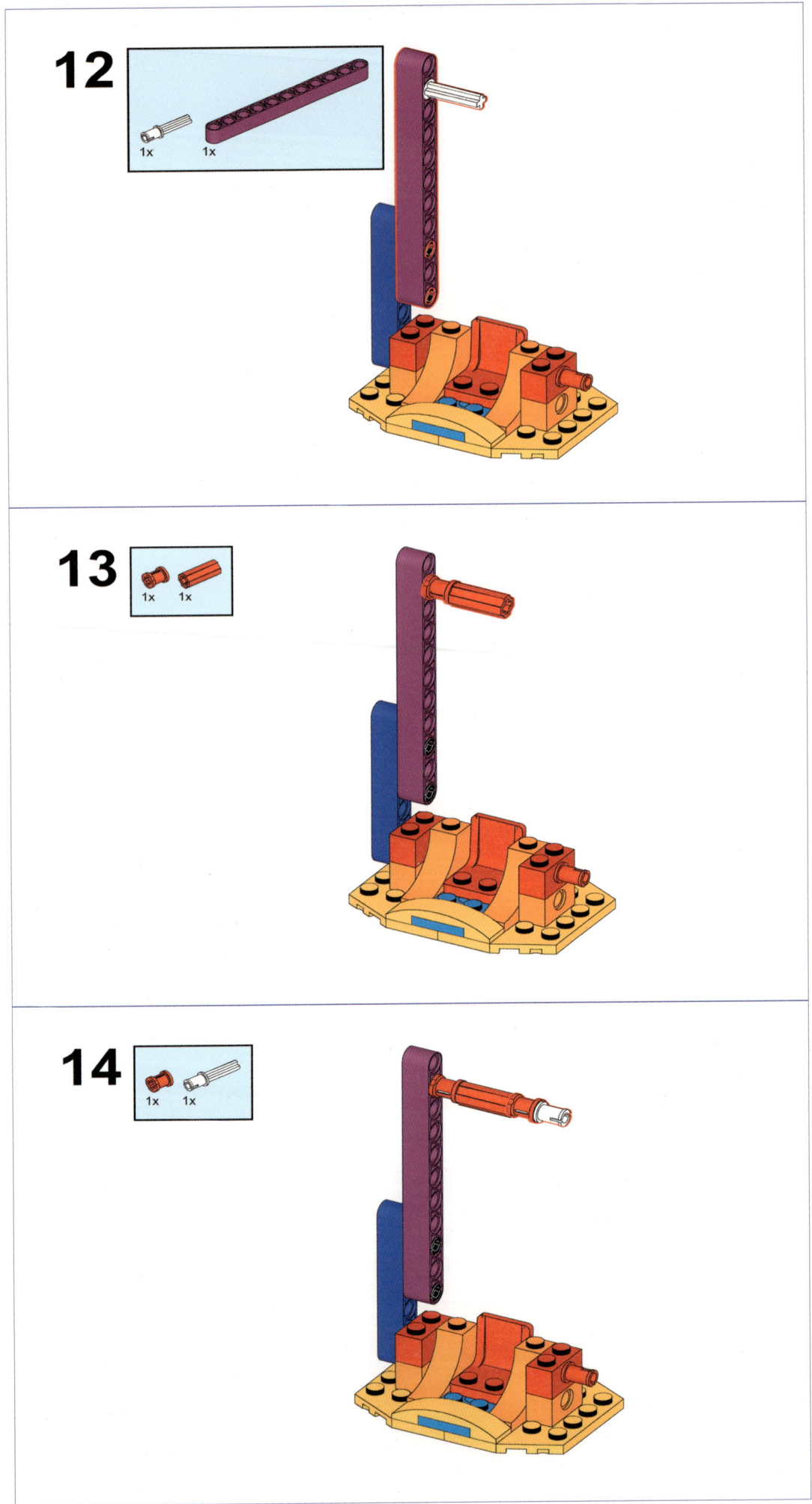

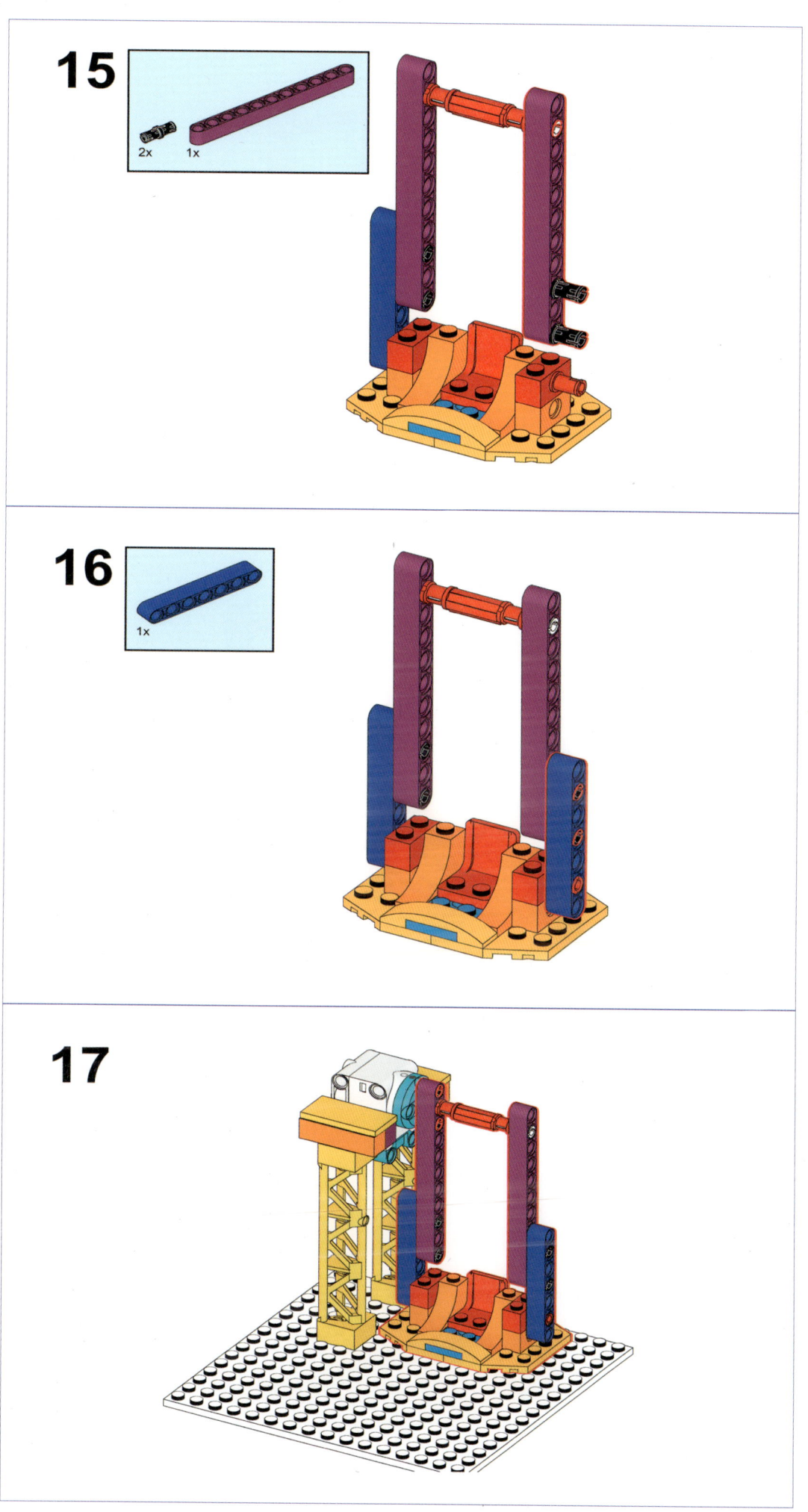

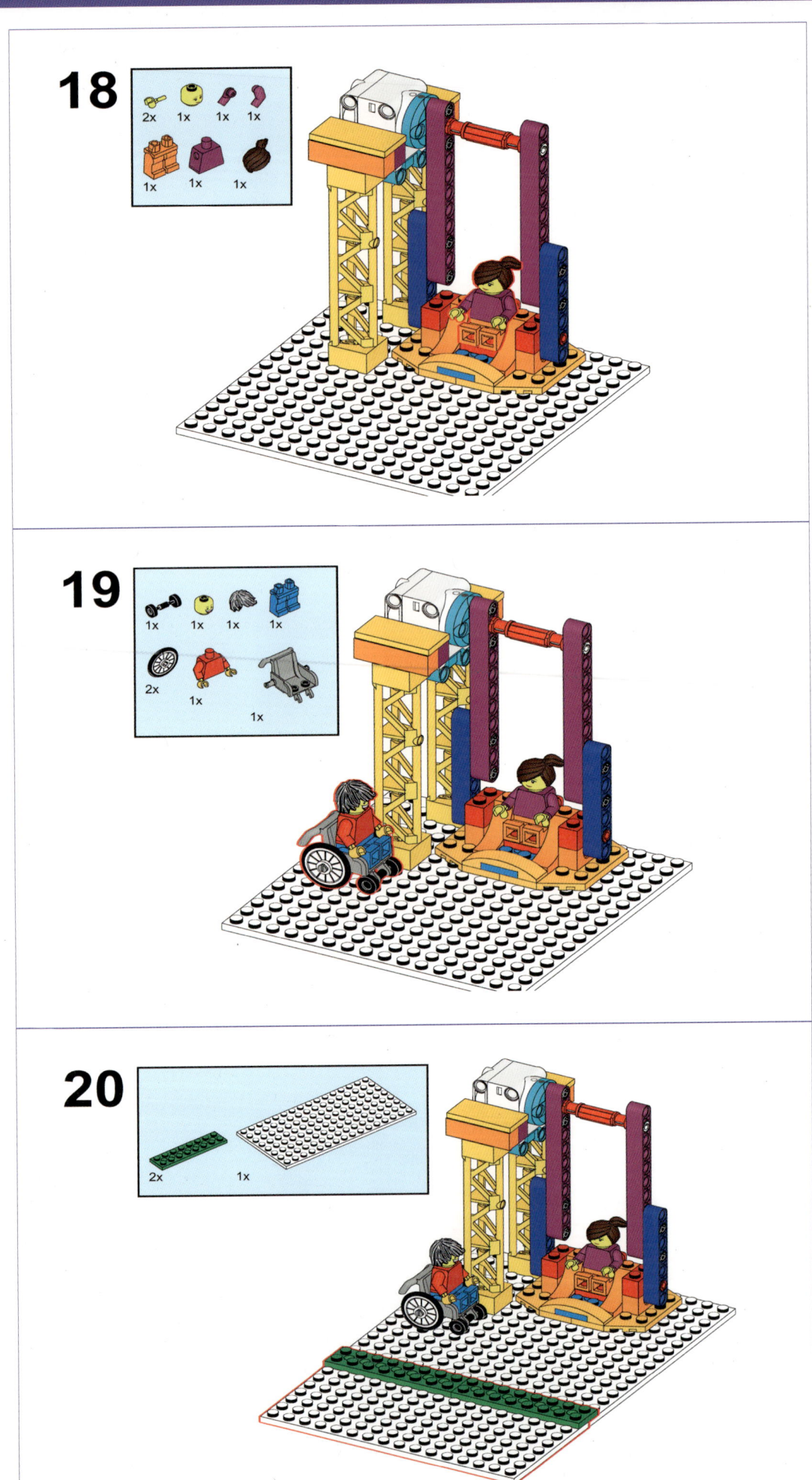

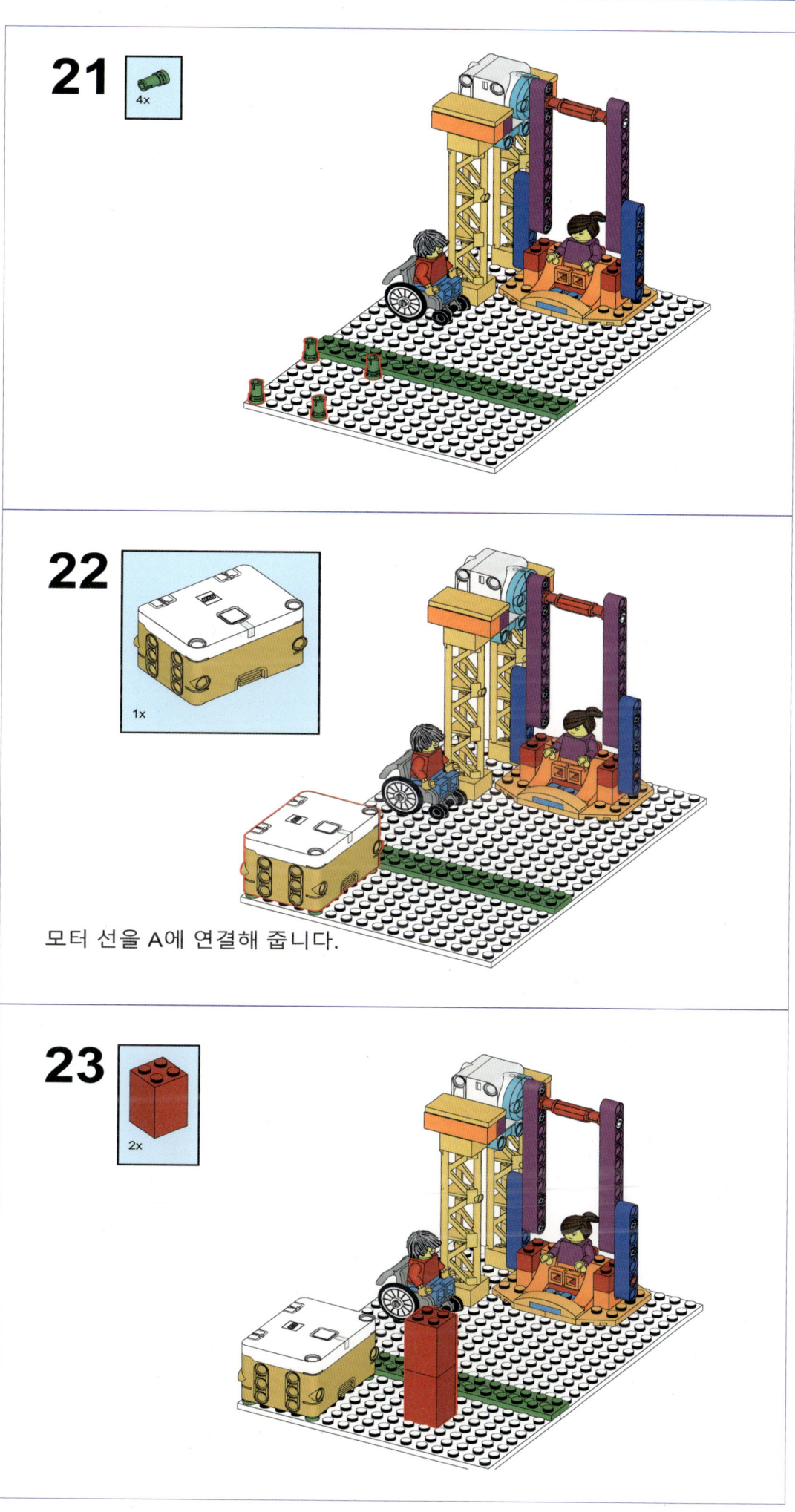

모터 선을 A에 연결해 줍니다.

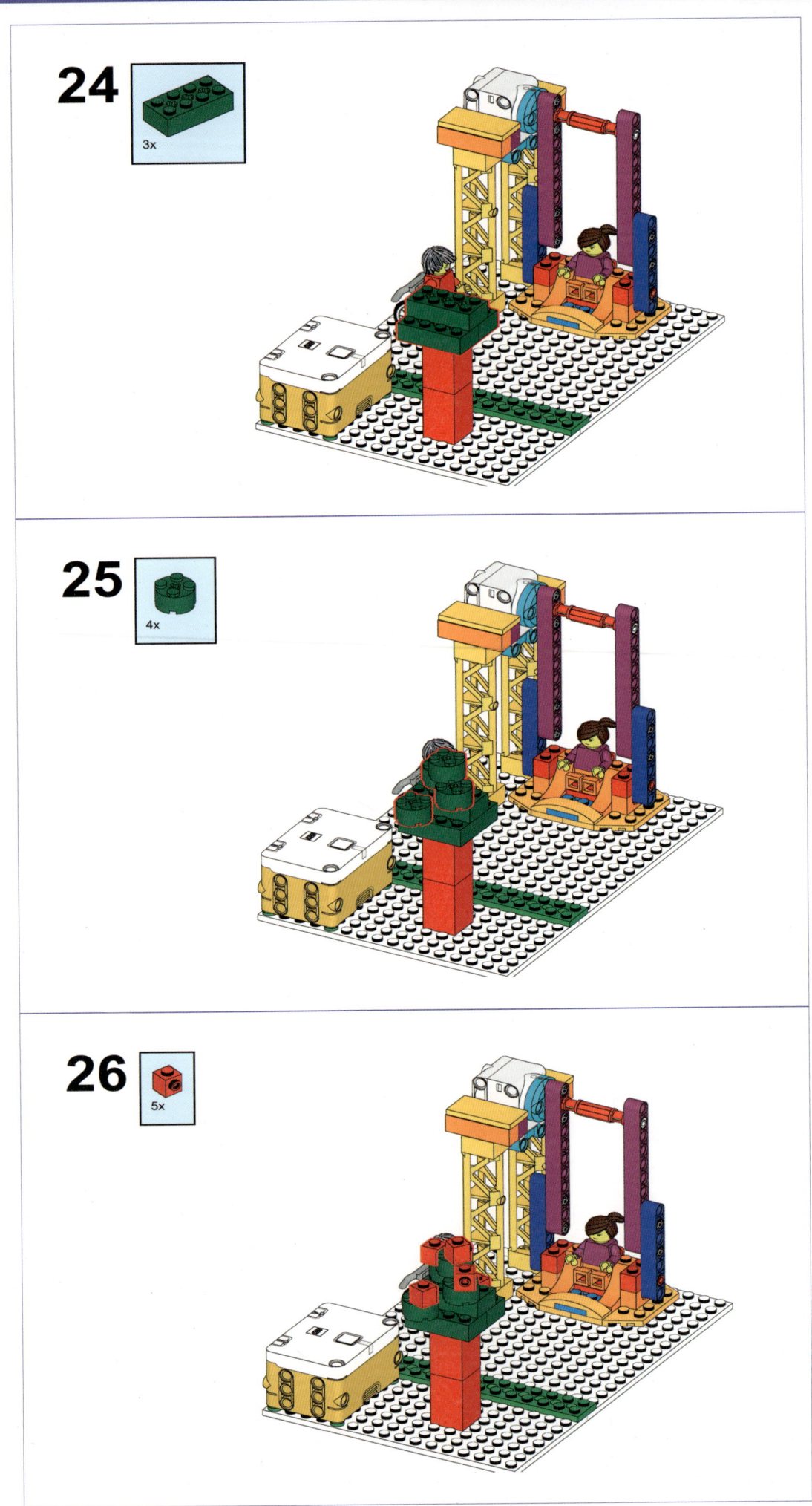

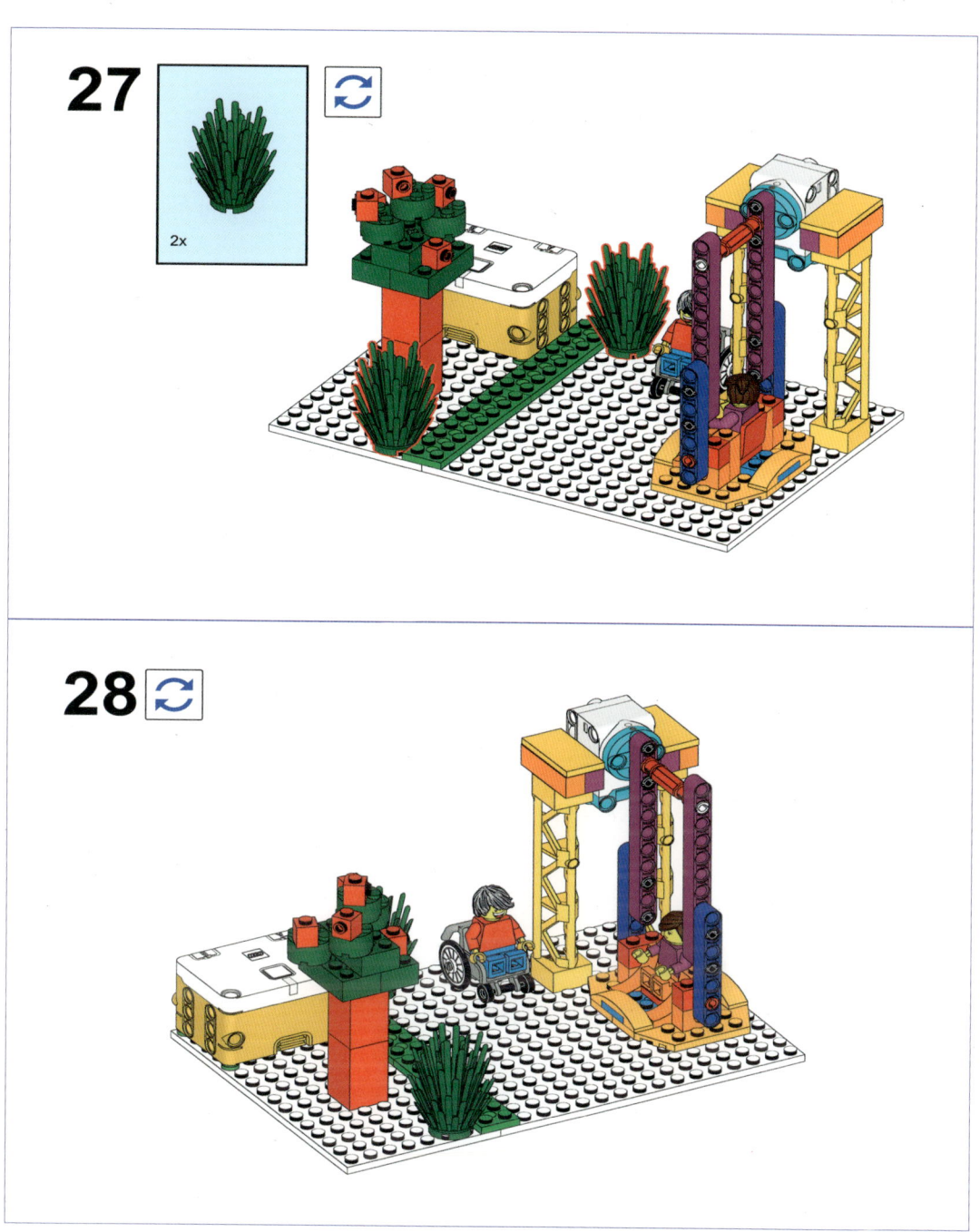

활동 3 높은 곳에 열린 나무 열매를 채집해요.

◆ 그네를 나무 꼭대기에 있는 열매의 높이까지 올라가게 하려면 어떻게 해야 할까요?

1. 홈 화면에서 + 새 프로젝트를 클릭합니다.

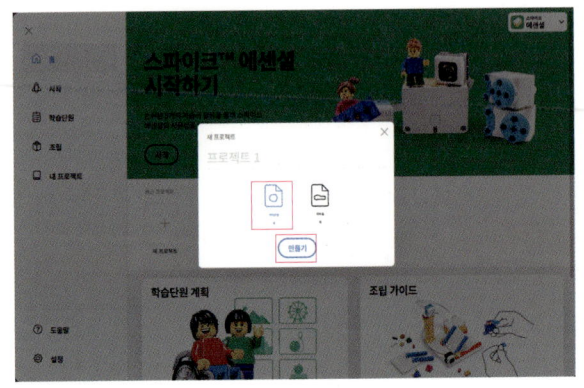

2. 아이콘 블록을 선택하고 만들기를 클릭합니다.

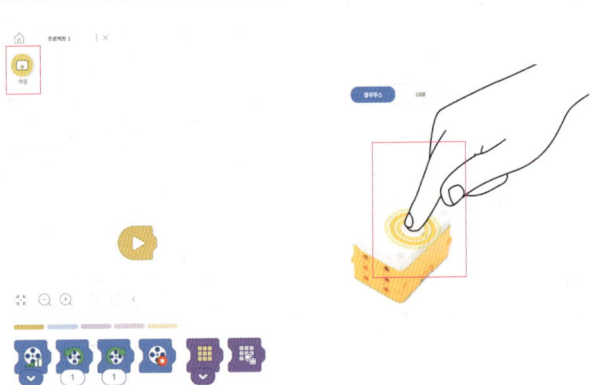

3. 허브 연결 열기를 클릭하고 허브의 단추를 눌러 연결합니다.

4. 그네를 열매가 열린 나무 꼭대기 높이까지 갈 수 있도록 모터를 시계 방향, 0.25(90도)로 숫자를 입력합니다. 모터 회전을 잠시 멈추도록 블록을 연결하고, 다시 땅으로 내려오기 위해 모터를 반시계 방향, 0.25(90도)로 숫자를 입력합니다. 모터 회전을 멈추도록 블록을 연결합니다.

◆ 열매를 따는 동안 신나는 음악이 나오고, 열매를 땄을 때 환호성이 나오게 하려면 어떻게 해야 할까요?

5. 실행 블록에 음악 블록을 연결하고 아래 화살표를 눌러 원하는 음악의 숫자를 선택합니다.

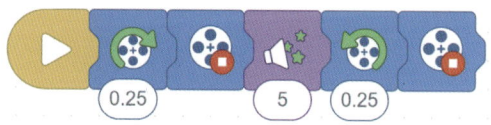

6. 사운드 효과 블록을 왼쪽과 같이 연결합니다. 아래 화살표를 누르고 원하는 효과음의 숫자를 선택합니다.

7. 완성

실행영상 보기 ▶

한걸음 더 숲의 모습이 화면에 나타나게 하려면 어떻게 해야 할까요?

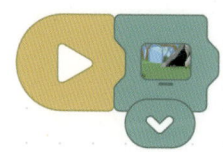

개념 쏙쏙

① 구석기 시대 사람들은 사냥, 채집, 낚시 등으로 음식 재료를 구했습니다.

② 구석기 시대 사람들은 돌을 깨뜨려 만든 뗀석기를 사용했습니다. 뗀석기는 사냥을 하거나 가죽이나 나무껍질을 벗기는 등 다양한 용도로 사용했습니다.

확인해요

평가 내용	평가 결과
■ 구석기 시대 사람들이 어떻게 음식 재료를 구했는지 설명할 수 있나요?	☺ 😐 ☹
■ 구석기 시대 사람들이 사용한 도구와 쓰임새를 바르게 연결할 수 있나요?	☺ 😐 ☹
■ 나무 열매를 딸 수 있게 도와주는 그네는 제대로 작동했나요?	☺ 😐 ☹

| 읽을거리 | 다니엘의 일기 | 2050년 6월 ○일 금요일 날씨 : 맑음 |

제목 : 음식을 힘들게 구하는 구석기인들

　마리아 와 나 는 타임머신을 타고 구석기 시대로 갔다. 구석기 시대 사람들이 어떻게 살았는지, 구석기 시대의 벌레들은 어떻게 생겼는지 궁금했기 때문이다.

　힘든 여정 끝에 구석기 시대의 어느 들판에 무사히 도착했다. 조금 걷다가 걱정스러운 표정으로 나무를 올려다보는 구석기인 을 만났다. 너무 높이 매달린 열매를 따지 못해 한숨을 쉬고 있었다. 마리아와 나는 나무 꼭대기까지 올라가는 그네를 만들어 구석기인을 돕기로 했다.

　최첨단 3D 프린터로 만든 기둥을 세우고, 그네를 조립하며 구석기인들의 일상생활에 대해 들을 수 있었다.

　구석기인들은 돌을 깨뜨려서 만든 뗀석기를 이용해서 동물들을 사냥 한다고 했다. 교과서에서 봤던 주먹도끼와 슴베찌르개 등을 이용해서 말이다. 비가 오면 사냥을 가지 못하고, 사냥을 가더라도 실패하는 경우가 많아서 항상 배가 고프다고 했다. 그리고 동물 사냥을 나섰다가 죽는 사람들도 많다고 했다.

　동물 사냥 외에도 강가에서 돌 그물이나 작살을 이용해서 물고기를 잡기도 하고, 나무 열매를 따거나 풀뿌리를 캐서 먹기도 한다고 했다.

　힘들게 구한 음식은 모두 똑같이 나눠 먹는다고 했다. 음식을 많이 구한 사람이 더 많이 먹고 싶을 텐데 항상 공평하게 나눈다고 했다. 구석기 시대 사람들은 무리 지어 함께 생활했기 때문에 서로가 필요하고, 도움을 주고받으며 살아간다고 했다.

　구석기 시대 사람들의 생활에 대해 이야기를 듣다 보니 어느새 그네가 완성되었다. 마리아가 그네를 타고 높은 곳에 매달린 나무 열매를 따왔다. 구석기인은 가족들이 먹을 음식이 생겼다며 나무 열매 몇 개로 너무 행복해했다. 작은 것에서 행복을 느끼는 구석기인을 보며 늘 더 가지고 싶다고 투정부린 나를 반성하게 되었다.

　구석기 시대에서의 첫날, 구석기인이 음식을 구할 수 있도록 도와 뿌듯했다.

2 구석기 시대로의 여행 II

> **핵심 개념** 동굴이나 바위 아래에서 생활하며, 불을 사용한 구석기 시대의 사람들
> **활동 개요** 구석기 시대 사람들이 어디에서 살았는지 살펴보기
> 구석기 시대 사람들이 불을 사용하여 무엇을 했는지 살펴보기
> 동굴에서 안전하게 밤을 보내기 위한 선풍기와 알람 장치 만들기

구석기 시대 사람들은 무리를 지어 이동하며 동굴이나 바위 아래에서 살았습니다. 한반도의 사람들은 불을 언제부터 사용했을까요? 구석기 중엽부터는 불을 사용하게 되어 음식을 익혀 먹었습니다. 불을 이용하여 추위를 이겨내고, 사나운 짐승의 침입을 막기도 했습니다.

활동 안내

준비물	교재(활동지), 필기구, 점토, 점토 도구, 스파이크 에센셜, 스마트기기			
	단계	학습 내용	학습 형태	학습 자료
학습 활동	도입	▪ 만화 이해하기	전체 학습	
	활동1	▪ 구석기 시대 사람들은 동굴에서 살며 불을 사용했어요. - 구석기 시대 사람들은 동굴에 살았어요. - 구석기 시대 사람들은 불을 사용했어요.	개별 학습	동영상, 활동지
	활동2	▪ 다니엘과 마리아가 구석기 시대 사람이 되었어요. - 동굴을 만들고 벽화 그리기 - 불이 꺼지지 않게 하는 선풍기와 사나운 짐승이 오면 위험을 알리는 알람 장치 만들기	모둠 학습	스파이크 에센셜, 점토, 점토 도구
	활동3	▪ 동굴에서 밤을 보내요. - 불이 꺼지지 않도록 일정한 시간마다 선풍기가 돌아가도록 하려면 어떻게 해야 할까요? - 사나운 짐승이 나타났을 때 알람 장치가 위험을 알리게 하려면 어떻게 해야 할까요?	모둠 학습	스파이크 에센셜, 스마트기기
	정리	▪ 학습한 내용 확인하기	개별 학습	
활동 팁	▪ 구석기 시대 사람들은 불이 꺼지지 않도록 불씨를 어떻게 보관했을지 상상해봅니다. ▪ 구석기 시대 사람들이 그린 동굴벽화를 살펴보고 어떤 의미로 그렸을지 생각해봅니다.			

> **시작해요** 구석기인들이 살고 있는 동굴로 가다.

- 구석기 시대 사람들은 어디에서 살고 있었나요?

- 구석기 시대 사람들은 불을 사용하여 무엇을 했나요?

- 다니엘과 마리아는 밤을 무사히 보내기 위해 무엇을 만들려고 하나요?

> **학습 목표** 구석기 시대 사람들이 어디에 살았는지 설명할 수 있다.
> 구석기 시대 사람들이 불을 사용하여 무엇을 했는지 설명할 수 있다.
> 스파이크 에센셜을 활용해 선풍기와 알람 장치를 만들 수 있다.

활동 1   구석기 시대 사람들은 동굴에서 살며 불을 사용했어요.

◆ 구석기 시대 사람들은 동굴에서 살았어요.

구석기 시대 사람들은 소규모로 무리를 이뤄  이나 바위 그늘 혹은 강가에 막집을 짓고 살다가 먹을거리가 떨어지면 다른 곳으로  하며 생활을 했습니다.

동굴벽화 를 그리며 사냥감의 번성과 자신들의 안전을 기원하기도 하였습니다.

> 영상을 보고 문제를 풀어보세요.
>
> [찾아가는 박물관] 2020 학교단체대상 온라인 교육 '떠나요, 동굴벽화 속으로' l 'Let's go! Into the cave paintings!'
> /전곡선사박물관JGPM/https://youtu.be/XLzUPGmtaA4

Q 1. 라스코 동굴벽화와 알타미라 동굴벽화에는 무엇이 그려져 있는지 [보기]에서 찾아 써 봅시다.

라스코 동굴벽화	알타미라 동굴벽화

<보 기>

소	사슴	사슴	말	들소

Q 2. 구석기 시대 사람들이 동굴벽화를 왜 그렸을지 상상해봅시다.
[보기]를 보고 빈 칸에 알맞은 단어를 찾아 써 봅시다.

<보 기>

| 기록 | 사냥 |

상상 1. ☐ 이 잘 되게 해달라고 비는 의미였을 것이다.

상상 2. 자신들의 모습을 ☐ 하여 후손에게 전하기 위해서 그렸을 것이다.

◆ **구석기 시대 사람들은 불을 사용했어요.**

영상을 보며 불의 사용으로 달라진 구석기 시대 사람들의 생활 모습을 살펴봅시다.
인류의 진화는 불에서부터 시작! - 불이 인간의 삶에 가져온 변화는?/정스토리 정선용/https://youtu.be/2gDi57pu1Gg

Q 1. 구석기 시대 사람들은 불을 사용하여 무엇을 했을까요? 설명을 읽고 해당하는 그림을 찾아 붙여봅시다. (233쪽의 <부록 2>를 잘라 붙이세요.)

추위를 피했다	음식을 익혀 먹었다.	사나운 짐승의 침입을 막았다.

2. 불이 없었으면 지금의 생활 모습이 어땠을지 상상하여 표현해봅시다. 그림을 그리거나 글을 써도 좋습니다.

지도 tip

- 구석기 시대의 동굴과 지금의 집을 비교해봅니다.
- 내가 구석기 시대의 사람이라면 동굴 벽에 무엇을 그렸을지 상상하게 합니다.
- 불을 처음 발견한 사람들은 불을 어떻게 생각했을지 상상하게 합니다.

활동 2 　다니엘과 마리아가 구석기 시대 사람이 되었어요.

◆ 만들기 I

동굴을 만들고 벽화를 그려요.

① 점토로 동굴 모양을 만듭니다.

② 안쪽 벽에 도구를 이용해서 자유롭게 벽화를 그립니다.

③ 동굴 외부를 블록들로 꾸밉니다.

④ 동굴 안에서 벽화를 그리고 있는 다니엘과 마리아를 표현해봅니다.

◆ 만들기 II

불 선풍기와 알람 장치

불이 꺼지지 않게 일정 시간마다
돌아가는 선풍기와 사나운 짐승이 오면
깨워주는 알람 장치를 만들어요.

1

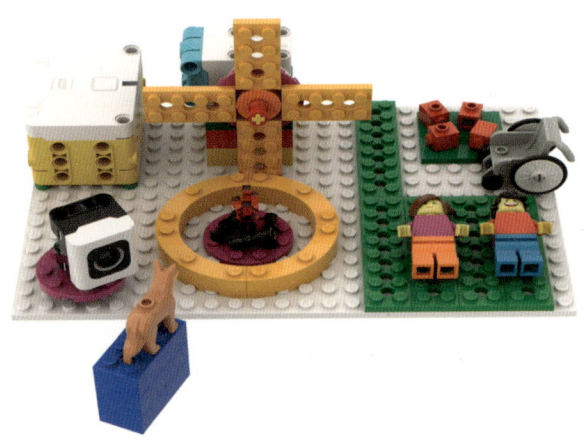

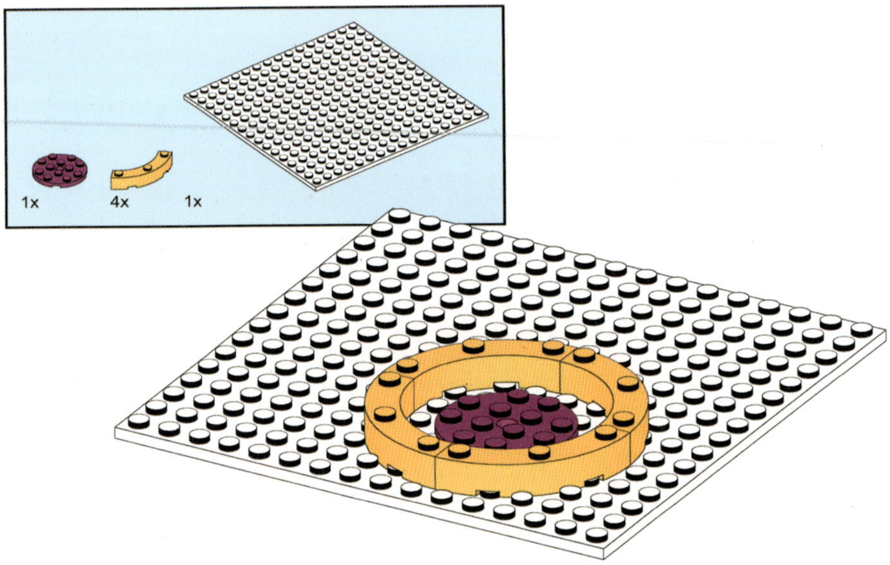

2

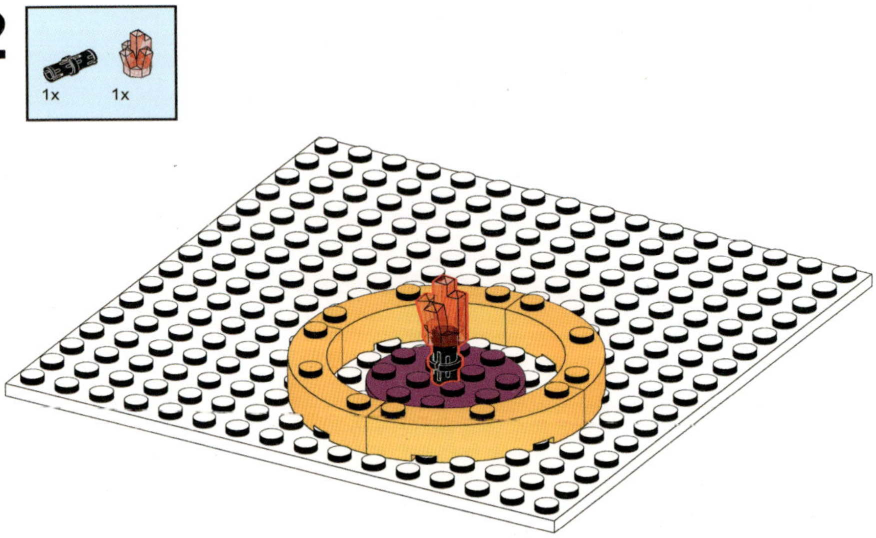

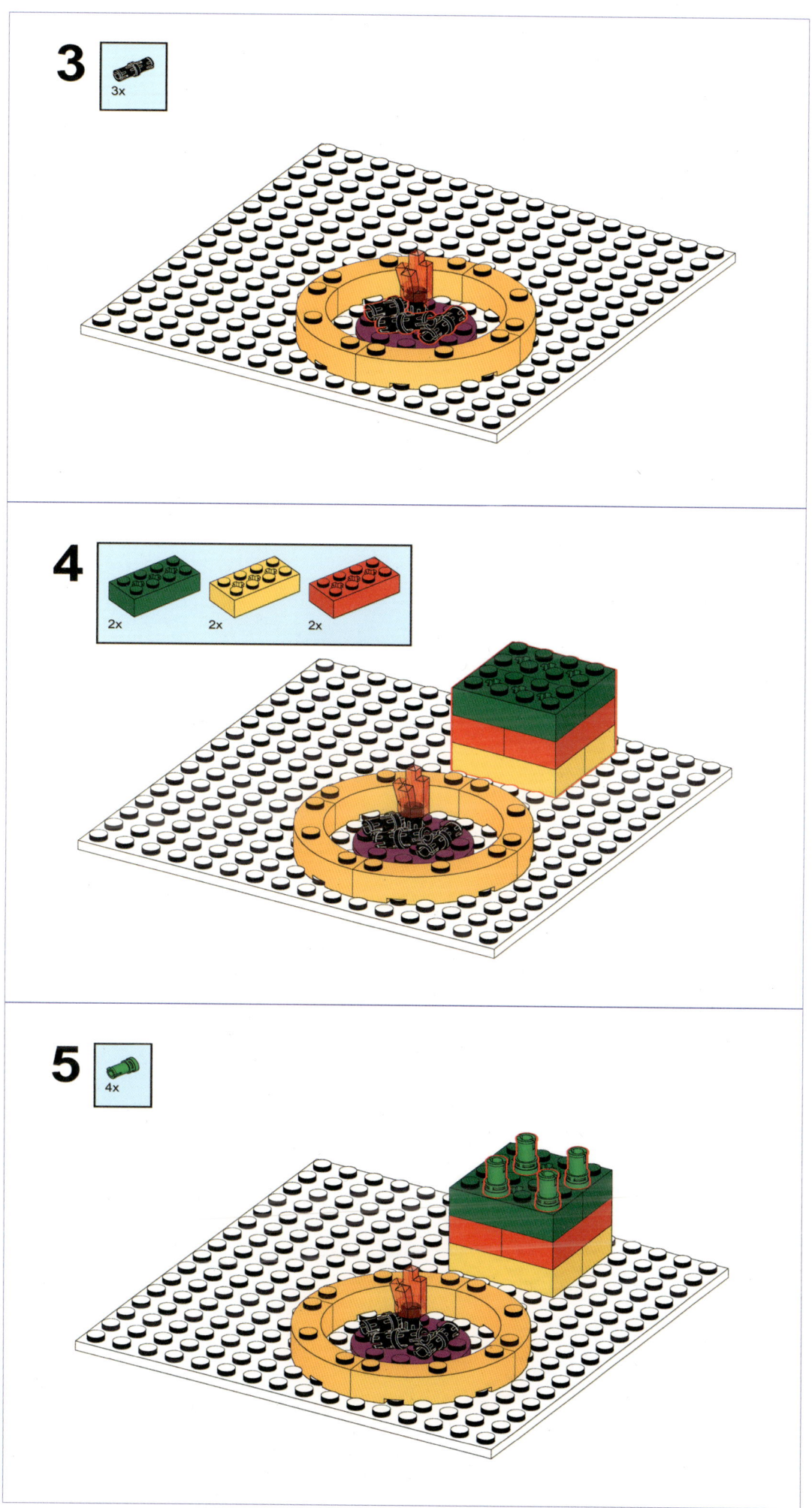

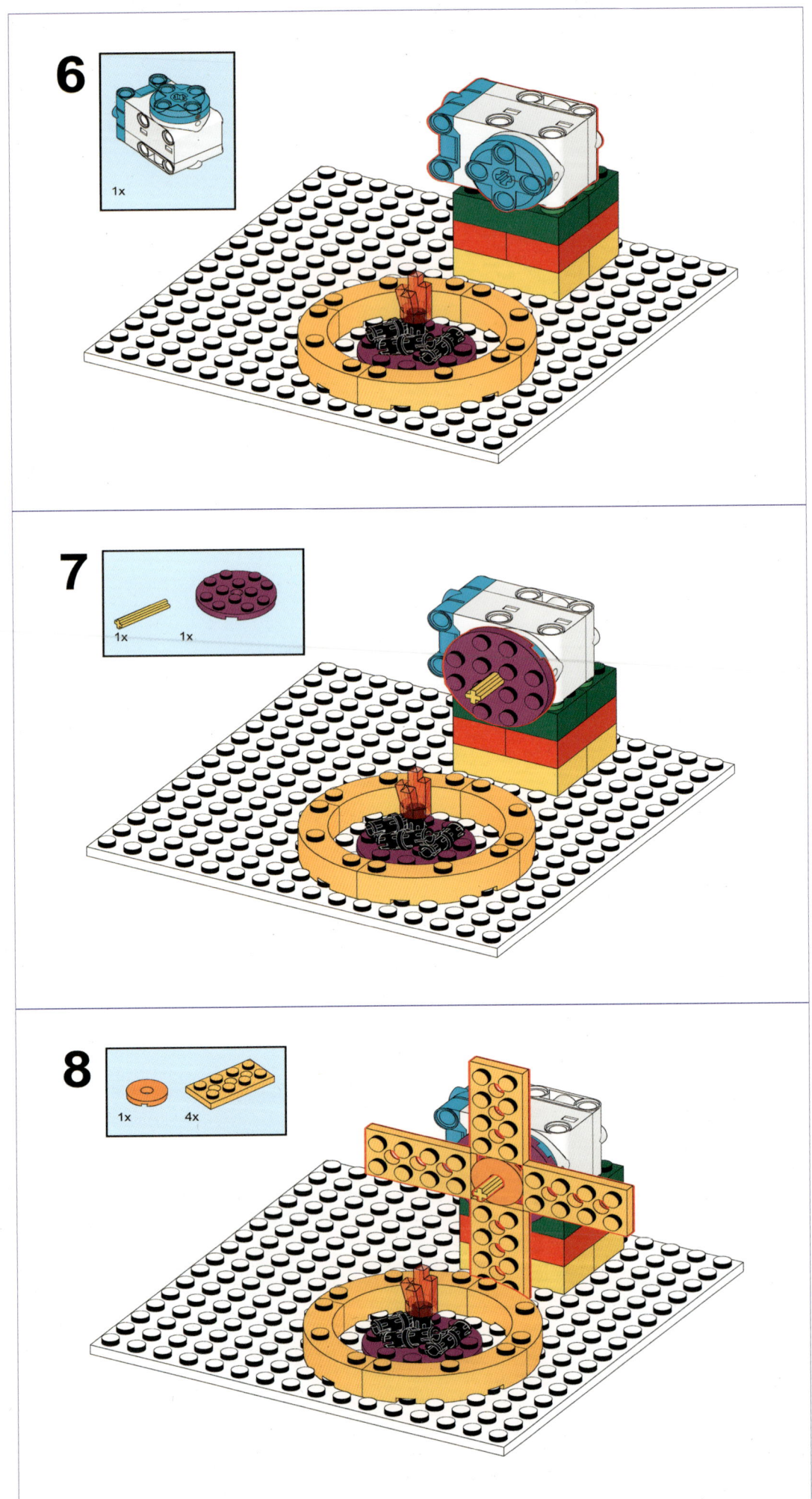

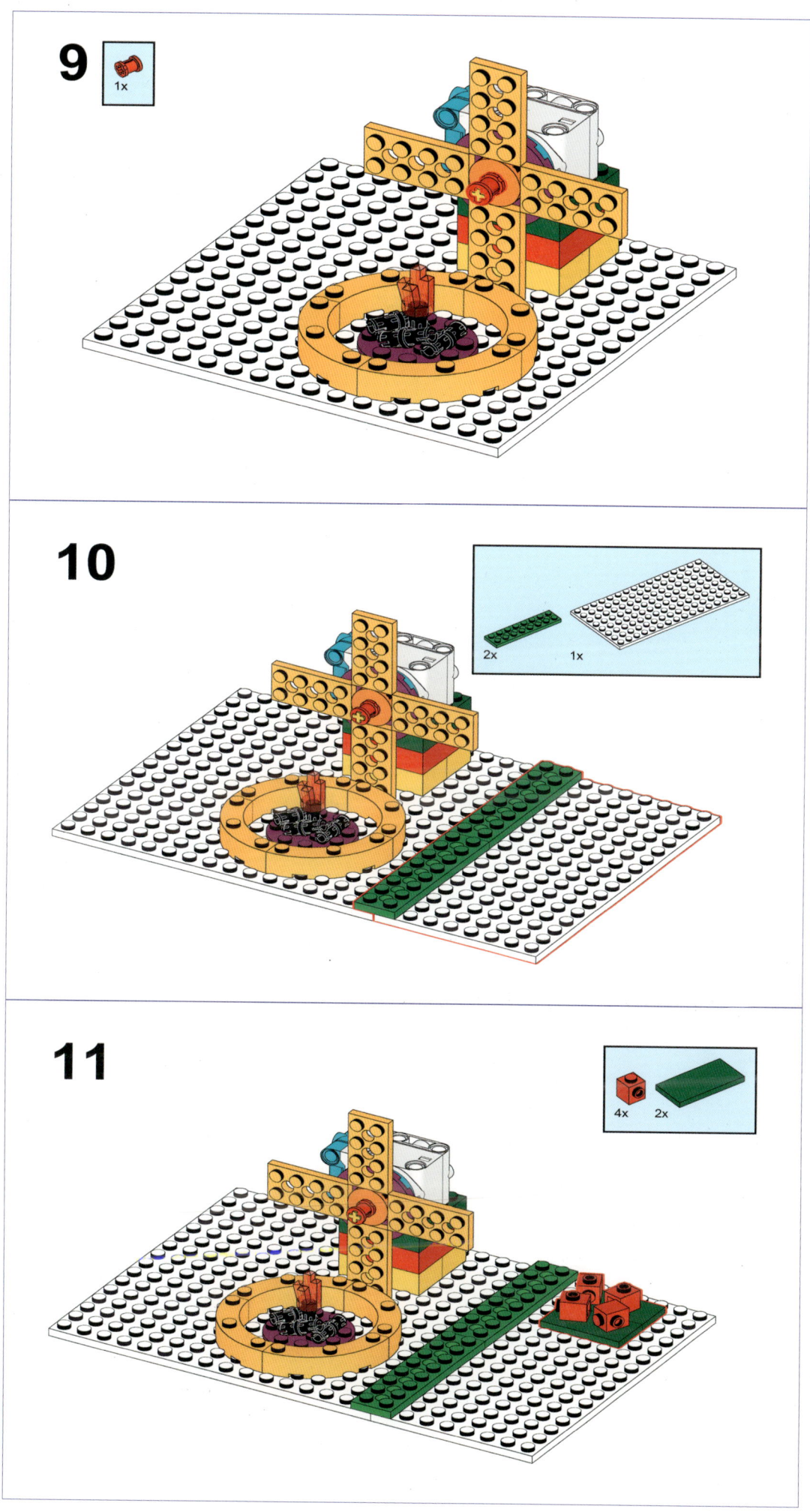

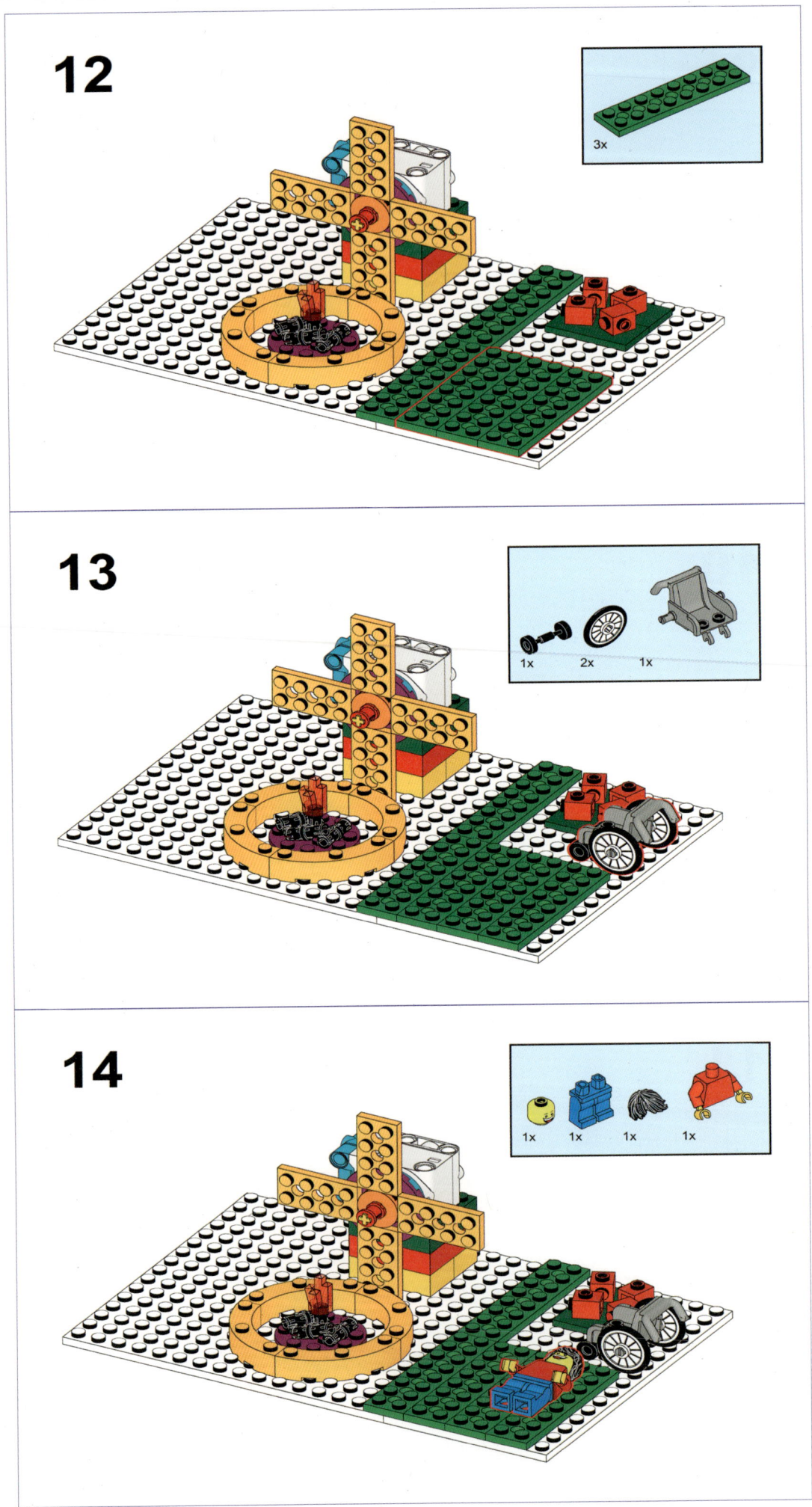

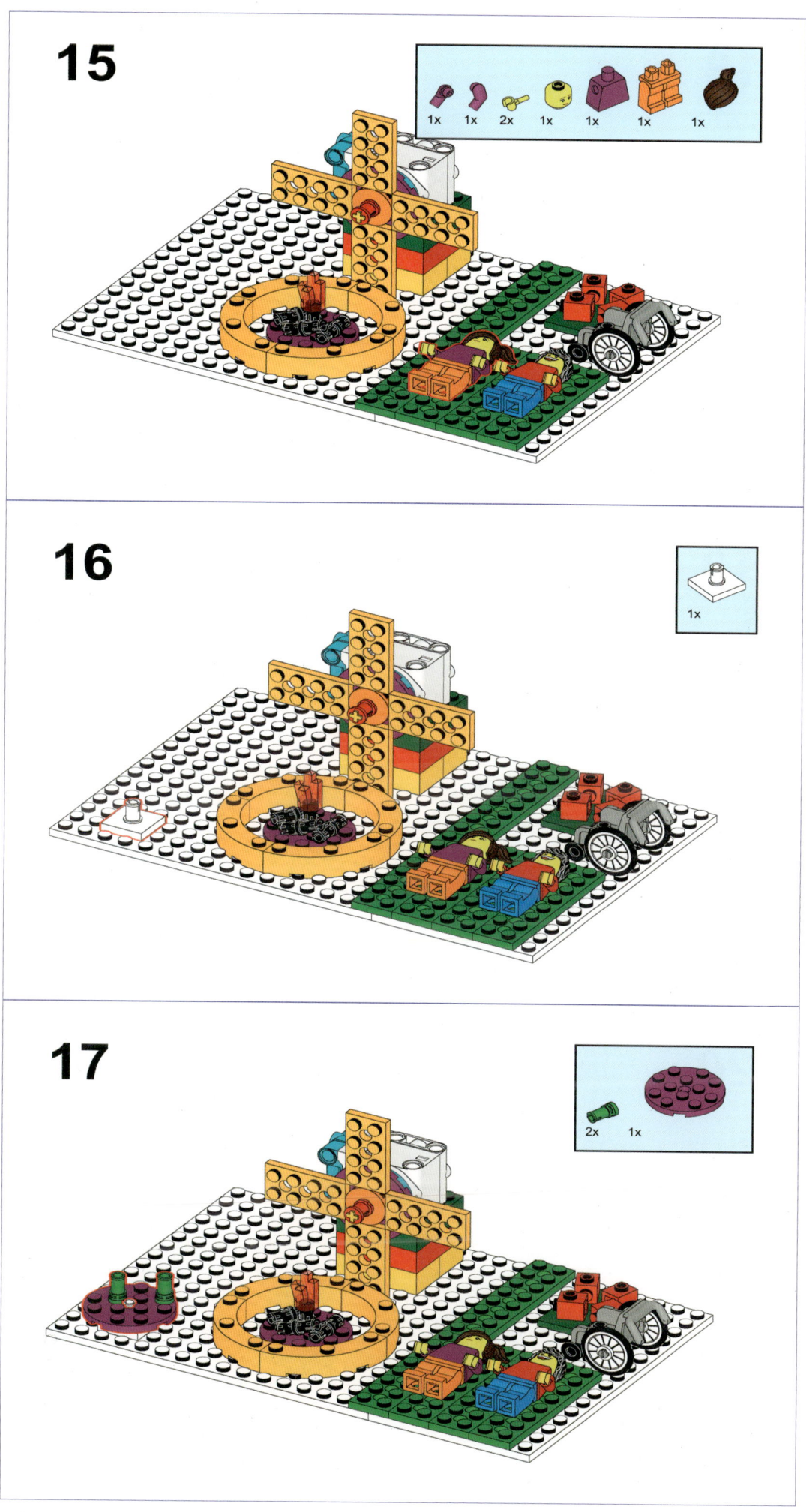

모터 선을 A, 컬러 선을 B에 연결해 줍니다.

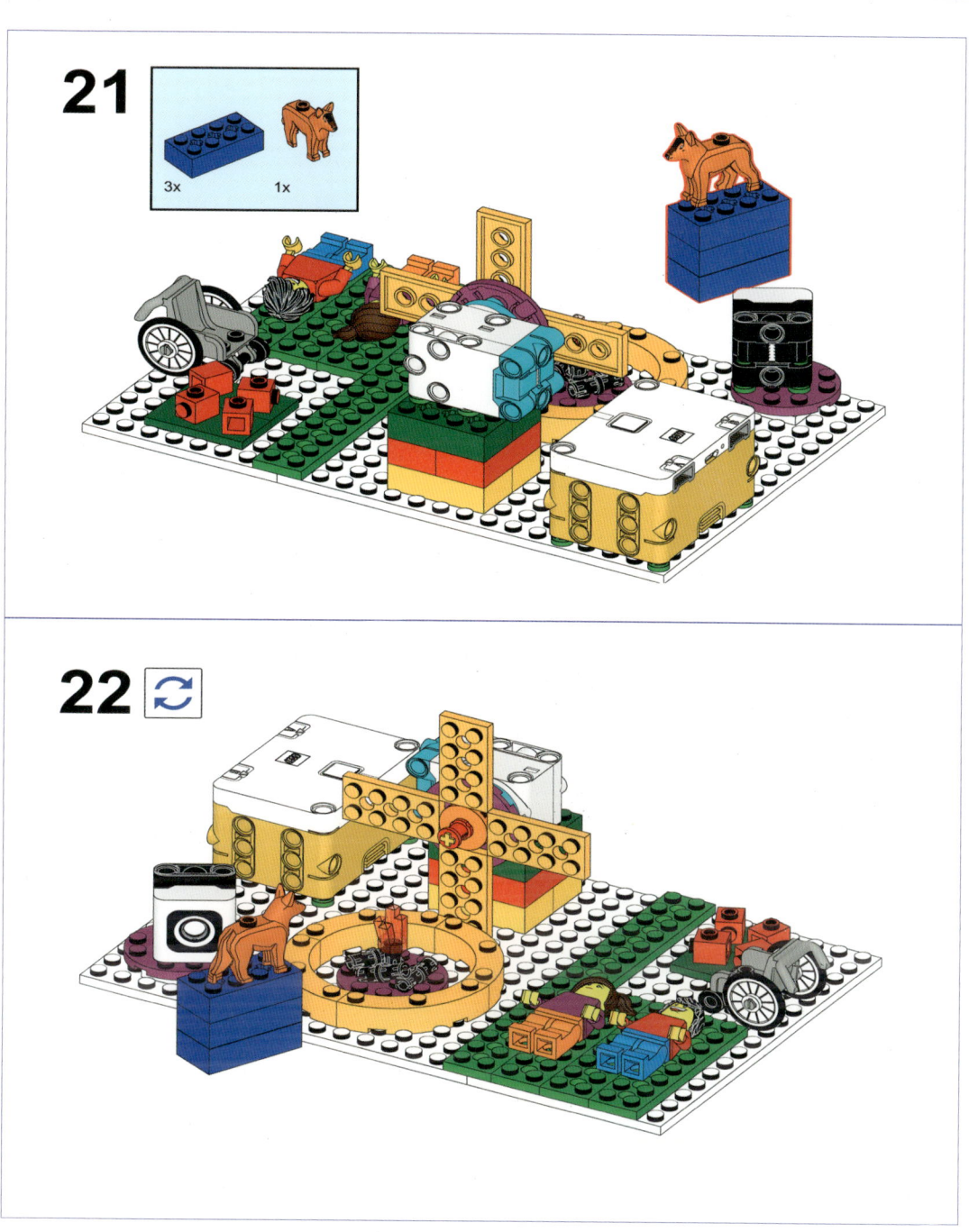

5단원_2. 구석기 시대로의 여행 II

활동 3   동굴에서 밤을 보내요.

◆ 불이 꺼지지 않도록 일정한 시간마다 선풍기가 돌아가도록 하려면 어떻게 해야 할까요?

1. 홈 화면에서 + 새 프로젝트를 클릭합니다.

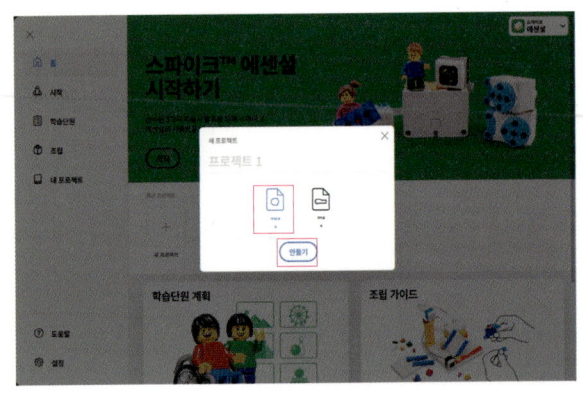

2. 아이콘 블록을 선택하고 만들기를 클릭합니다.

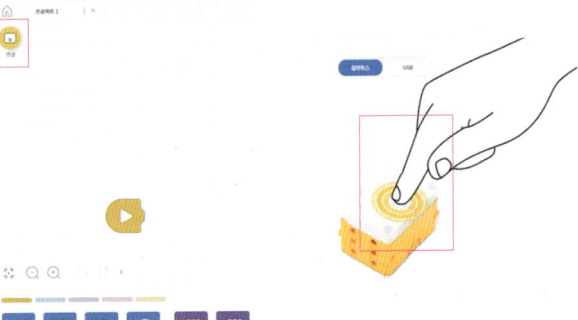

3. 허브 연결 열기를 클릭하고 허브의 단추를 눌러 연결합니다.

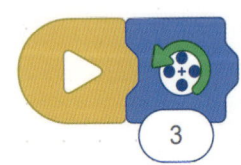

4. 실행 블록에 모터 작동 블록을 연결하고 원하는 회전수를 입력합니다.

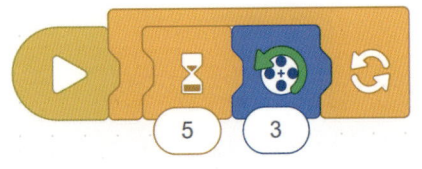

5. 대기 블록을 연결하고 숫자를 입력하여 지정된 시간만큼 기다리게 합니다. 무한 반복 블록을 연결하여 블록 안에 들어 있는 모든 블록을 무한 반복하게 합니다.

◆ 사나운 짐승이 나타났을 때 알람 장치가 위험을 알리게 하려면 어떻게 해야 할까요?

6. 컬러센서 블록을 파란색으로 바꾸고 동물 사운드 블록에서 동물 소리 7번을 선택합니다.

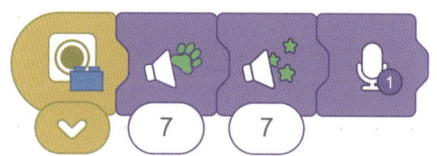

7. 사운드 효과에서 7번을 선택하여 긴장된 상황을 표현합니다.
   🎤 사운드 녹음을 누르고 깨우는 목소리를 녹음합니다.
   (예: "맹수가 나타났어요. 일어나요!")

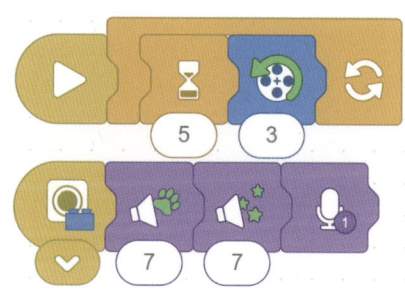

8. 완성

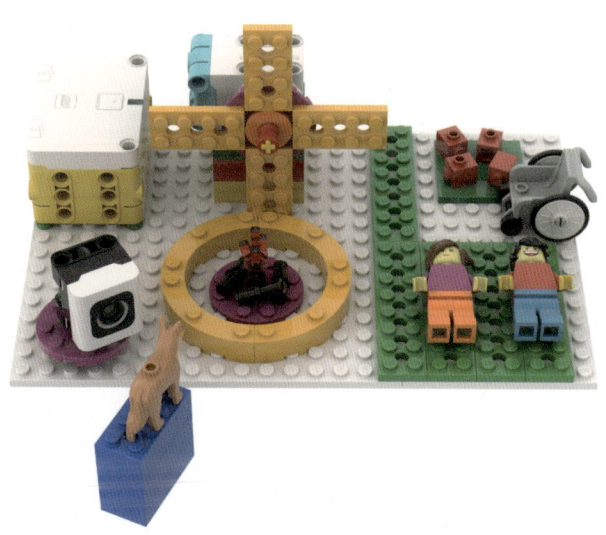

실행영상 보기 ▶

| 한걸음 더 | 숲의 모습이 화면 전체에 나타나게 하려면 어떻게 해야 할까요? |  |

5단원_2. 구석기 시대로의 여행 Ⅱ

개념 쏙쏙

① 구석기 시대 사람들은 동굴이나 바위 아래 등에 무리지어 살면서 추위와 동물의 위협으로부터 몸을 보호했습니다.

② 구석기 시대 중엽부터는 불을 사용하게 되어 음식을 조리하였습니다. 또한 불을 이용하여 추위를 피하고 사나운 짐승으로부터 생명을 지켰습니다.

확인해요

평가 내용	평가 결과
■ 구석기인들은 어디에 살았는지 설명할 수 있나요?	☺ 😐 ☹
■ 구석기인들은 불을 어떻게 사용했는지 설명할 수 있나요?	☺ 😐 ☹
■ 선풍기는 불이 꺼지지 않도록 일정한 시간마다 돌아갔나요?	☺ 😐 ☹
■ 사나운 짐승이 나타나면 알람 장치가 위험을 알렸나요?	☺ 😐 ☹

읽을거리 마리아의 일기

2050년 6월 ○일 금요일 날씨 : 맑음

제목 : 불을 사용하는 구석기인들

다니엘 과 나 는 구석기 시대로 여행을 왔다. 나무 열매를 따지 못하는 구석기인을 도와주었는데, 그녀와 가족들이 살고 있는 동굴에서 하룻밤 자고 가라고 했다. 구석기 시대 사람들은 동굴이나 바위 아래, 혹은 강가에 막집을 짓고 산다고 한다.

한참을 걸어 동굴에 도착했다. 동굴로 들어가자 맛있는 냄새가 풍겨왔다. 사람들이 모닥불을 피워 생선을 굽고 있었다. 구석기 시대에 벌써 불을 사용했다니 신기했다. 구석기 시대 사람들은 불을 피워 음식을 익혀 먹고 추위도 피하며 사나운 짐승을 쫓기도 했다고 다니엘이 알려주었다.

동굴 벽에 그림을 그리고 있는 사람도 있었다. 들소, 사슴 등을 그리고 있었다. '인류 최초의 미술'이라는 동굴 벽화를 직접 보니 놀라웠다. 동물들이 살아서 움직일 것 같이 섬세하게 잘 그려져 있었다. 벽화를 그리며 사냥이 잘 되게 해달라고 빌기도 하고, 생활 모습을 기록하기도 했다고 한다.

나무 열매와 생선을 배부르게 먹고 자려고 하자 갑자기 겁이 나기 시작했다. 자다가 불이 꺼지면 너무 추울 것 같고, 사나운 짐승의 공격을 받을 것 같았다. 다니엘과 함께 불이 꺼지지 않도록 일정한 시간이 지나면 돌아가는 선풍기와 사나운 짐승이 나타나면 알려주는 알람 장치를 만들기로 했다. 뚝딱뚝딱 무엇이든 잘 만드는 다니엘은 이번에도 선풍기와 알람 장치를 금방 만들었다.

구석기인들은 불씨가 꺼지지 않도록 순서를 정해서 불을 지켰다고 한다. 다니엘 덕분에 동굴 안의 사람들은 오랜만에 편안히 잠을 잘 수 있었다.

깊은 새벽, 갑자기 알람 장치가 울리기 시작했다.

"맹수가 나타났어요. 일어나요!"

알람 소리에 모두 일어난 사람들은 불을 이용해서 사나운 짐승을 멀리 쫓았다. 알람 장치와 불이 없었다면 어떻게 되었을지 상상만 해도 끔찍하다.

구석기 시대의 둘째 날, 동굴에서의 하룻밤은 집과 불의 소중함을 깨닫는 시간이었다. 따뜻하고 안전한 집과 밤새 뜬 눈으로 지키지 않아도 늘 사용할 수 있는 불을 소중하게 생각해야겠다.

3 장영실과 만나다

> **핵심 개념** 자동으로 시간을 알려주는 장치가 되어 있는 물시계, '자격루'를 발명한 장영실
> **활동 개요** 장영실에 대해 알아보기
> 자동으로 시간을 알려주는 자격루 만들기

장영실은 조선 세종 때 활약한 과학자, 기술자, 천문학자입니다. 당시 사람들은 장영실을 가리켜 '과학을 위해 태어난 인물'이라 칭송하였으며, 자동으로 시간을 알려주는 물시계인 자격루를 우리나라 최초로 만든 인물입니다. 장영실은 여러 가지 과학 발명품을 만들었습니다. 비가 온 양을 재고 시간을 알 수 있는 도구를 만들어 시간과 계절을 아는 것이 중요한 농민들에게 큰 도움을 주었습니다.

활동 안내

준비물	교재(활동지), 필기구, 가위, 풀, 스파이크 에센셜, 스마트기기			
	단계	학습 내용	학습 형태	학습 자료
학습 활동	도입	▪만화 이해하기	전체 학습	
	활동1	▪장영실을 만났어요. - 장영실에 대해 알아보아요. - 장영실이 발명한 시계에 대해 알아보아요.	개별 학습	동영상, 활동지, 필기구, 가위, 풀
	활동2	▪자격루를 함께 만들어요. - 자동으로 시간을 알려주는 시계, 자격루를 만들어요.	모둠 학습	스파이크 에센셜
	활동3	▪다른 소리로 시간을 알려요. - 다른 소리로 시간을 알리며 인형이 북을 치게 하려면 어떻게 해야 할까요?	모둠 학습	스파이크 에센셜, 스마트기기
	정리	▪학습한 내용 확인하기	개별 학습	
활동 팁	▪시계가 없던 옛날에는 사람들이 어떻게 시간을 알았을지 상상해봅니다. ▪영상과 사진을 통해 장영실의 다양한 발명품을 살펴봅니다.			

> **시작해요** 조선시대 전기의 과학자 장영실을 만나다.

- 조선시대로 간 소피와 레오는 누구를 만났나요?

- 장영실은 무슨 고민을 하고 있었나요?

> **학습 목표** 장영실의 발명품을 찾을 수 있다.
> 장영실이 발명한 시계인 앙부일구와 자격루를 구분할 수 있다.
> 스파이크 에센셜을 활용해 다른 소리로 시간을 알려주는 시계인 자격루를 만들 수 있다.

활동 1 　 장영실을 만났어요.

◆ 장영실에 대해 알아보아요.

영상을 보며 장영실에 대해 알아보아요.
조선 최고의 과학자 장영실 | 한국사 조선 애니메이션 ★ 지니스쿨 역사/지니스쿨 역사 GeniSchool History/
https://youtu.be/1Z19a8JmFEM

Q 1. 장영실에 대한 설명입니다. 빈 칸에 알맞은 단어를 [보기]에서 찾아 써 봅시다.

<보 기>

세종 , 과학자 , 조선

장영실은 ☐☐ 시대 태종 임금부터 ☐☐

임금 때의 ☐☐☐ 입니다.

Q 2. 장영실의 발명품은 어느 것일까요? 장영실의 발명품을 모두 찾아 동그라미해보세요.

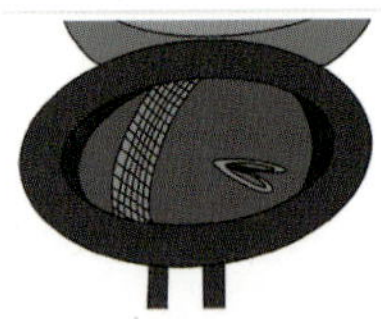

앙부일구  　 백열전구 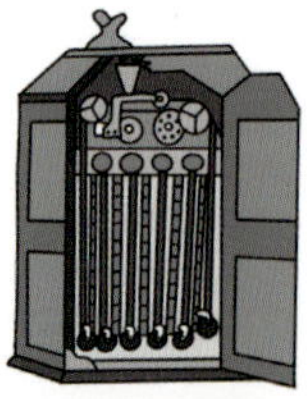 　 키네스코프

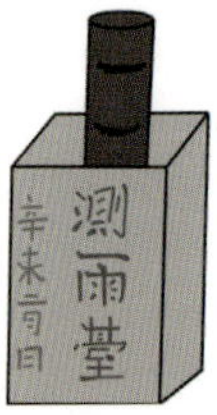

측우기 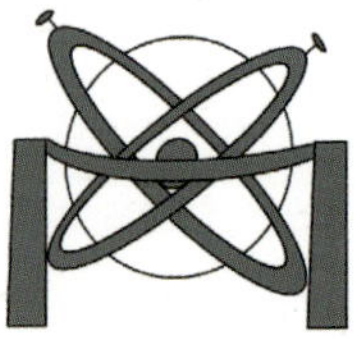 　 혼천의

◆ **장영실이 발명한 시계에 대해 알아보아요.**

영상을 보며 장영실이 발명한 시계에 대해 알아보아요.
[허풍선이 과학쇼] 장영실 1부 : 시간 측정의 역사와 원리 | 과학 애니메이션 | 해시계 | 자격루 | 조선시대 과학자 | 물리/허풍선이쇼/https://youtu.be/E3_E_Fy7xdw

Q 장영실이 만든 시계의 이름을 잘라 붙여 빈 칸을 채워봅시다.
(233쪽의 <부록 3>을 잘라 붙이세요.)

시계의 이름	앙부일구	자격루
시계의 종류		
시계의 그림		
무엇을 이용했을까?		

지도 tip

- 장영실의 다양한 발명품에 대해 알아봅니다.
- 내가 장영실이었다면 무엇을 이용하여 시계를 만들었을지 생각해보게 합니다.
- 자격루가 어떻게 움직이는지 궁금하다면?
- 국립고궁박물관 과학문화실 자격루/국립고궁박물관 gogungmuseum/https://youtu.be/m8N39sTPYDA

| 활동 2 | 자격루를 함께 만들어요. |

◆ 만들기

자격루

자동으로 시간을 알려주는 시계, 자격루를 만들어요.

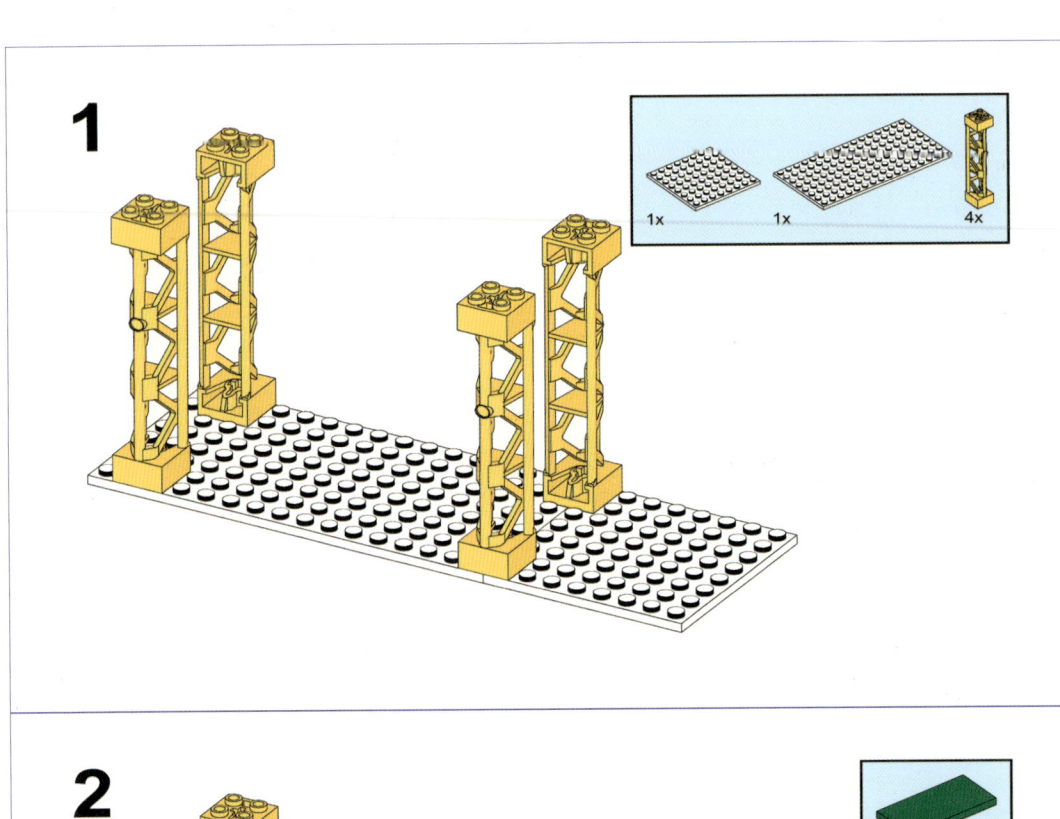

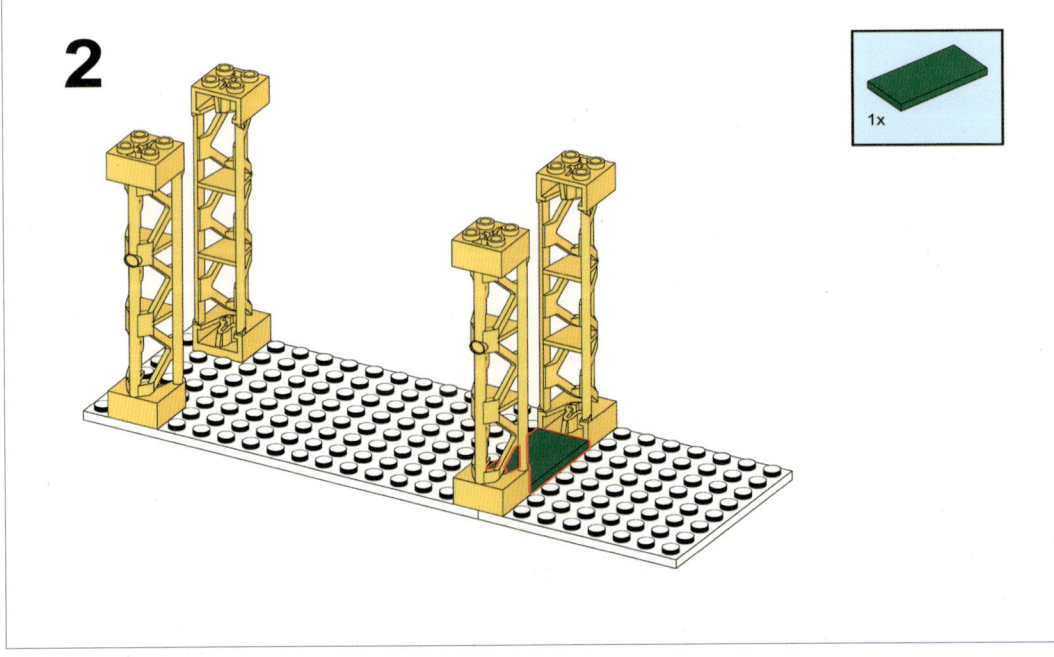

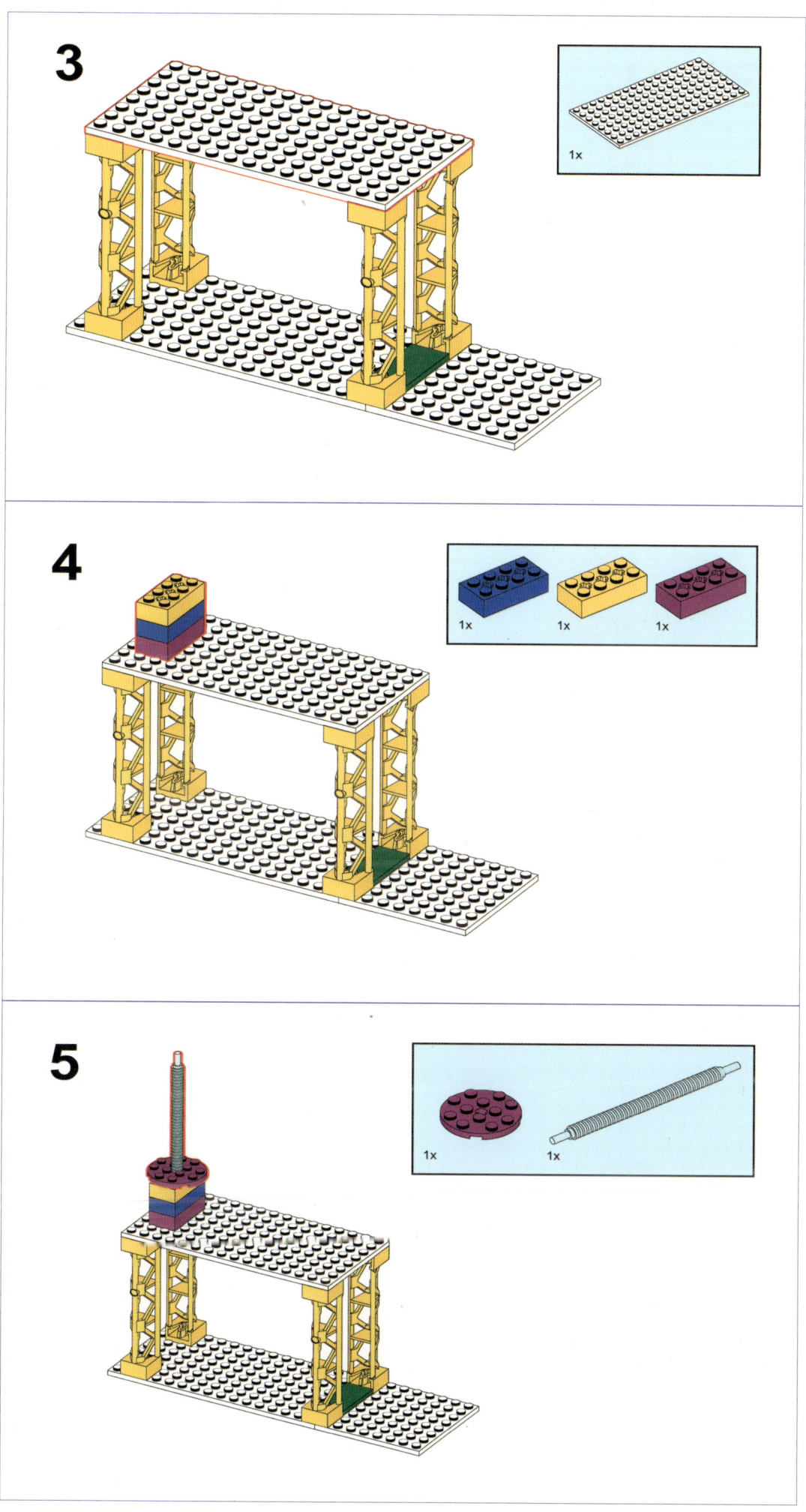

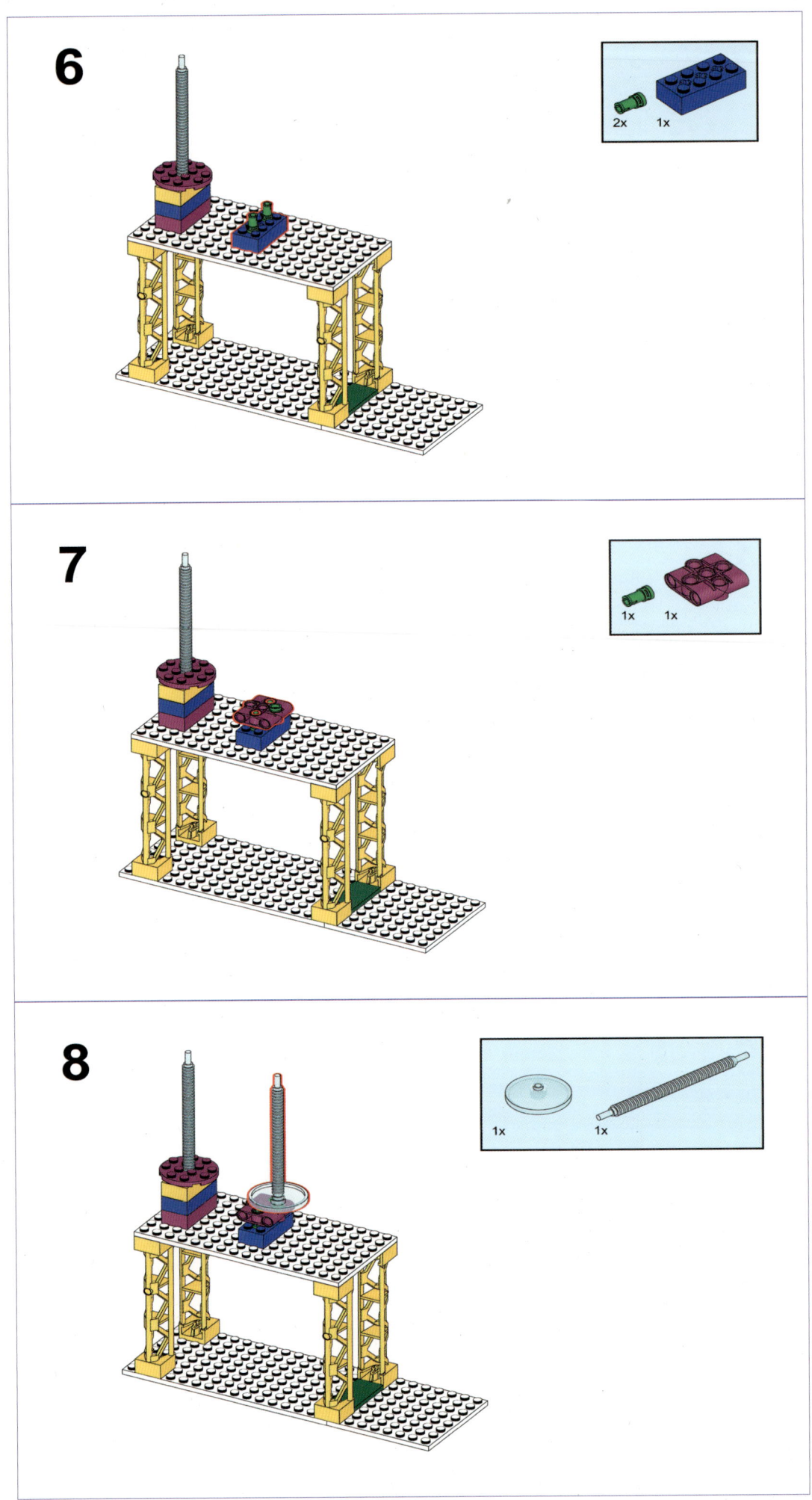

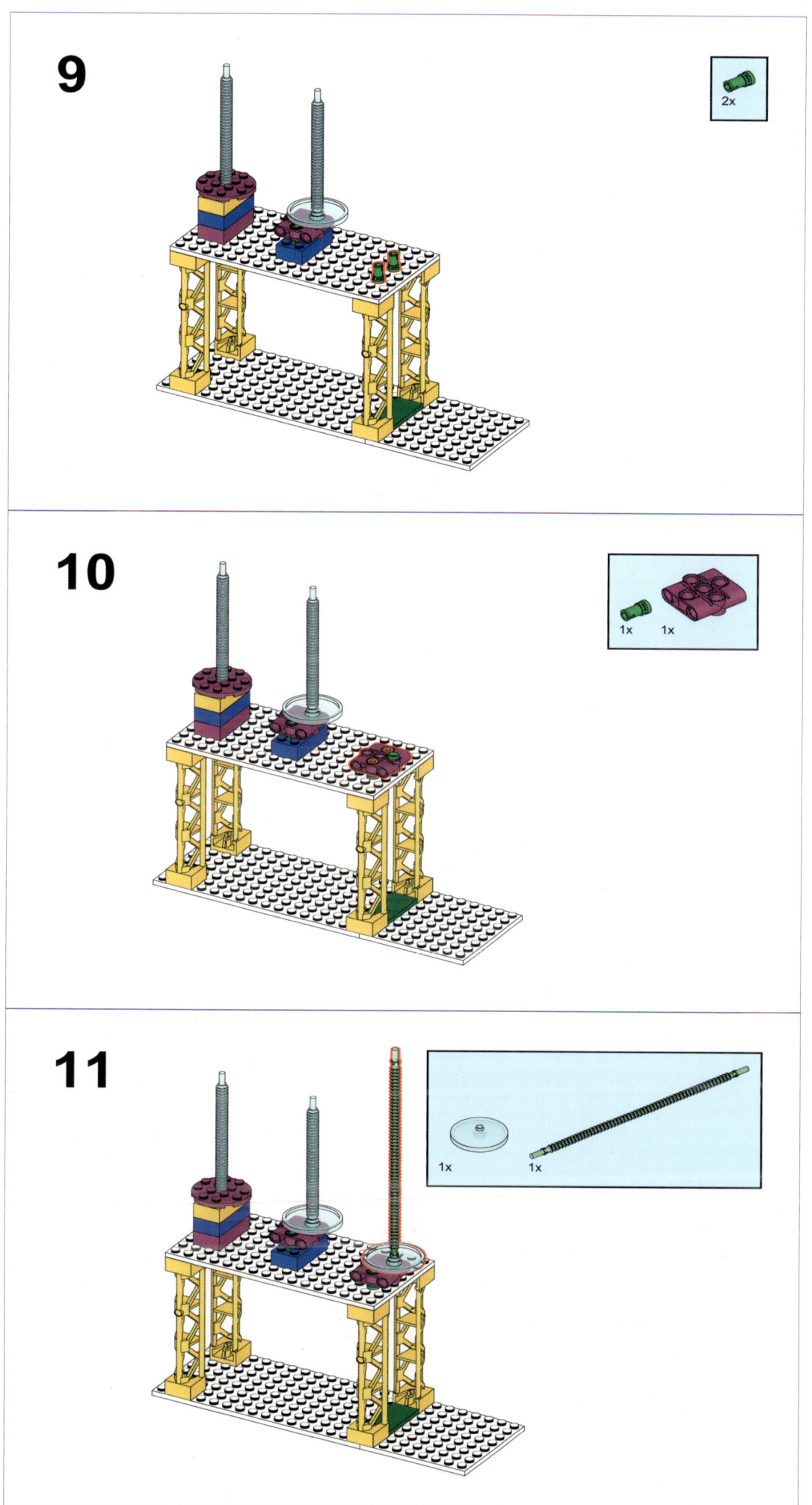

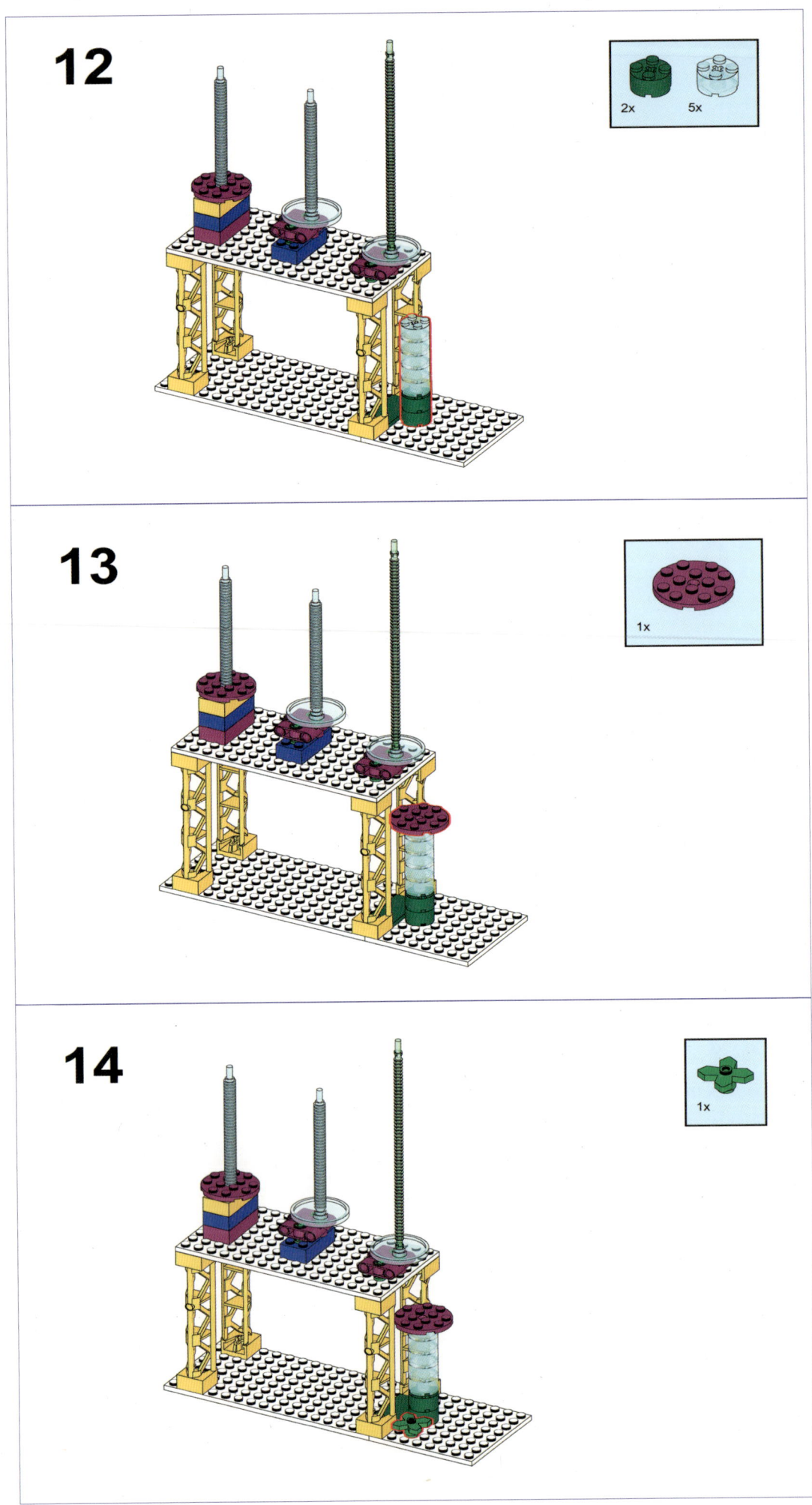

15

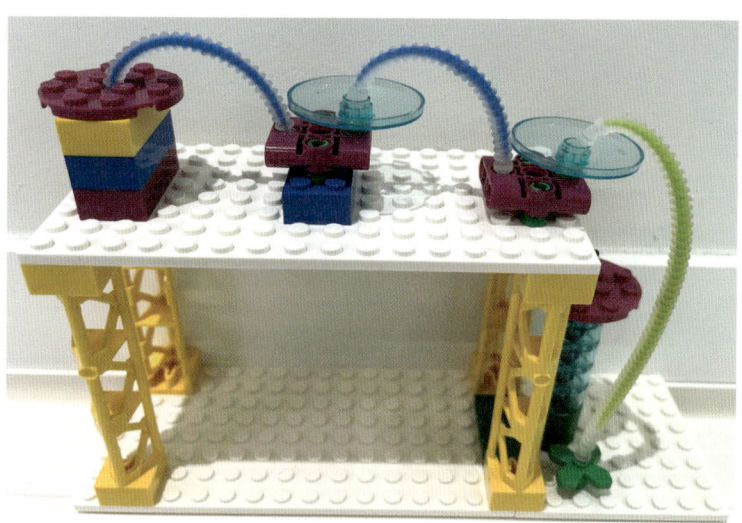

사진과 같이 조립합니다.

16

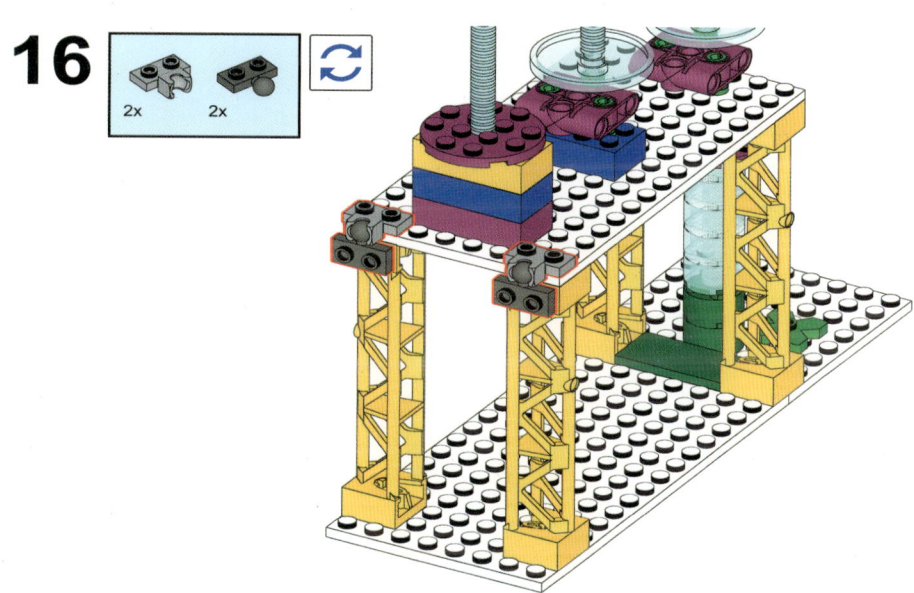

17

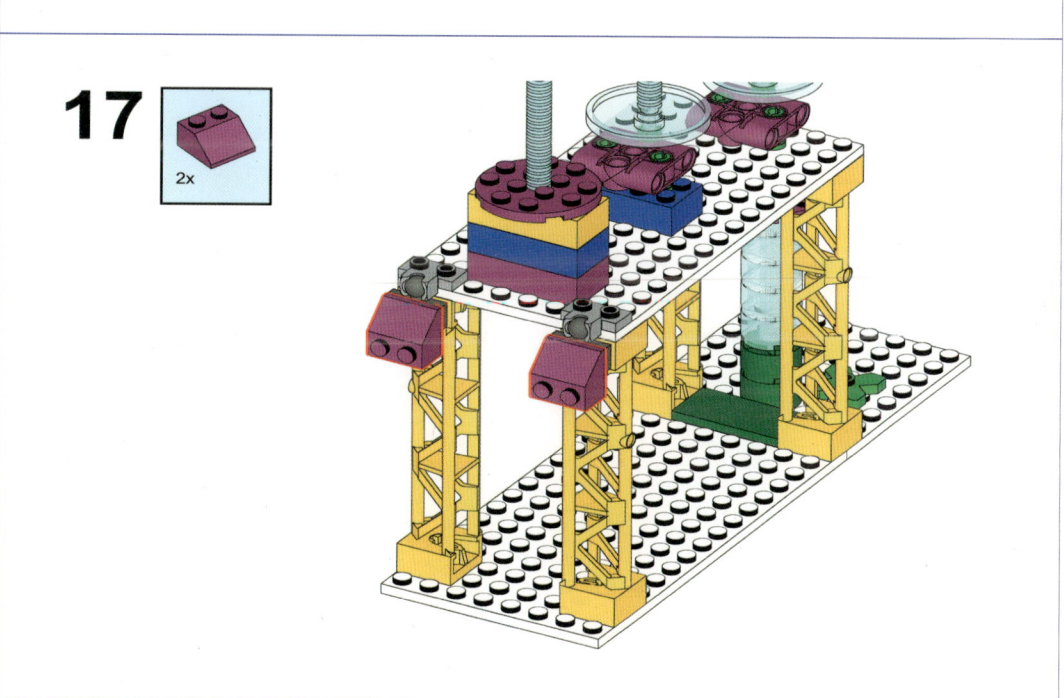

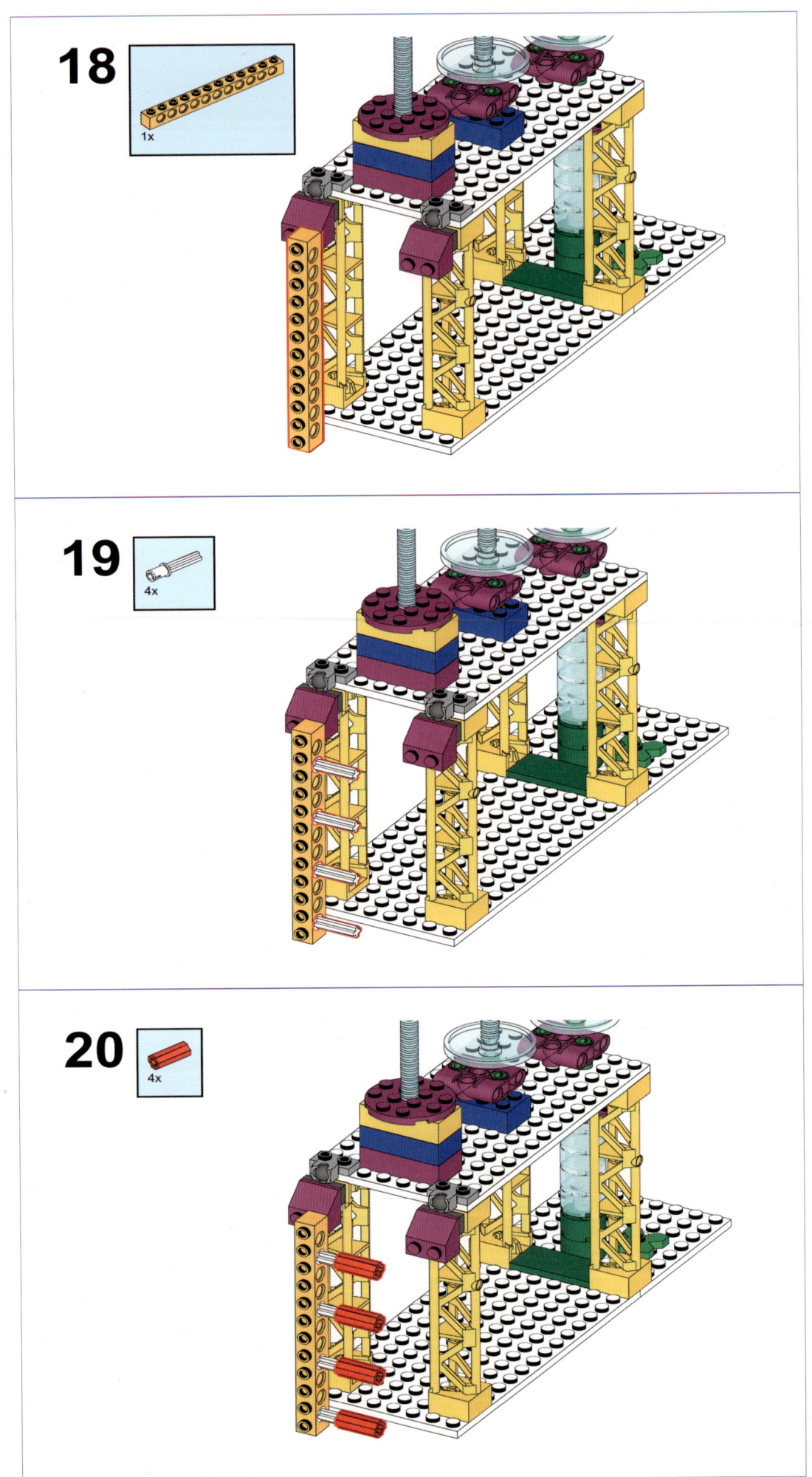

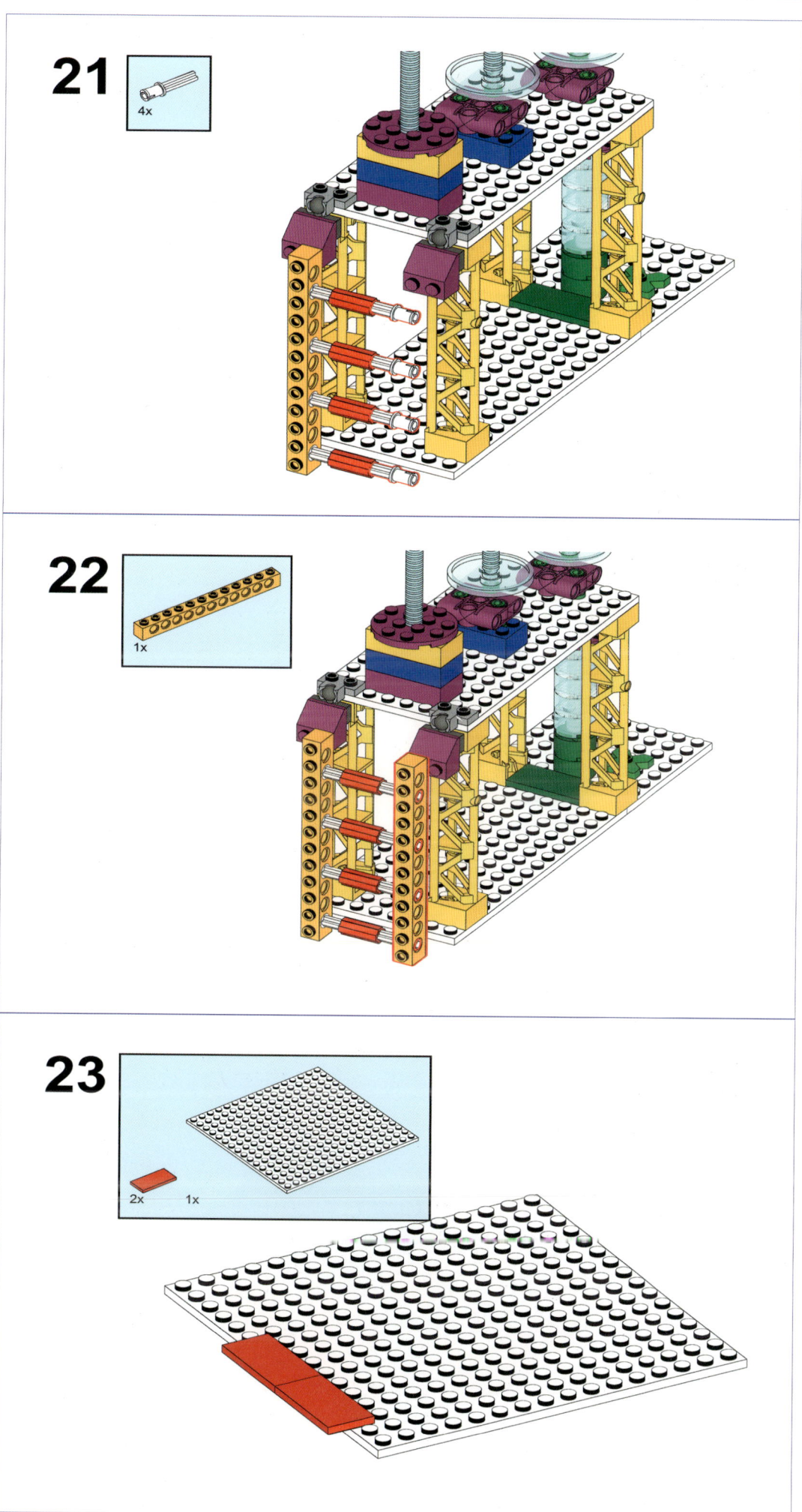

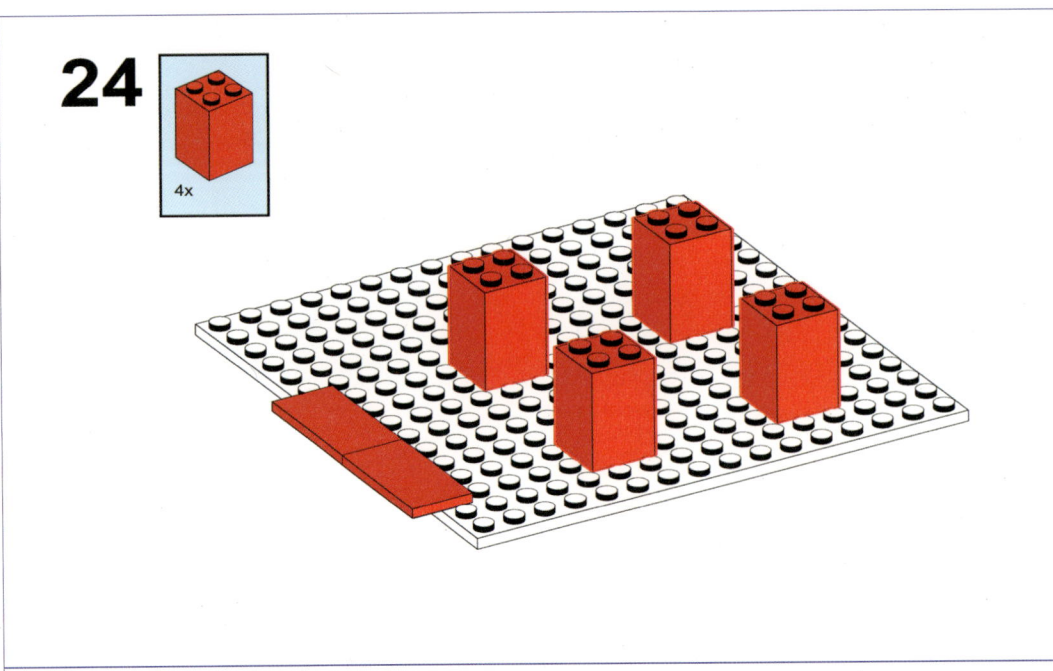

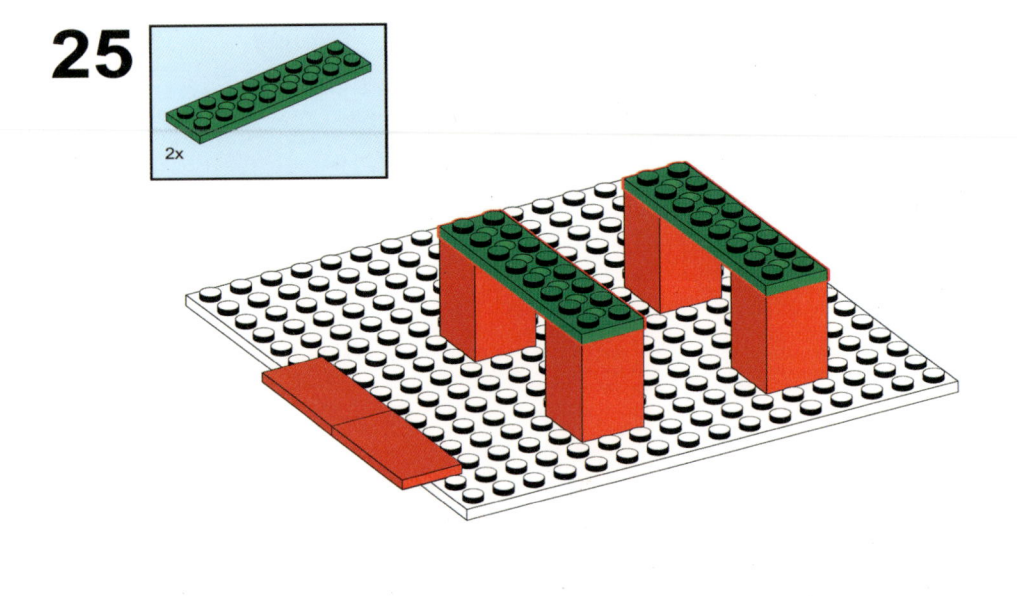

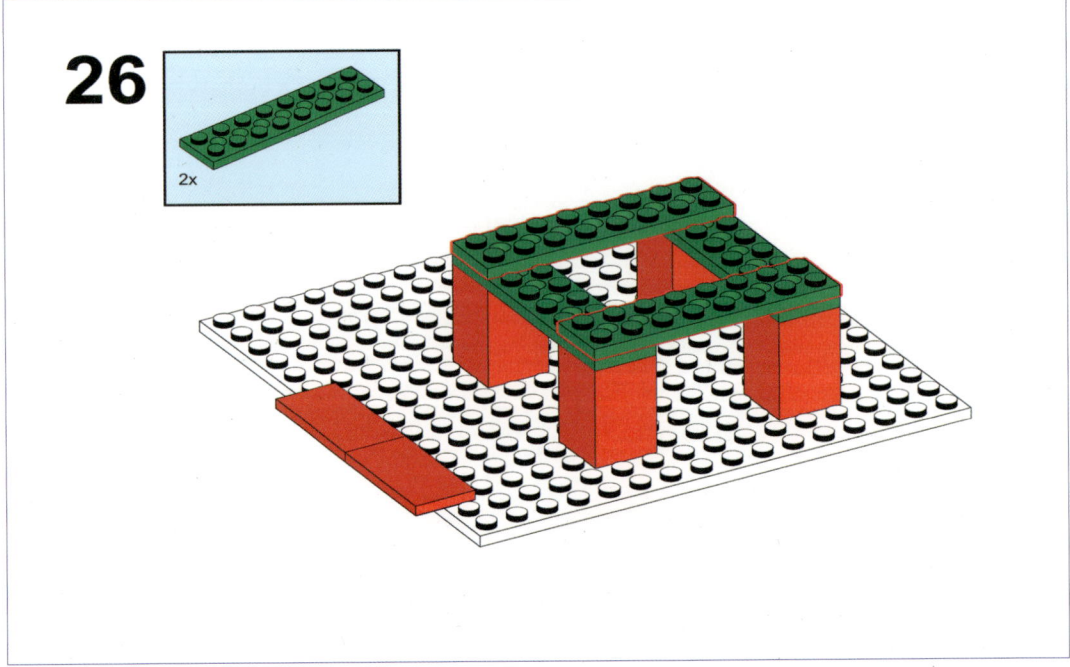

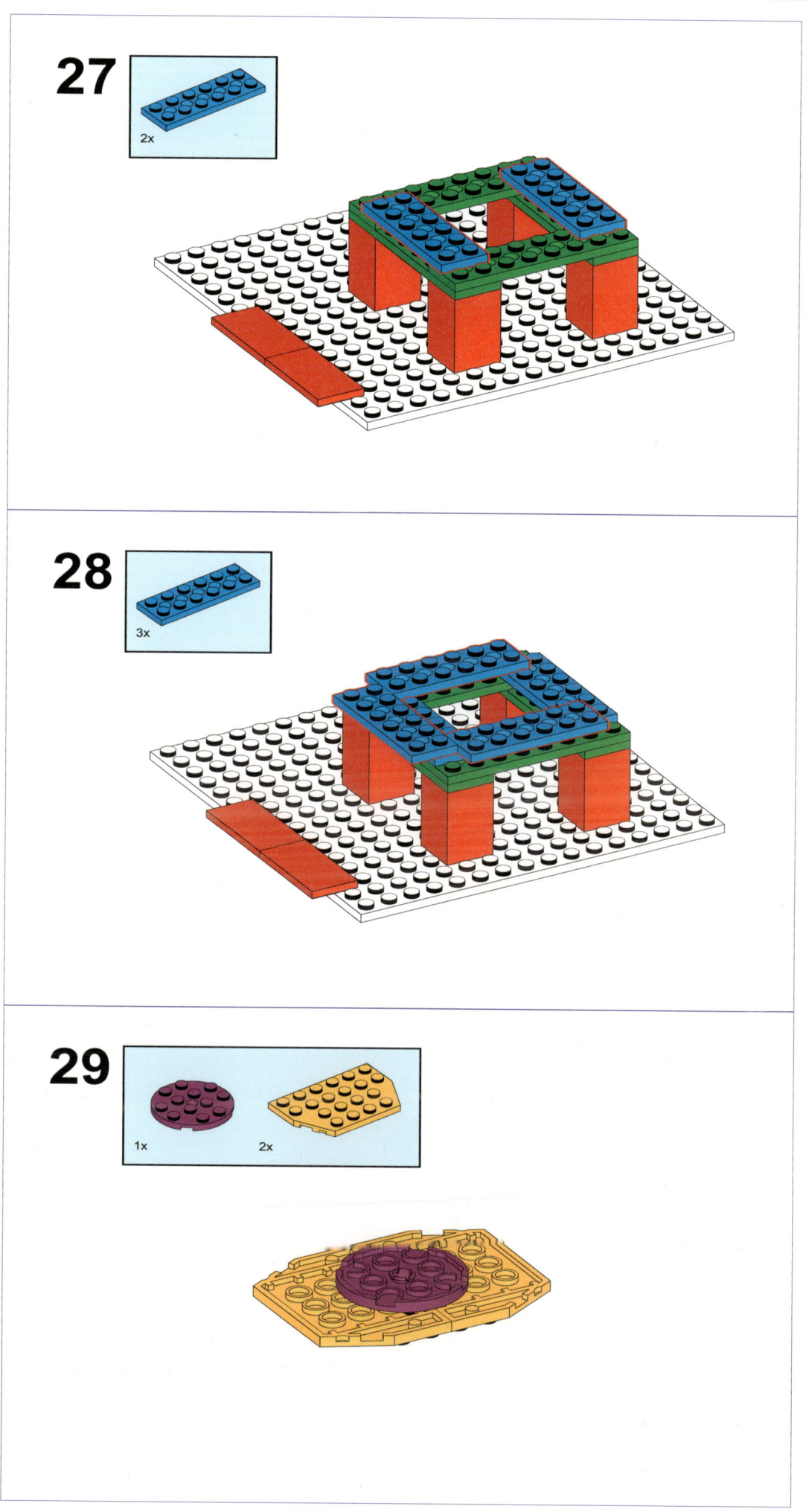

30 🔄

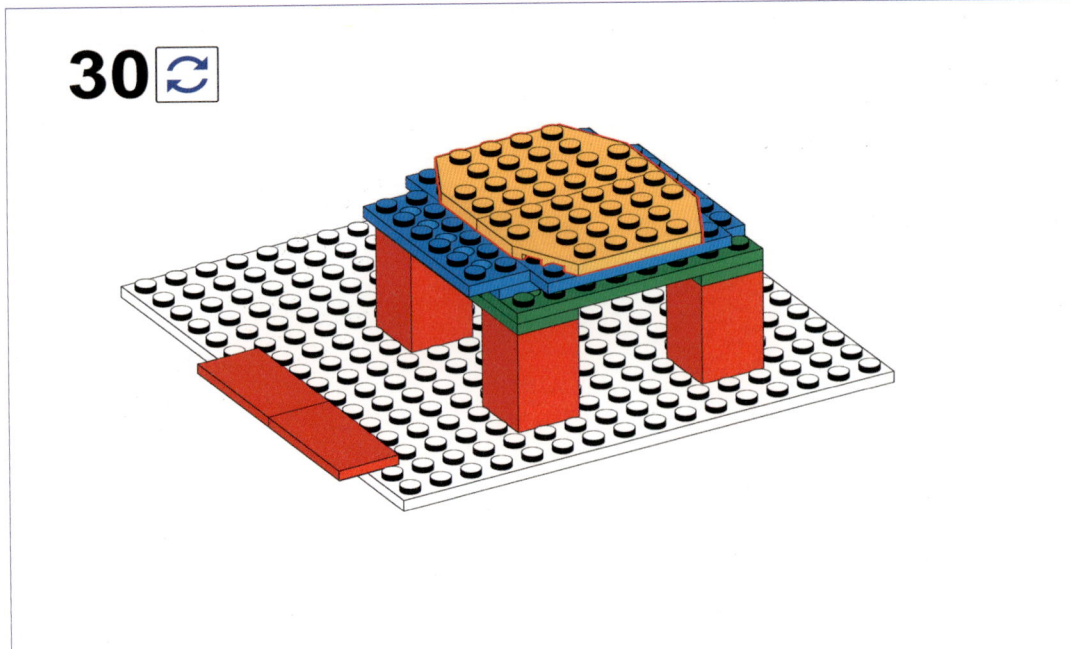

31 1x

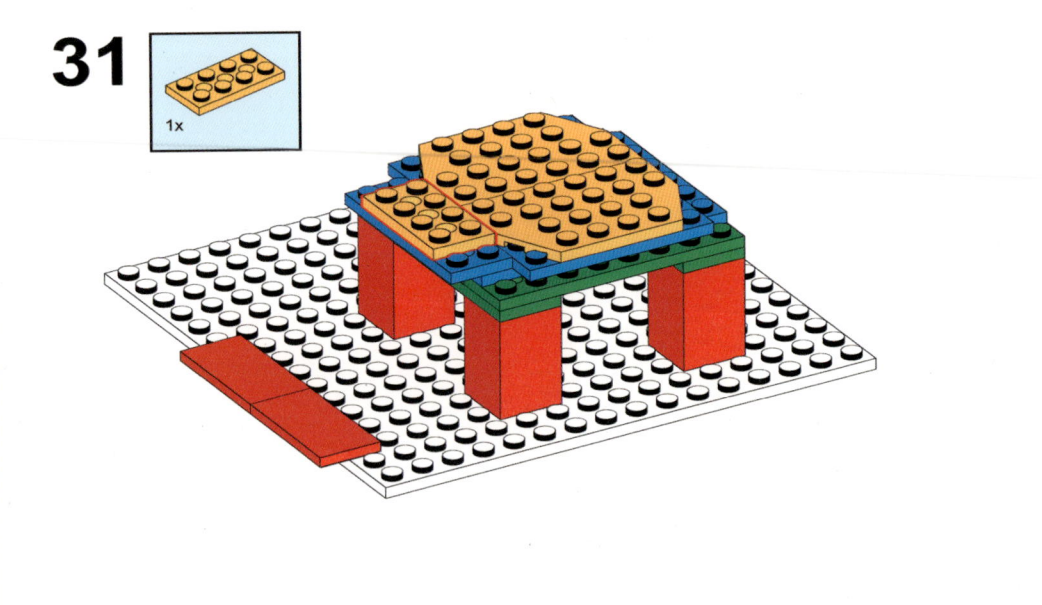

32 4x

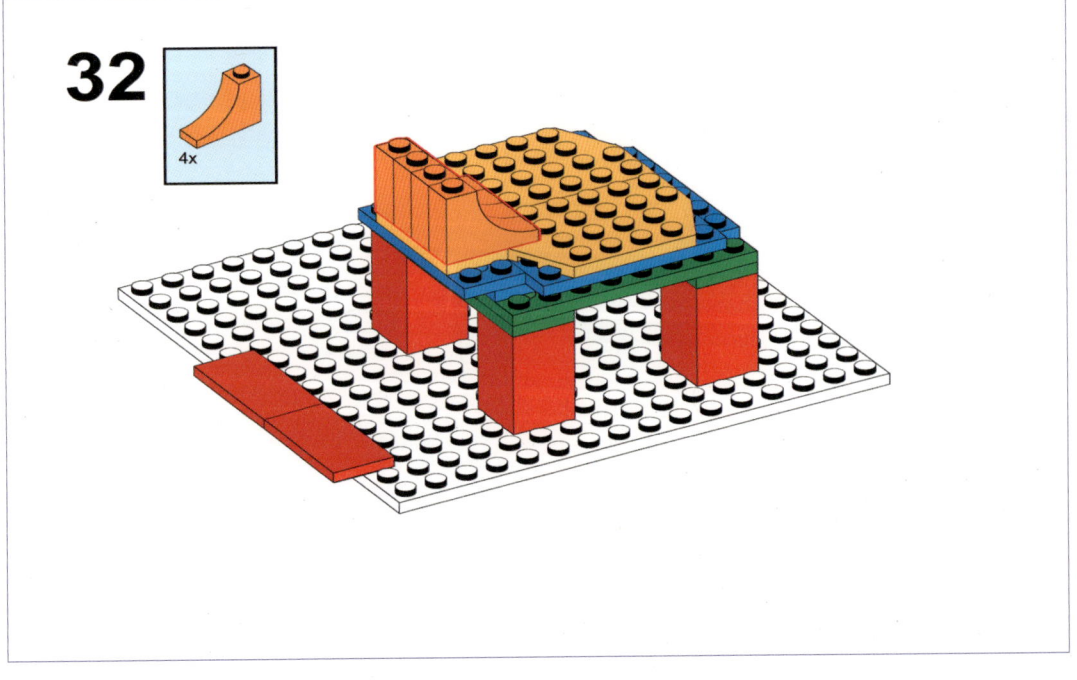

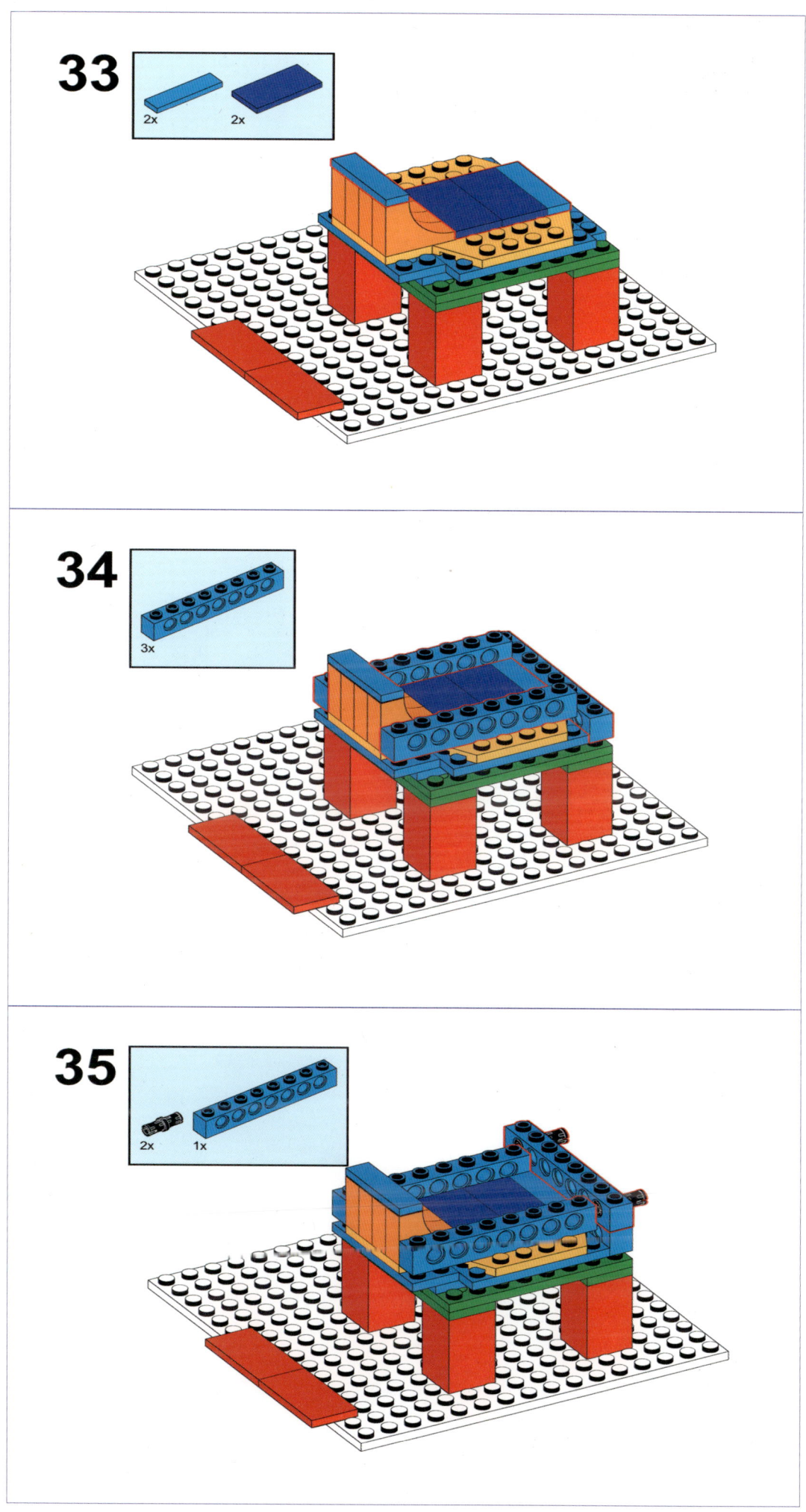

5단원_3. 장영실과 만나다

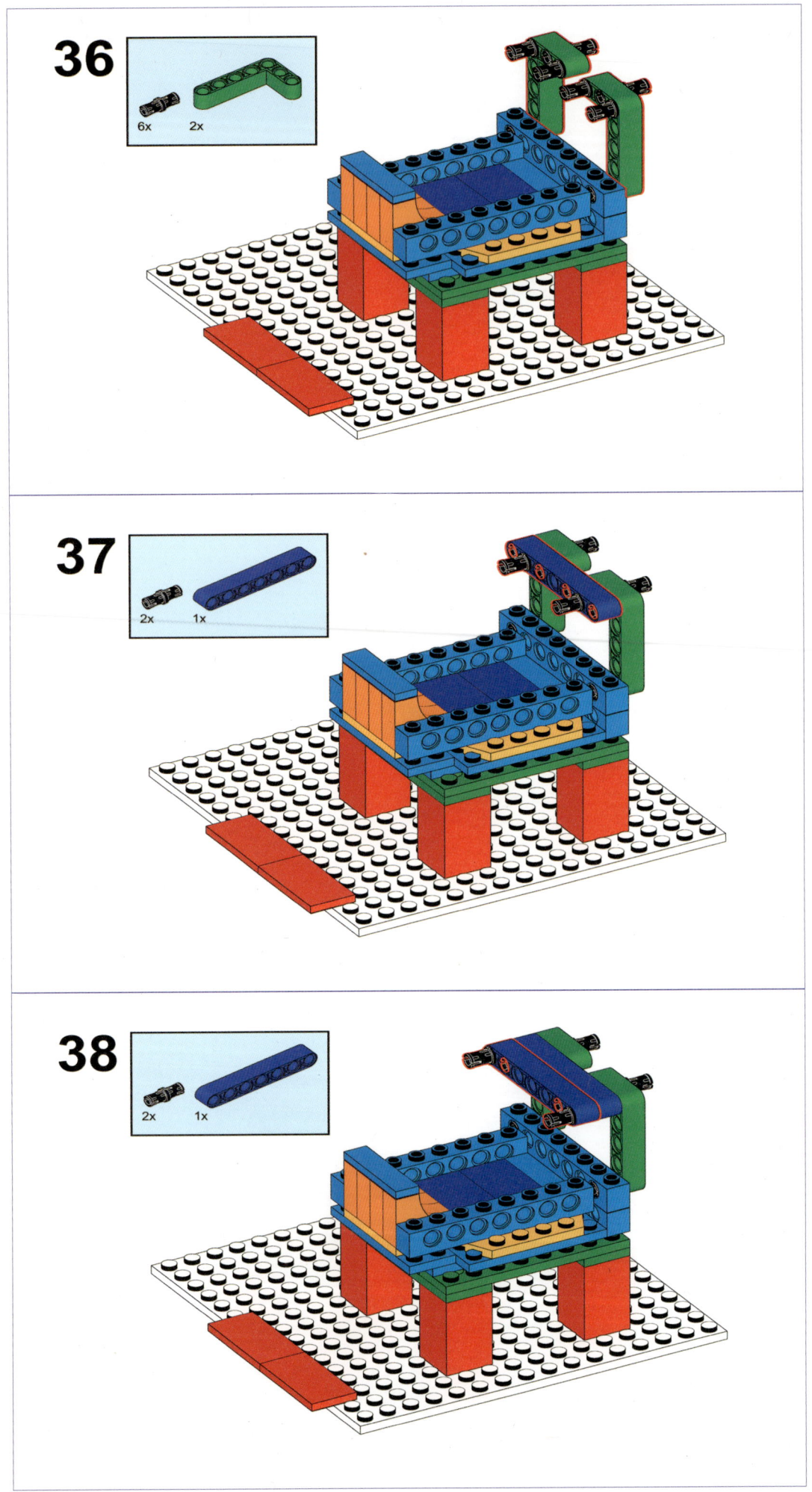

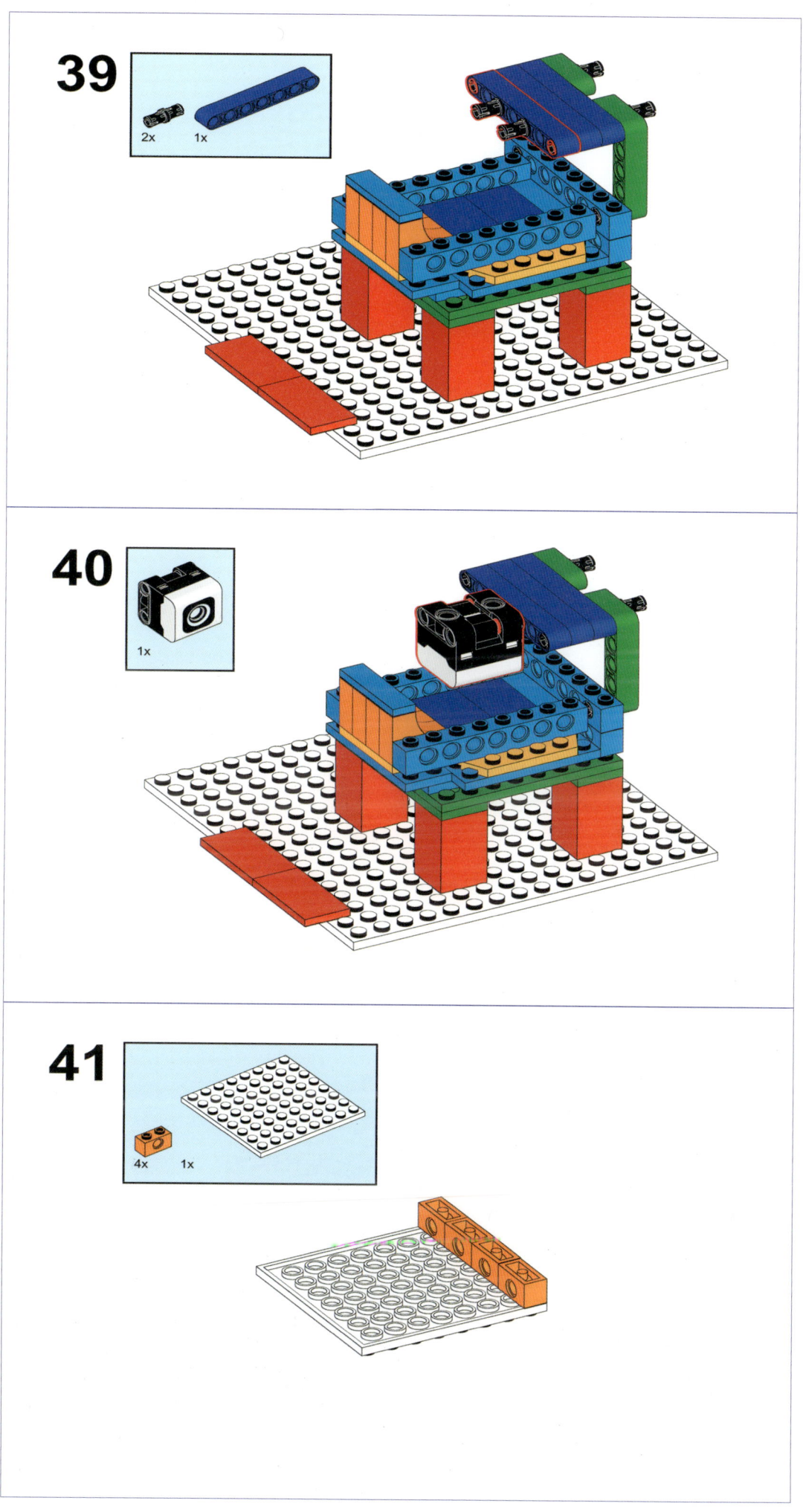

5단원_3. 장영실과 만나다 175

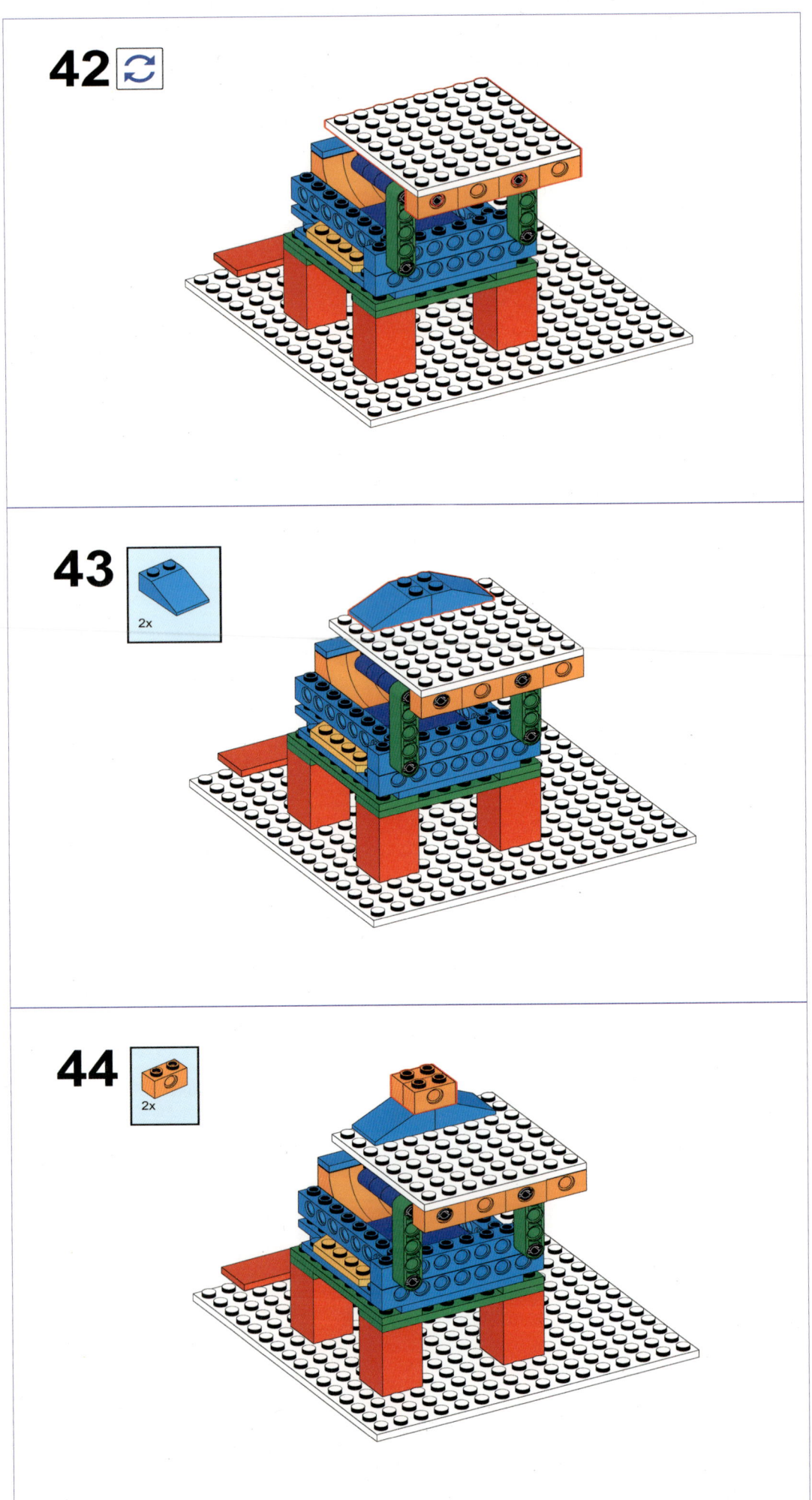

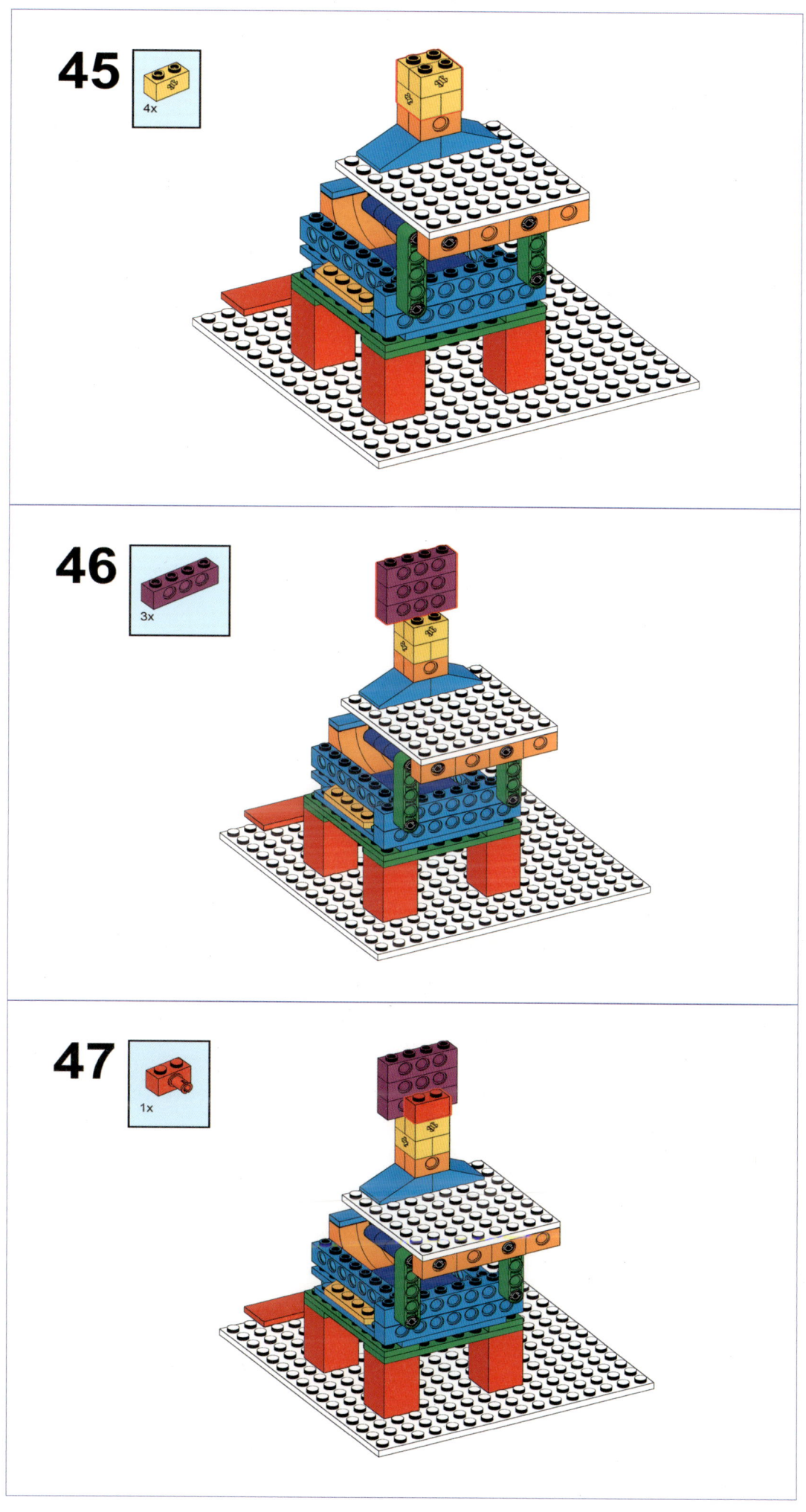

5단원_3. 장영실과 만나다

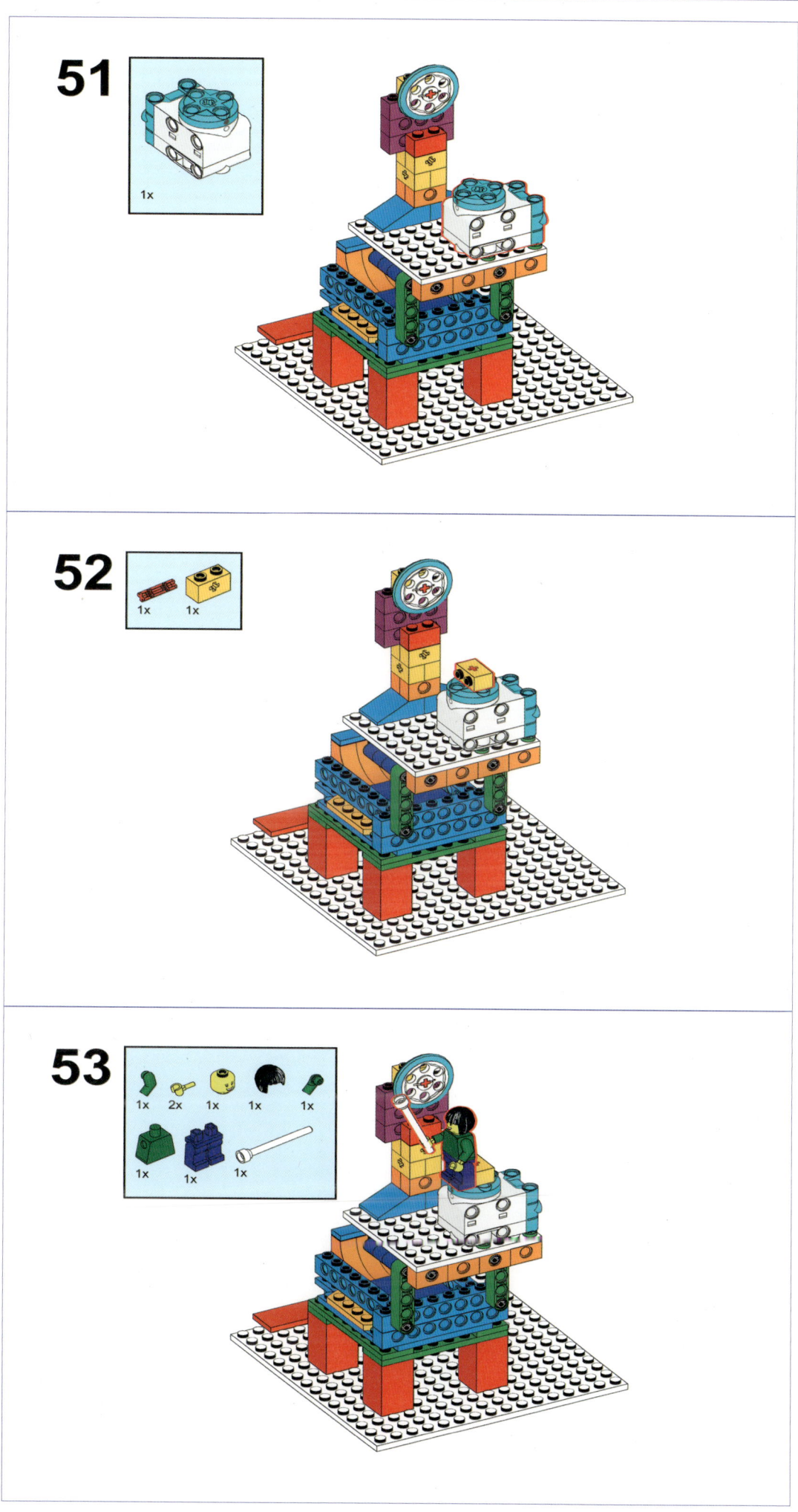

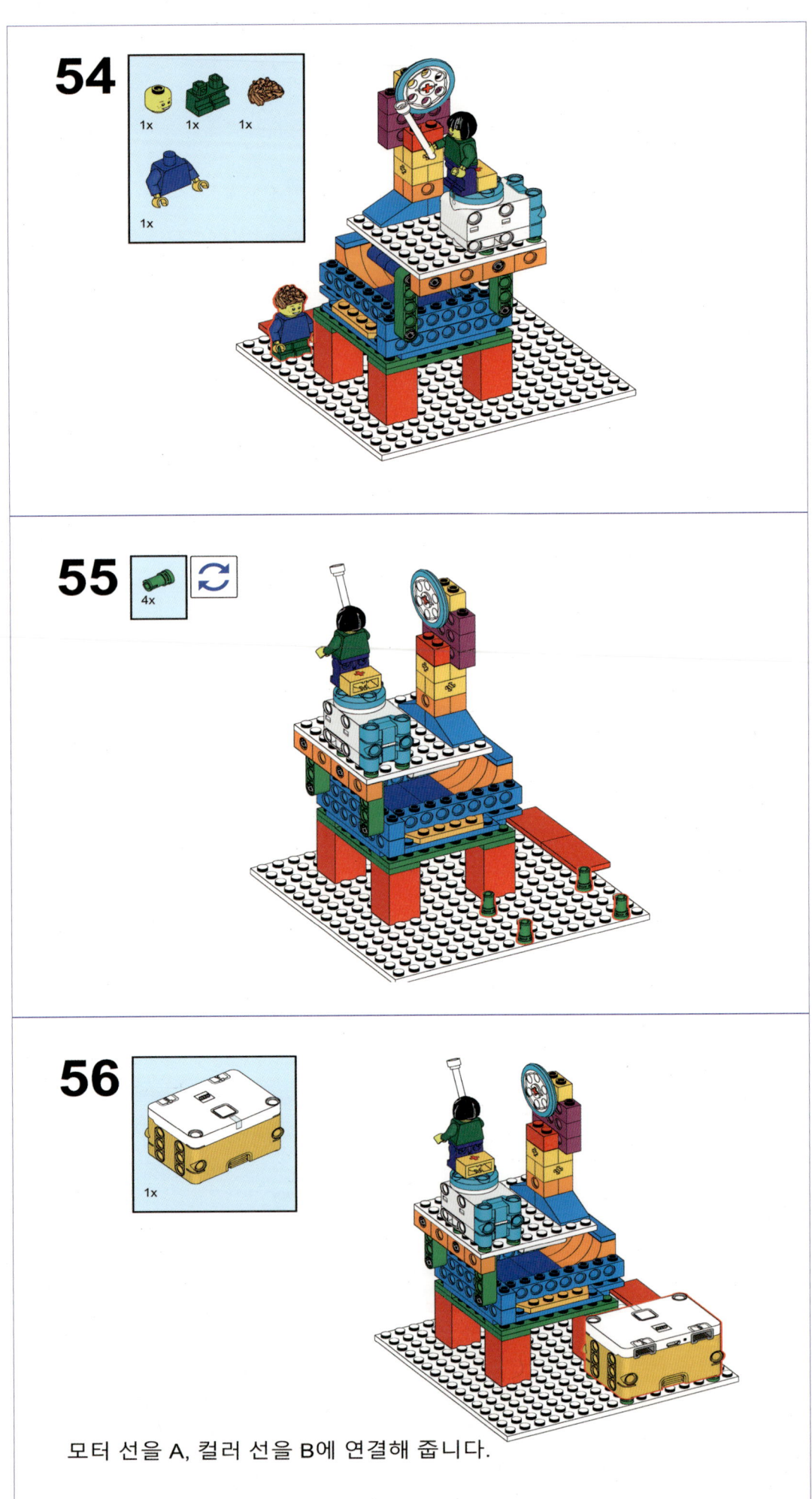

모터 선을 A, 컬러 선을 B에 연결해 줍니다.

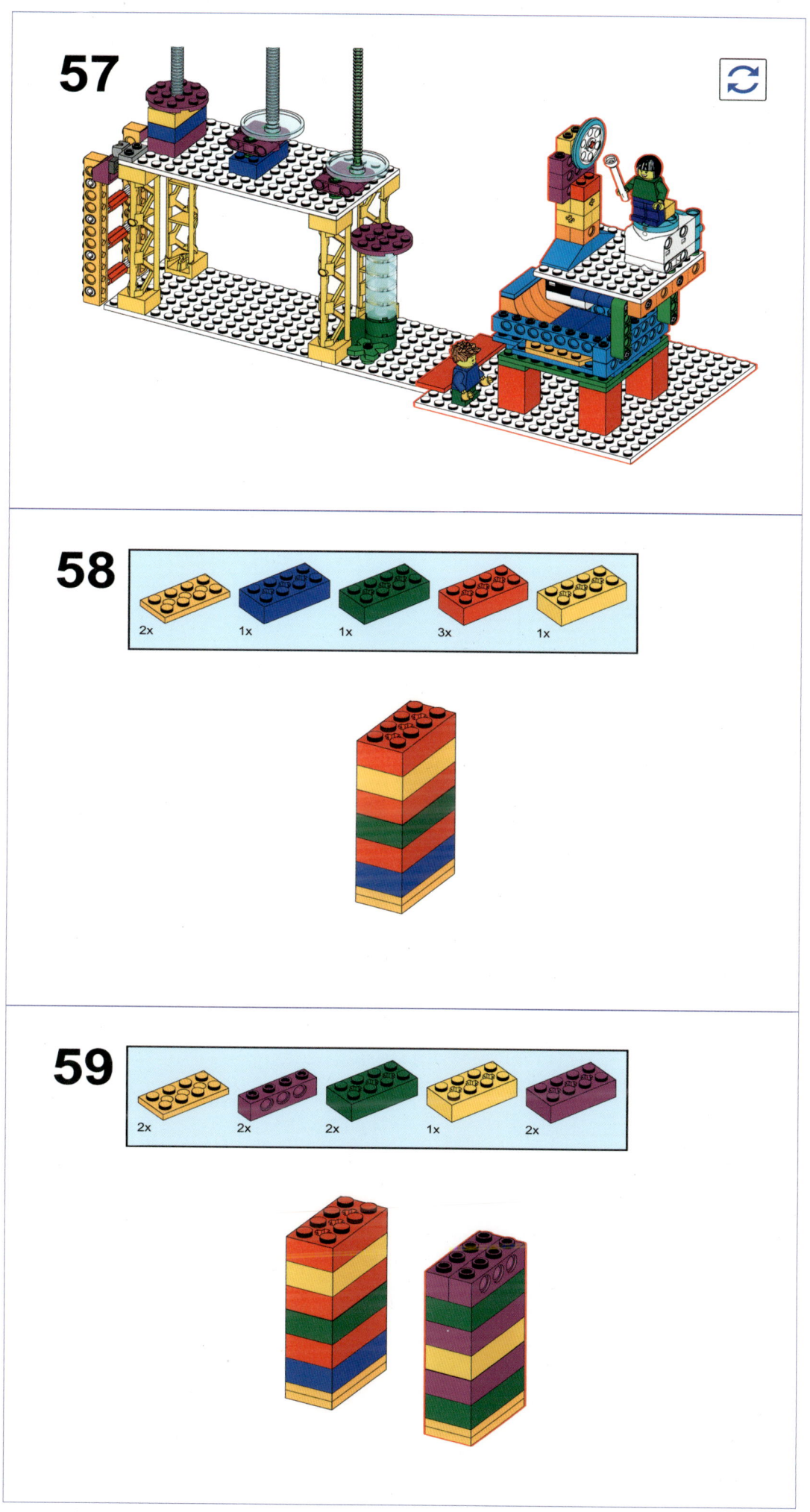

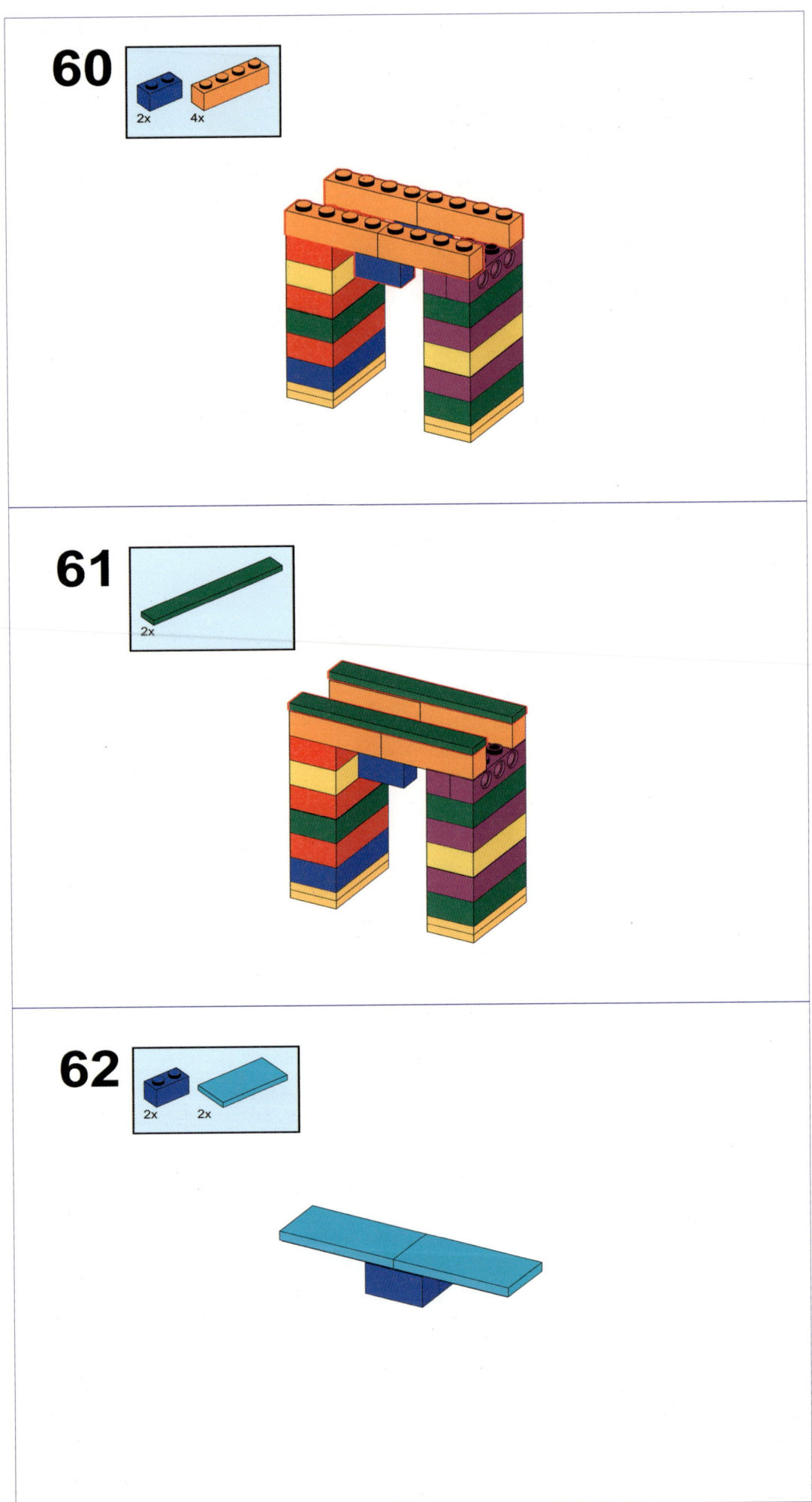

63

64

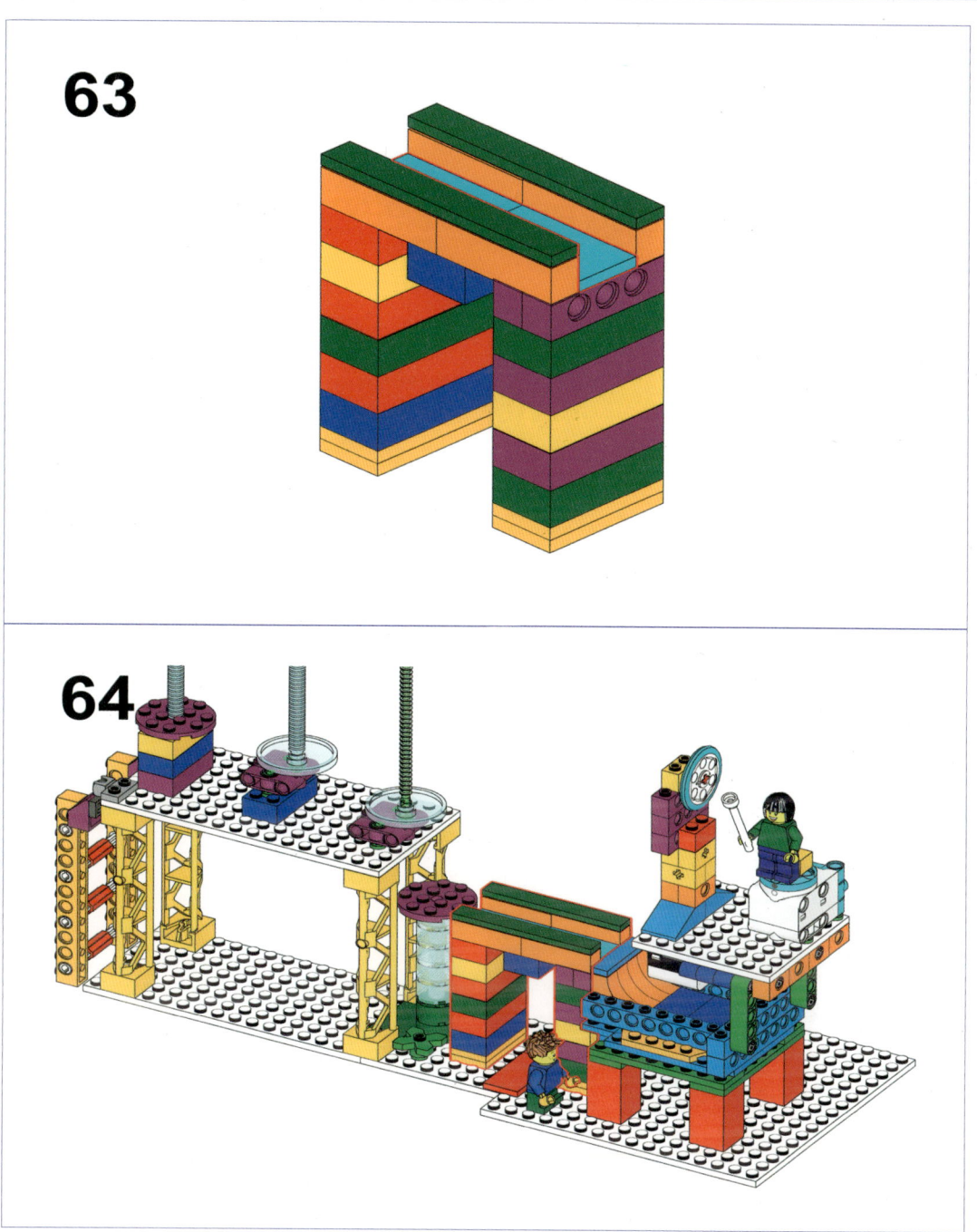

활동 3   다른 소리로 시간을 알려요.

◆ 다른 소리로 시간을 알리며 인형이 북을 치게 하려면 어떻게 해야 할까요?

1. 홈 화면에서 ＋ 새 프로젝트를 클릭합니다.

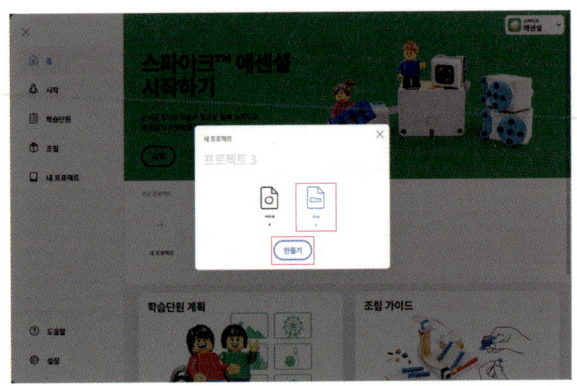

2. 단어 블록을 선택하고 만들기를 클릭합니다.

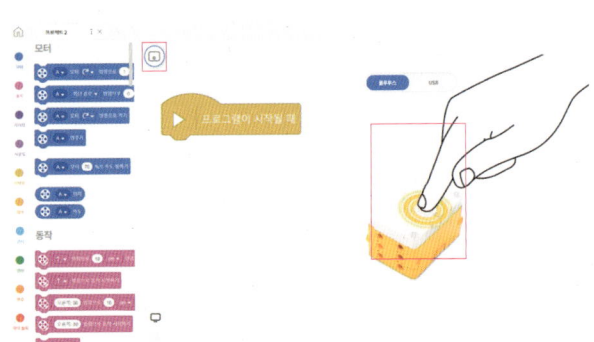

3. 허브 연결 열기를 클릭하고 허브의 단추를 눌러 연결합니다.

4. 빨간색 블록이 보이면 북치는 인형이 돌아가게 하려면?

이벤트에서 ![block] 블록을 가져 온 후 모터에서 ![block] 블록을 가져와 연결합니다. '회전' 옆 화살표를 눌러 '도'로 바꾼 후 숫자를 90으로 바꿉니다.

5. 사운드에서 ![Cat Meow 1 재생하기] 블록을 가져온 후 화살표를 눌러 사운드 추가를 합니다.
원하는 소리를 선택합니다.

6. 제어에서 ![1 초 기다리기] 블록을 가져와서 연결합니다.

7. 모터에서 ![A 모터 방향으로 1 회전 만큼 작동하기] 블록을 가져와 연결합니다. 방향을 왼쪽으로 회전으로 변경한 후, '회전' 옆 화살표를 눌러 '도'로 바꾼 후 숫자를 90으로 바꿉니다.

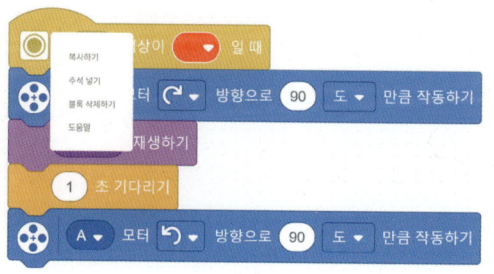

8. 블록을 오른쪽 마우스로 클릭하여 복사합니다. 색상을 초록색으로 바꾼 후 사운드에서 원하는 소리를 선택하여 소리도 변경합니다.

5단원_3. 장영실과 만나다

9. 같은 방법으로 노란색과 흰색도 코딩합니다. 색깔마다 다른 소리가 나도록 사운드 블록의 소리를 변경합니다.

10. 완성

실행영상 보기 ▶

정리해요

개념 쏙쏙

1. 장영실은 조선시대 전기의 과학자였습니다. 혼천의, 측우기, 앙부일구, 자격루 등 많은 발명을 하였습니다.
2. 자격루는 스스로 시간을 알려주는 물시계입니다. 해가 진 밤이나 비가 오는 날에도 시간을 알려주었습니다.

확인해요

평가 내용	평가 결과
■ 장영실의 발명품을 찾을 수 있나요?	☺ 😐 ☹
■ 장영실의 발명품인 앙부일구와 자격루를 구분할 수 있나요?	☺ 😐 ☹
■ 내가 만든 자격루는 블록 색깔에 따라 다른 소리로 시간을 알려주었나요?	☺ 😐 ☹

> **읽을거리** **소피의 일기** 2050년 7월 ○일 화요일 날씨 : 흐리다 맑음

제목 : 조선시대 최고의 과학자, '장영실'을 만나다.

레오 와 나 는 타임머신을 타고 조선시대 전기, 세종대왕님이 계신 곳으로 갔다. 세종대왕님을 인터뷰하고 기사를 써보고 싶어 찾아 간 그곳에서 뜻밖의 인물을 만났다. 바로 조선시대 최고의 과학자인 '장영실' 님이었다.

앙부일구 , 측우기 , 혼천의 등 다양한 발명품을 만든 위대한 위인을 직접 보다니 감동이었다.

장영실님은 물시계를 보며 고민을 하고 계셨다. 그 당시 있던 물시계는 항상 사람이 지켜 서 있다가 시간에 맞춰 북을 쳐야 했는데 한눈을 팔면 시간을 놓치기 일쑤였다. 세종대왕님은 자동 물시계를 원했고, 어떻게 하면 자동 물시계를 만들지 고민하고 계셨던 것이다.

레오와 나는 자동 물시계를 만드는 장영실님을 돕기로 하였다. 장영실님은 열심히 자료를 수집하고 공부하여 드디어 자동 물시계를 만들었다.

우선 구멍이 뚫린 항아리에서 배수관을 따라 일정 속도로 물이 흘러나오도록 했다. 흘러나온 물이 원통형 항아리에 차면 잣대가 떠올라 구슬을 건드리게 되고, 구슬이 굴러 나와 종이나 북을 울리도록 만들었다. '어떻게 저런 생각을 했을까?' 감탄이 나올 정도로 신기하기만 했다.

규칙적으로 떨어지는 물방울의 양을 이용해 시간에 따라 저절로 울리는 이 시계를 '자격루'라고 불렀으며 많은 사람들이 열광했다. 2시간마다 한 번씩, 하루 12번씩 시간을 알려주는 이 시계는 세종 16년에 경복궁 경회루 남쪽에 있는 보루각에 세워졌다고 한다.

세종대왕님께서 장영실님이 낮은 신분이었음에도 왜 총애하고 벼슬까지 주었는지 깨닫게 된 여행이었다. 처지를 비관하지 않고 노력하여 자신의 재능을 마음껏 펼친 장영실님의 성품을 닮고 싶다는 생각을 하며 현재로 돌아왔다.

4 김정호와 만나다

핵심 개념 대동여지도를 만든 김정호
활동 개요 김정호에 대해 알아보기
일정한 거리마다 멈춰 거리를 측정할 수 있는 자동차 만들기

김정호는 조선시대 가장 많은 지도를 제작하였고, 가장 많은 지리지를 편찬한 지리학자입니다. 김정호는 과거의 지도와 지리서들을 연구하고 그 장점을 모아 '대동여지도'를 완성하였습니다. 대동여지도는 우리나라에서 가장 큰 전국 지도이며, 조선시대 지도 중 가장 정밀하고 정확하여 오늘날의 지도와 큰 차이가 없습니다. 목판본으로 제작된 대동여지도는 22첩의 병풍식 전국 지도첩입니다.

활동 안내

준비물	교재(활동지), 필기구, 가위, 풀, 스파이크 에센셜, 스마트기기, 포스트잇, 전지, 색연필				
	단계	학습 내용	학습 형태	학습 자료	
학습 활동	도입	▪ 만화 이해하기	전체 학습		
	활동1	▪ 김정호를 만났어요. - 김정호에 대해 알아보아요. - 김정호가 만든 대동여지도에 대해 알아보아요.	개별 학습	동영상, 활동지, 필기구, 가위, 풀	
	활동2	▪ 일정 거리마다 멈추는 자동차를 만들어요. - 일정한 거리마다 멈춰 거리를 측정할 수 있는 자동차를 만들어요.	모둠 학습	스파이크 에센셜, 포스트잇	
	활동3	▪ 일정한 거리마다 자동차를 멈춰보아요. - 일정한 거리마다 자동차를 멈추려면 어떻게 해야 할까요? - 일정한 거리마다 눈금을 표시해요.	모둠 학습	스파이크 에센셜, 스마트기기, 전지, 색연필	
	정리	▪ 학습한 내용 확인하기	개별 학습		
활동 팁	▪ 지도를 사용해 본 경험을 이야기하도록 합니다. (지하철 노선도, 인터넷 지도, 길 안내 지도, 휴대 전화 응용 프로그램 지도 등) ▪ 지도가 있어 편리한 점을 생각해보게 합니다.				

> **시작해요** 조선시대 후기의 지리학자 김정호를 만나다.

- 다니엘과 소피는 산 속에서 누구를 만났나요?

- 김정호는 무엇을 만드는 사람인가요?

- 다니엘과 소피는 무엇을 이용해 길을 확인하면 편할 것 같다고 생각했나요?

> **학습 목표** 김정호가 만든 지도의 이름을 발표할 수 있다.
> 대동여지도의 특징을 설명할 수 있다.
> 일정한 거리마다 멈춰 거리를 측정할 수 있는 자동차를 만들 수 있다.

활동 1   김정호를 만났어요.

◆ 김정호에 대해 알아보아요.

영상을 보며 김정호에 대해 알아보아요.
역사가 술술 - 김정호와 대동여지도_#001/EBS 키즈/https://youtu.be/cvLb4GfYihQ

Q 1. 다음 글을 읽고 무엇을 말하는 것인지 [보기]에서 찾아 써 봅시다.

> 이것은 지구 표면의 상태를 일정한 비율로 줄여, 이를 약속된 기호로 평면에 나타낸 그림입니다. 고산자 김정호는 다양한 이것을 만들었습니다.

<보 기>

| 지 | 도 | | 축 | 척 |

Q 2. 김정호가 만든 다음 지도의 이름은 무엇인지 [보기]에서 찾아 써 봅시다.

사진 출처 : 대동여지도, 문화재청 국가문화유산포털
(https://www.heritage.go.kr/heri/cul/culSelectDetail.do?pageNo=1_1_1_1&ccbaCpno=1121108500000)

<보 기>

지도 tip

- 특수학교 중학교 사회 가 12. 한눈에 보는 우리나라 – 1)지도로 보는 우리나라와 연계하여 지도합니다.
- 대동여지도를 인터넷으로 보고 싶다면 국토지리정보원 – 국토정보플랫폼 – 역사지도 – 대동여지도를 선택합니다.(https://www.ngii.go.kr/kor/main.do)

◆ **김정호가 만든 대동여지도에 대해 알아보아요.**

영상을 보며 김정호가 만든 대동여지도에 대해 알아보아요.

있는 그대로의 세상을 담은 현대적인 지도, 대동여지도/문화유산채널[K-HERITAGE.TV]/https://youtu.be/gllJu9eviDU

[우리는 우리를 아는가] 대동여지도/문화유산채널[K-HERITAGE.TV]/https://youtu.be/mmnRE5S-TOc

Q 대동여지도의 특징을 붙임자료에서 찾아 쓰거나 잘라 붙여봅시다.
(235쪽의 <부록 4>를 잘라 붙이세요.)

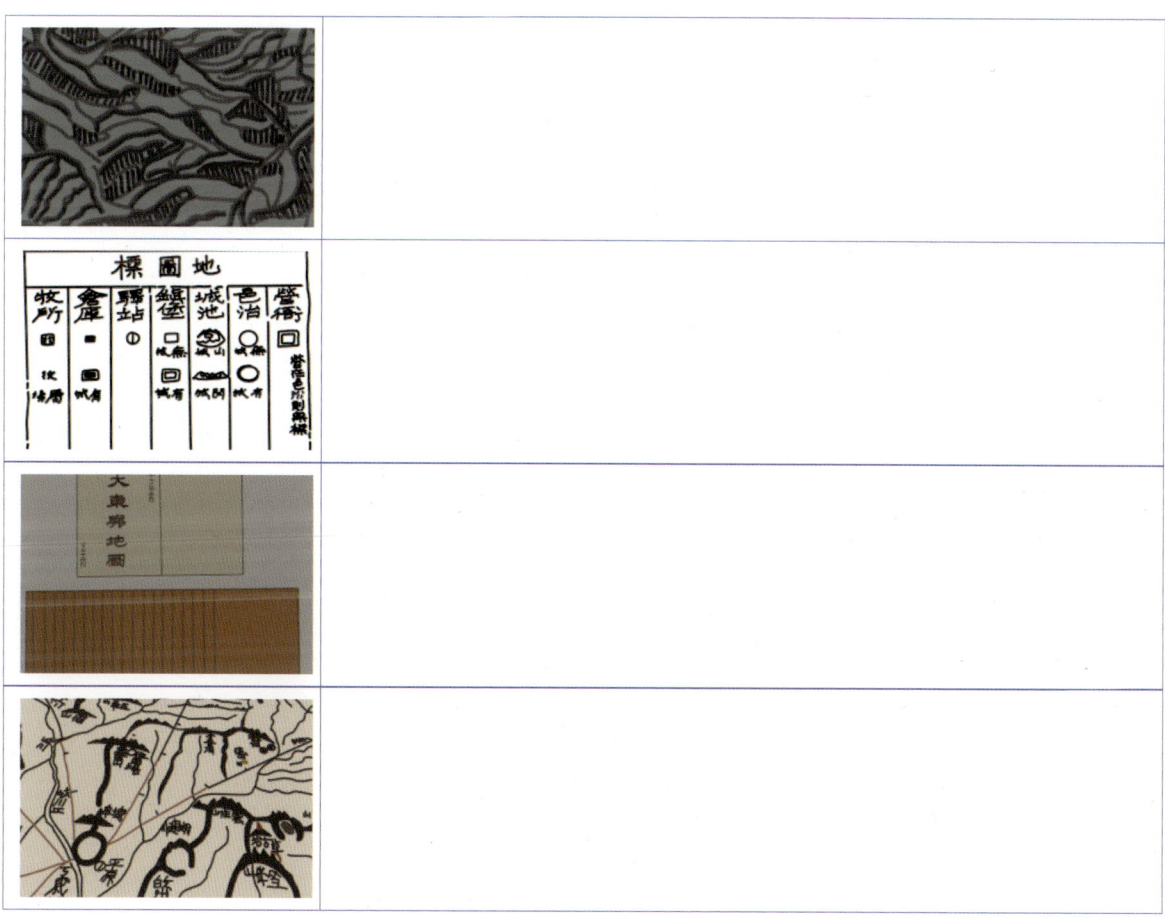

활동 2   **일정 거리마다 멈추는 자동차를 만들어요.**

◆ 만들기

자동차

일정한 거리마다 멈춰 거리를 측정할 수 있는 자동차를 만들어요.

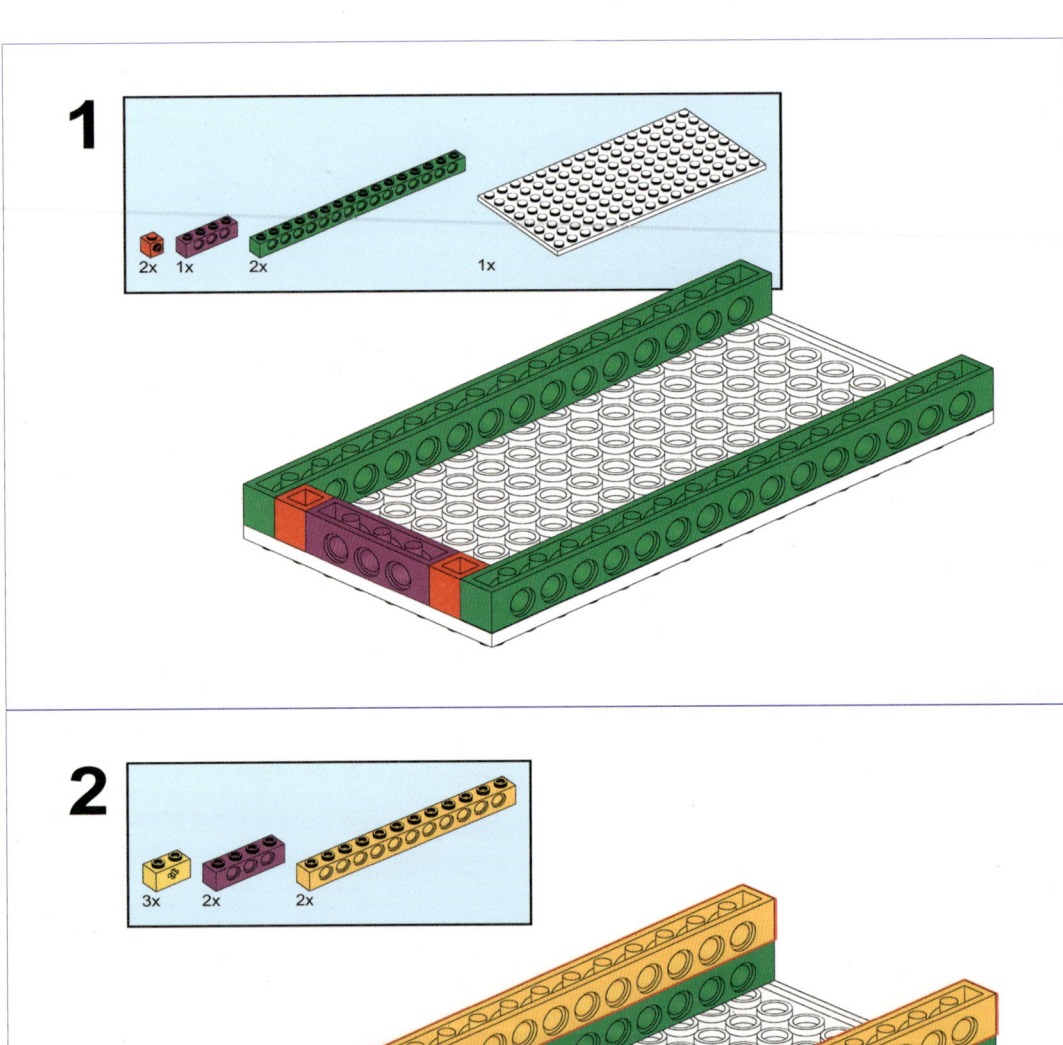

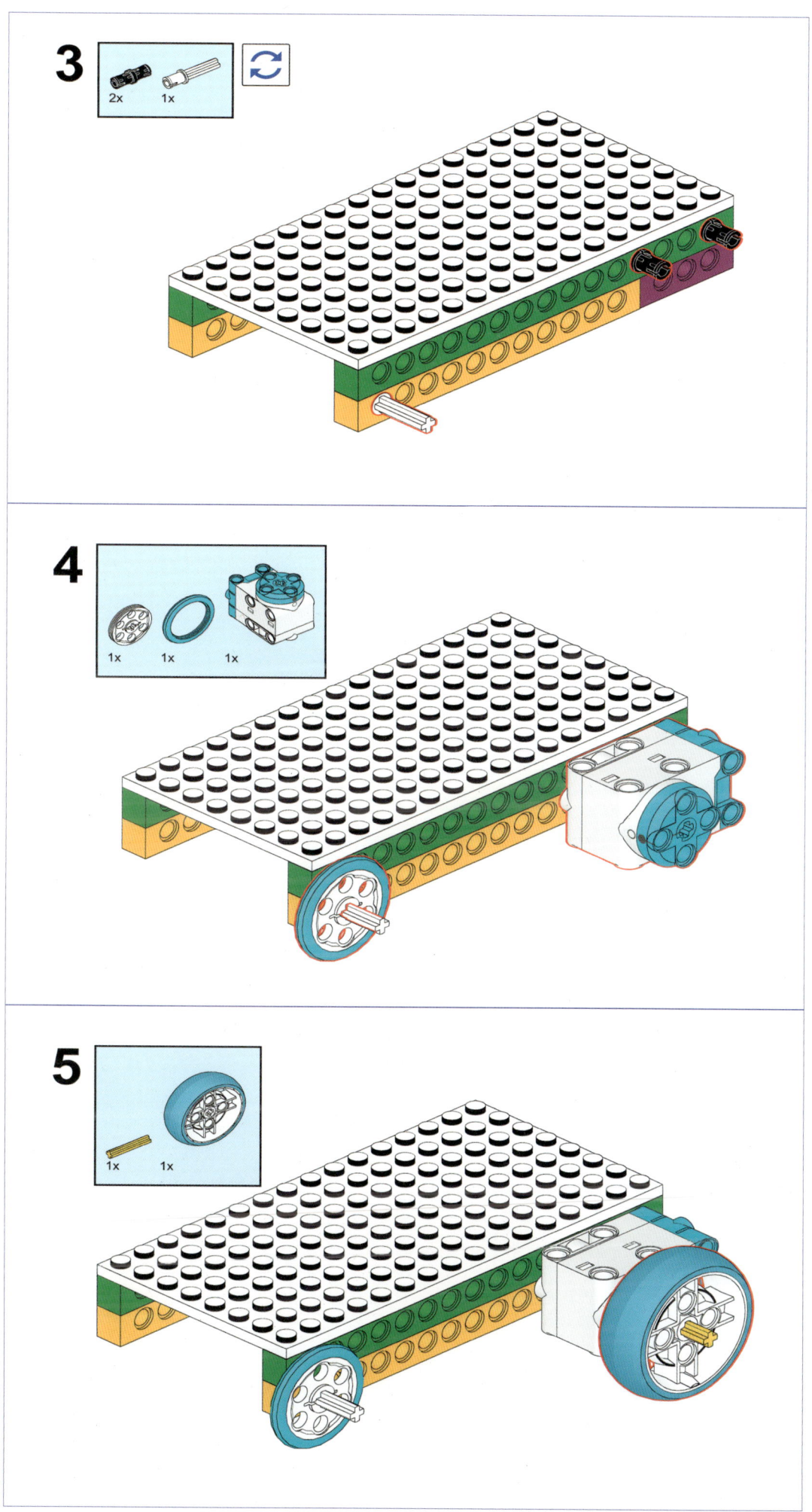

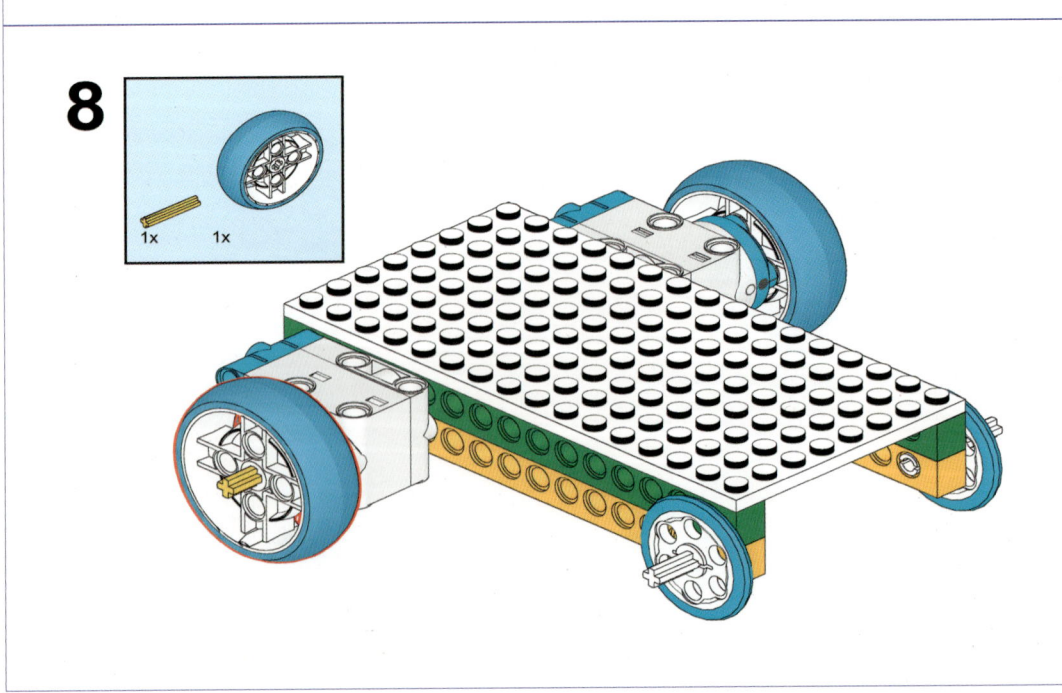

196 5단원_4. 김정호와 만나다

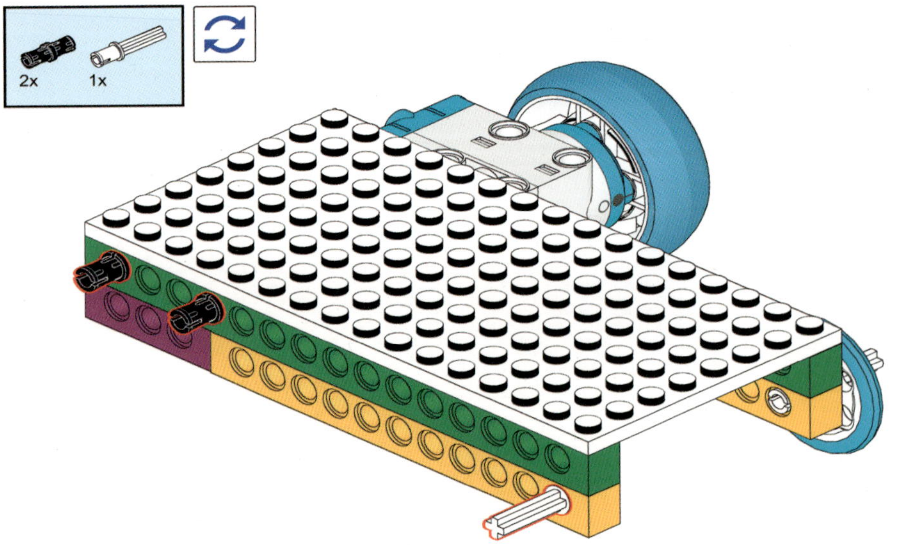

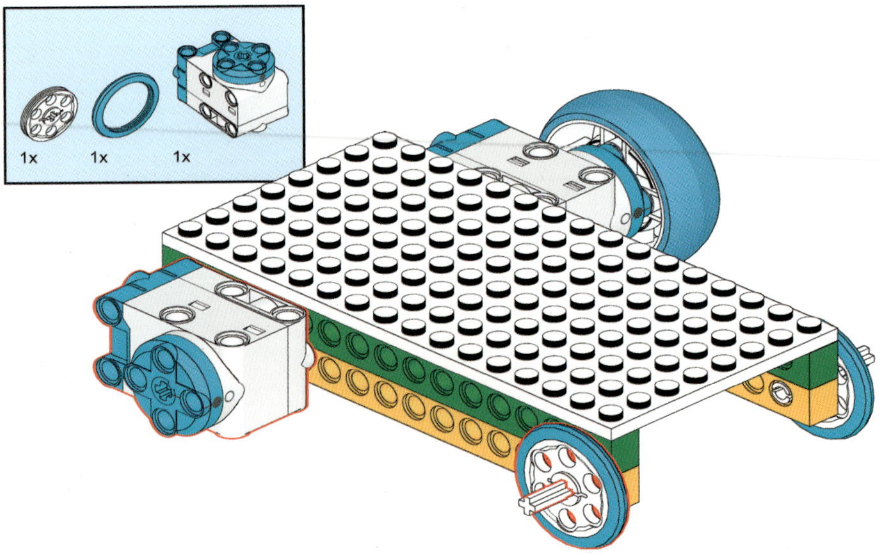

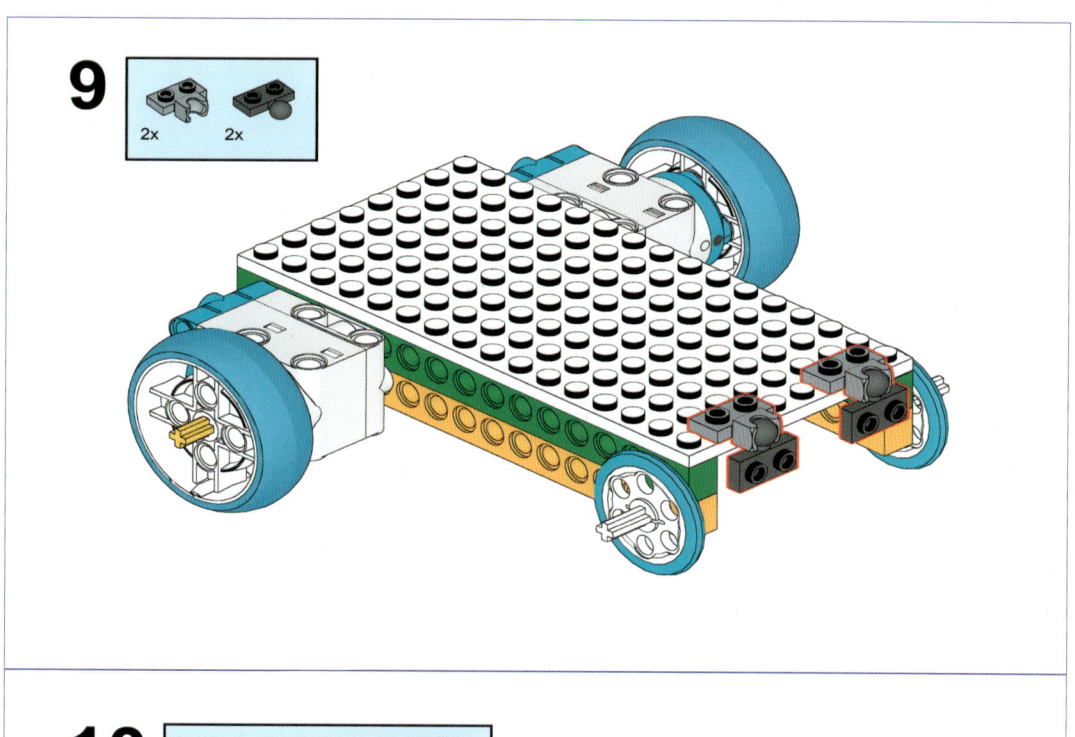
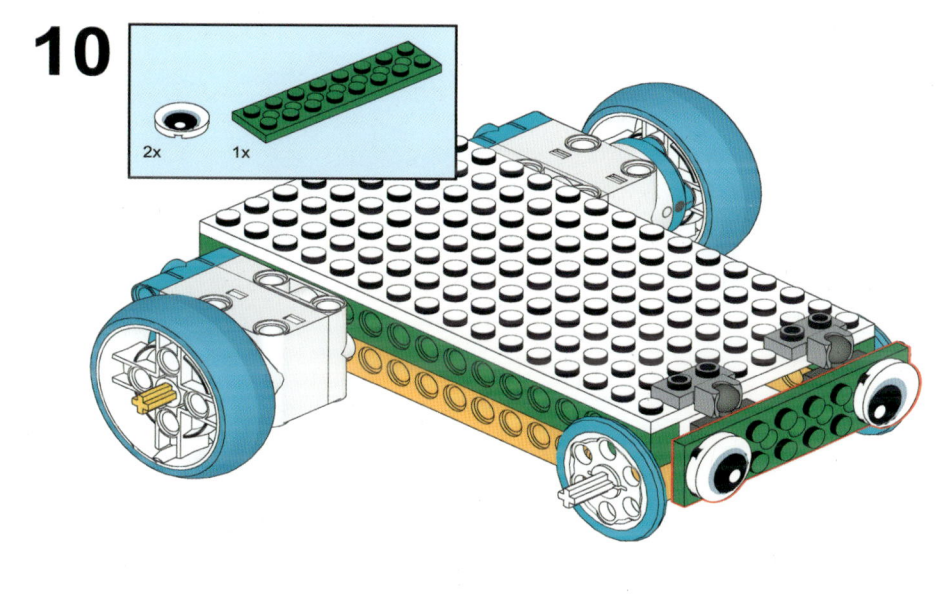
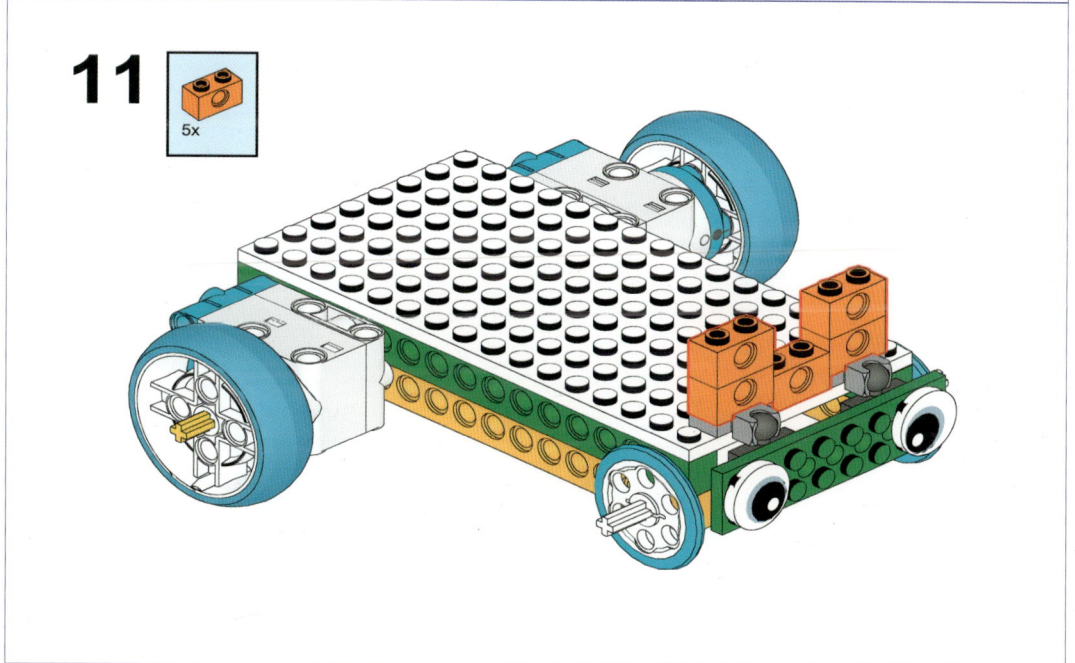

5단원_4. 김정호와 만나다

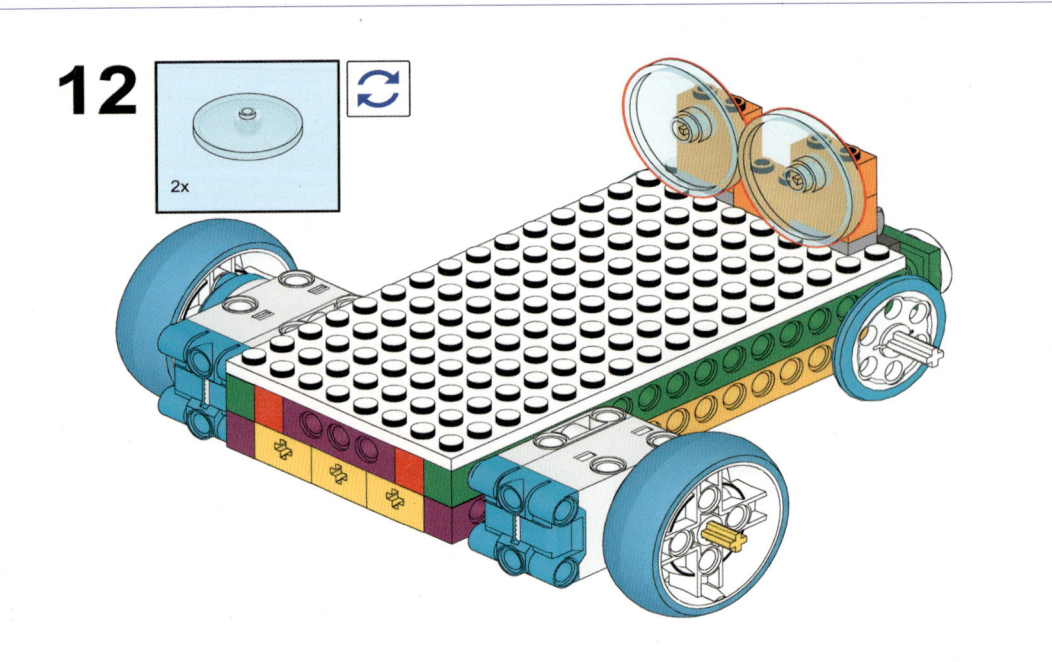

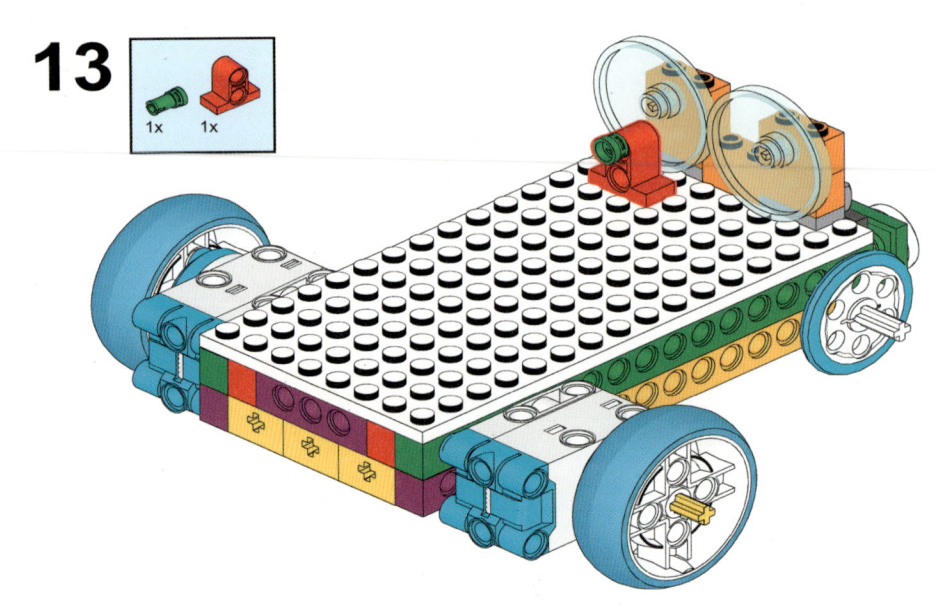

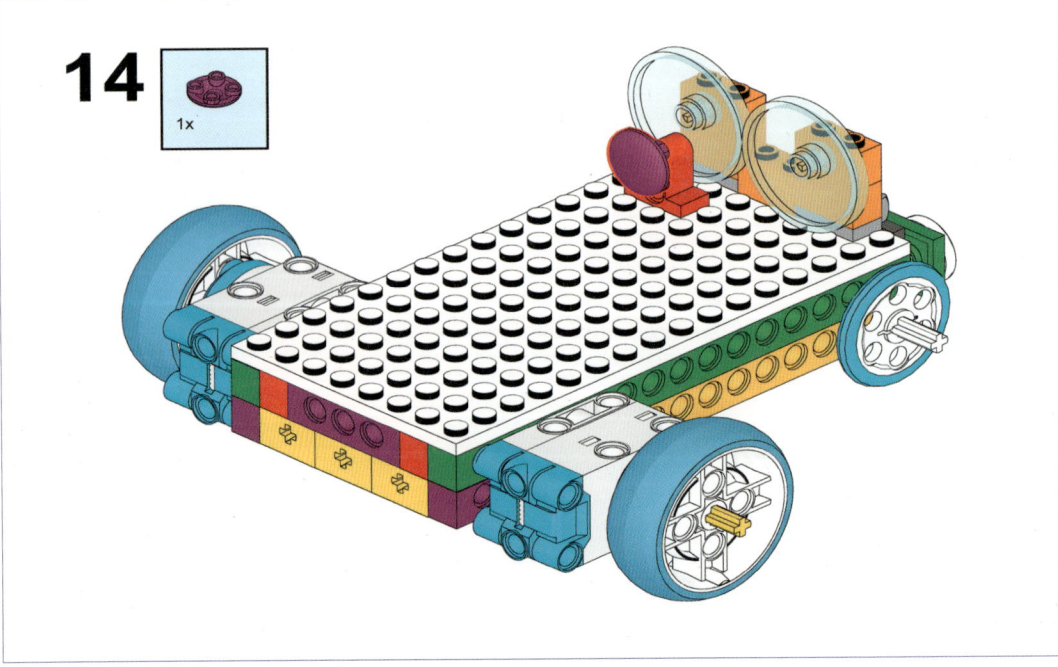

198 5단원_4. 김정호와 만나다

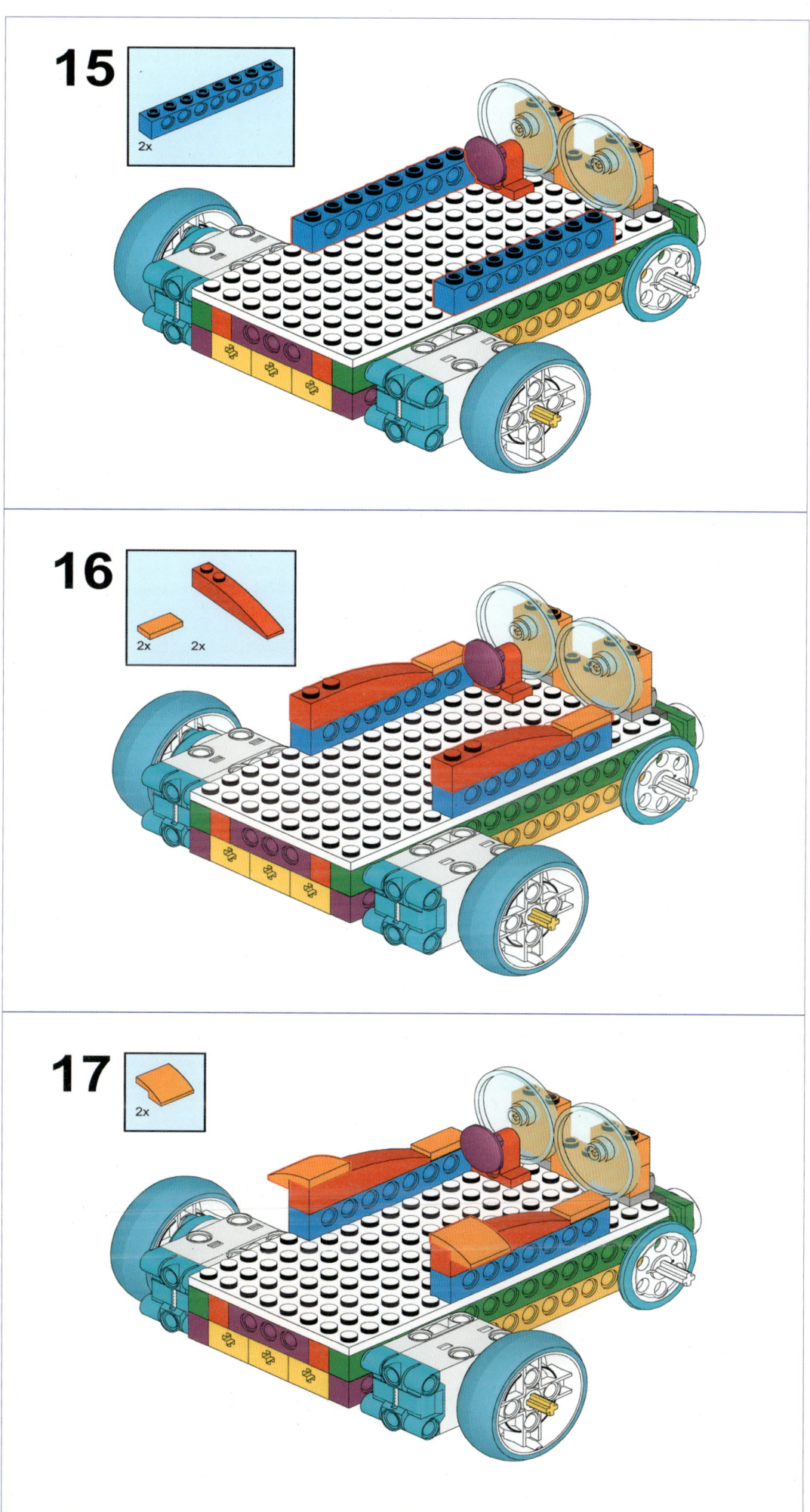

5단원_4. 김정호와 만나다

18
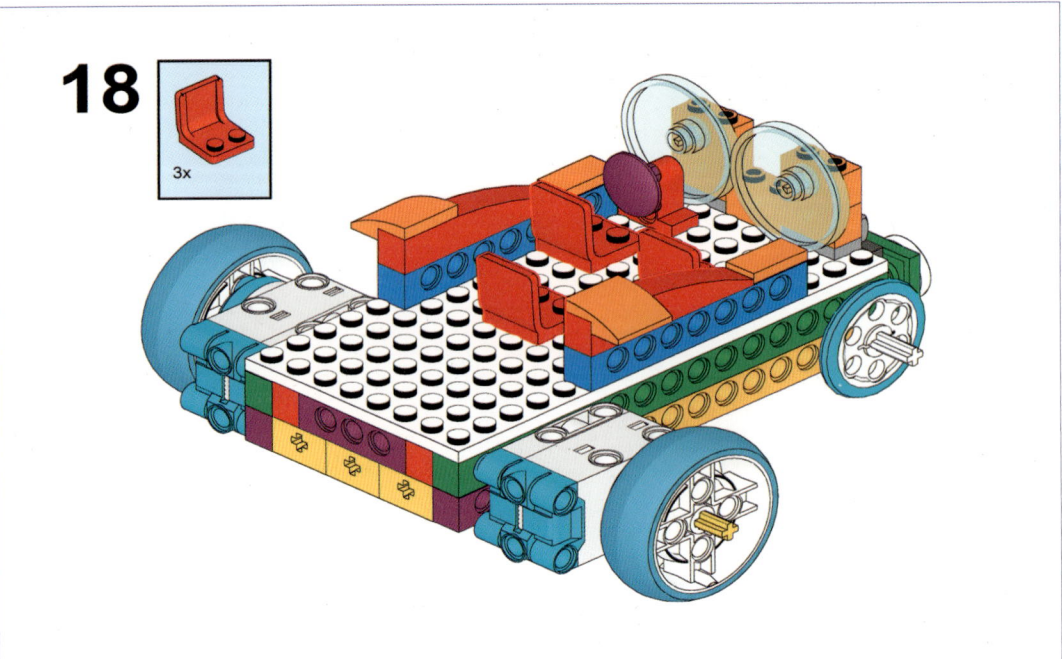

19
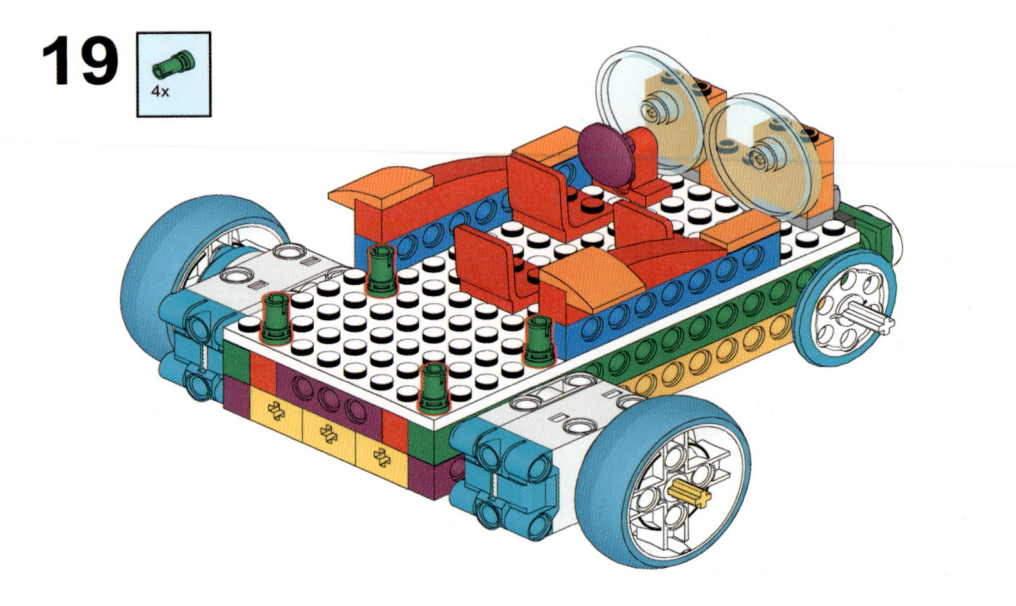

20
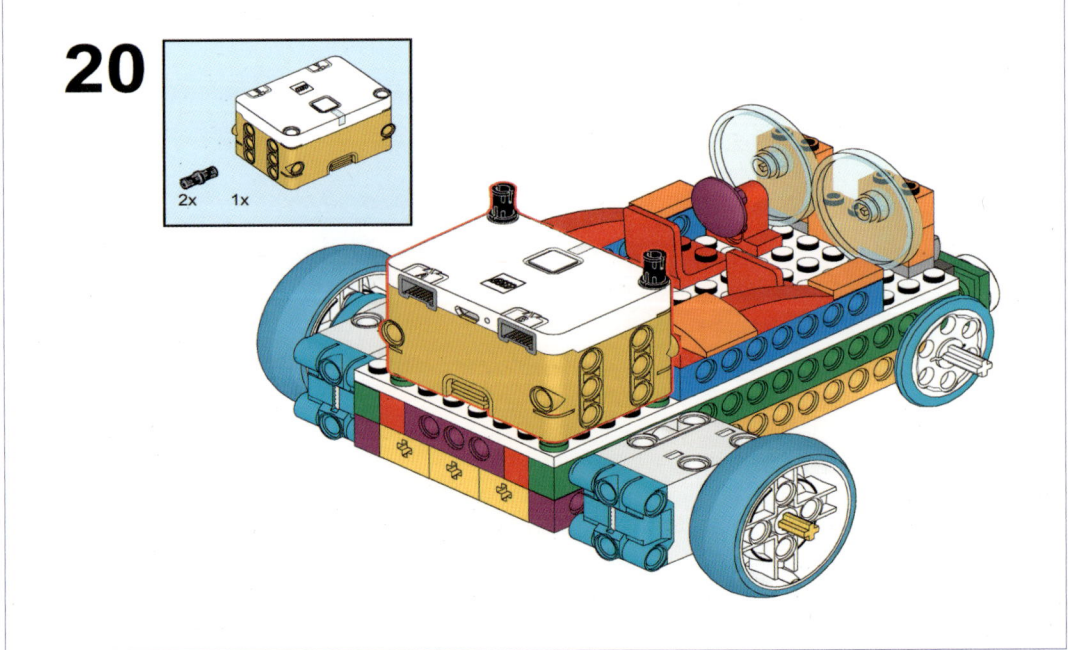

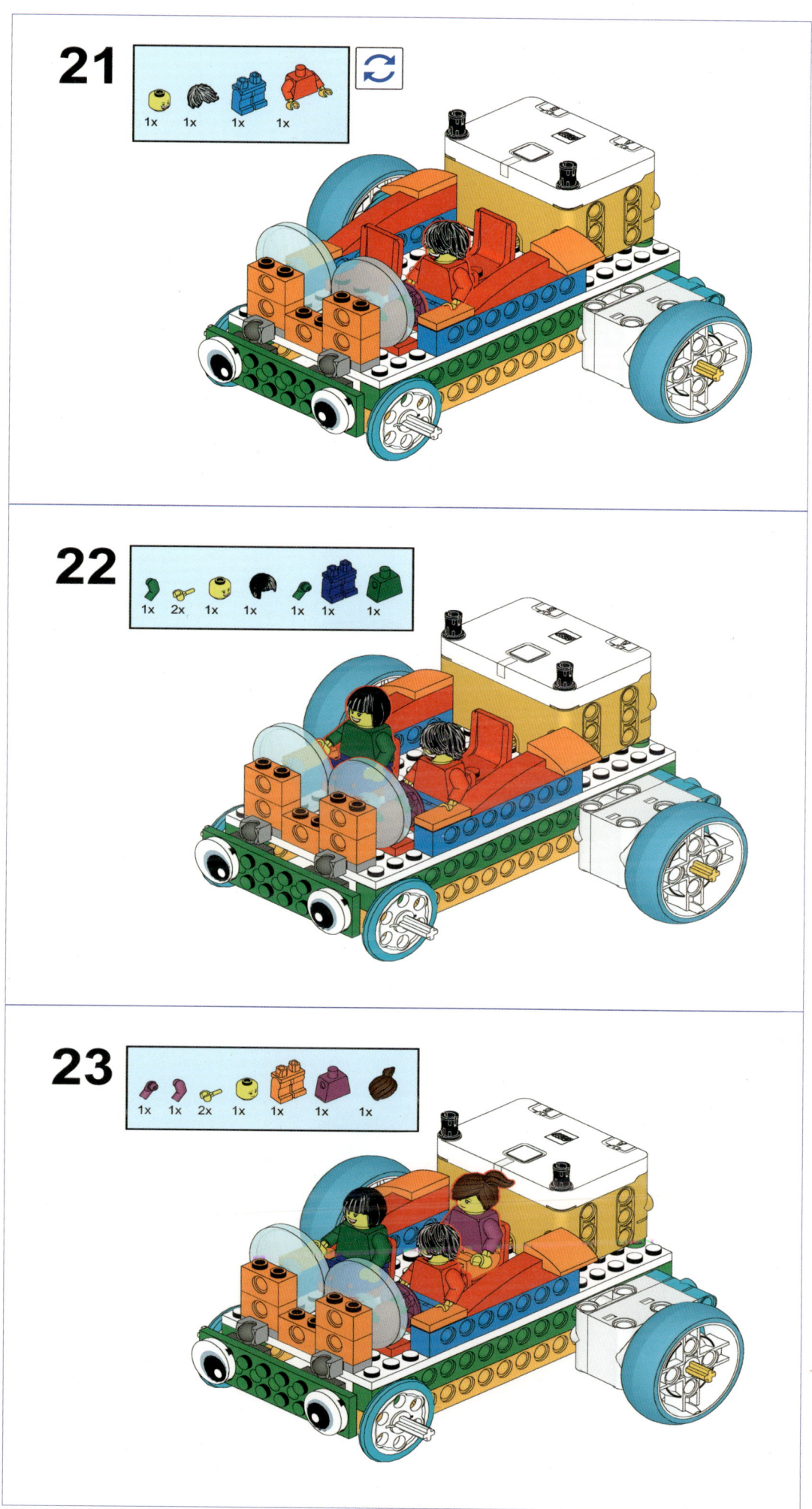

24

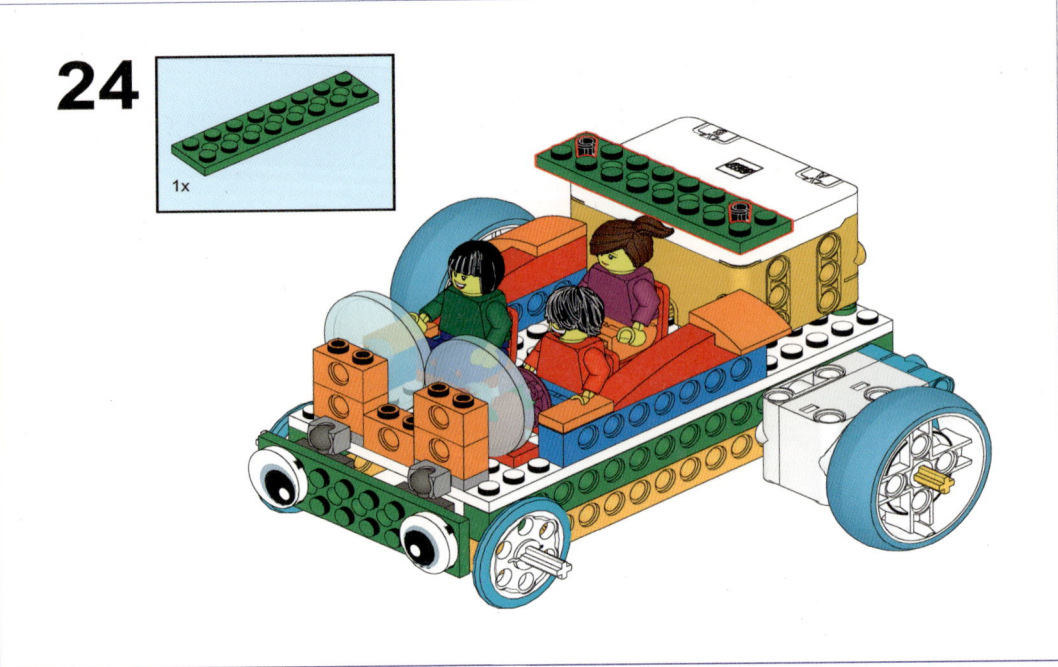

25

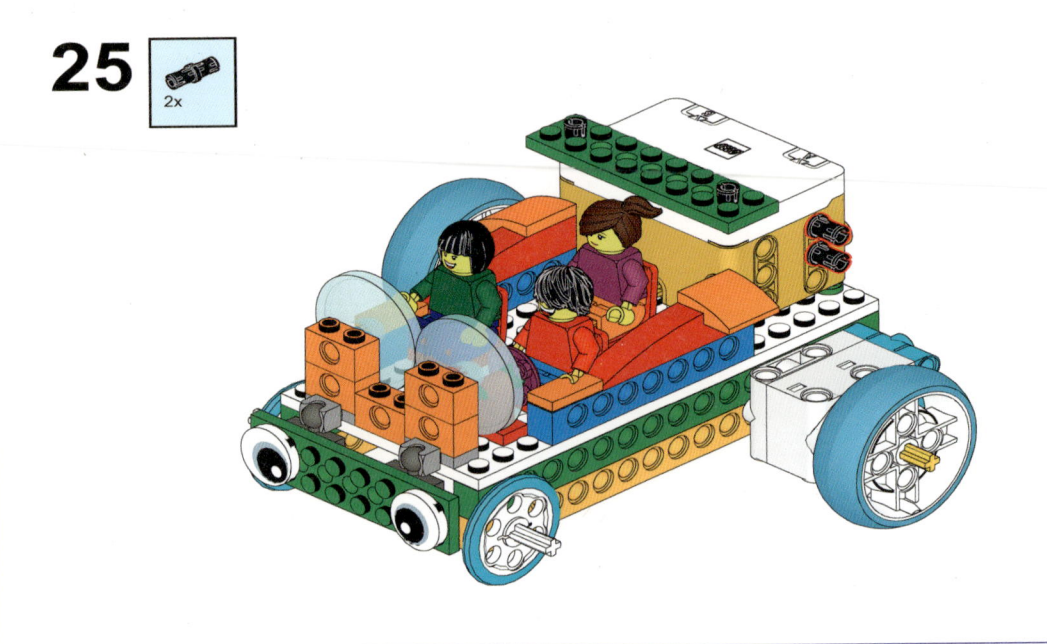

26

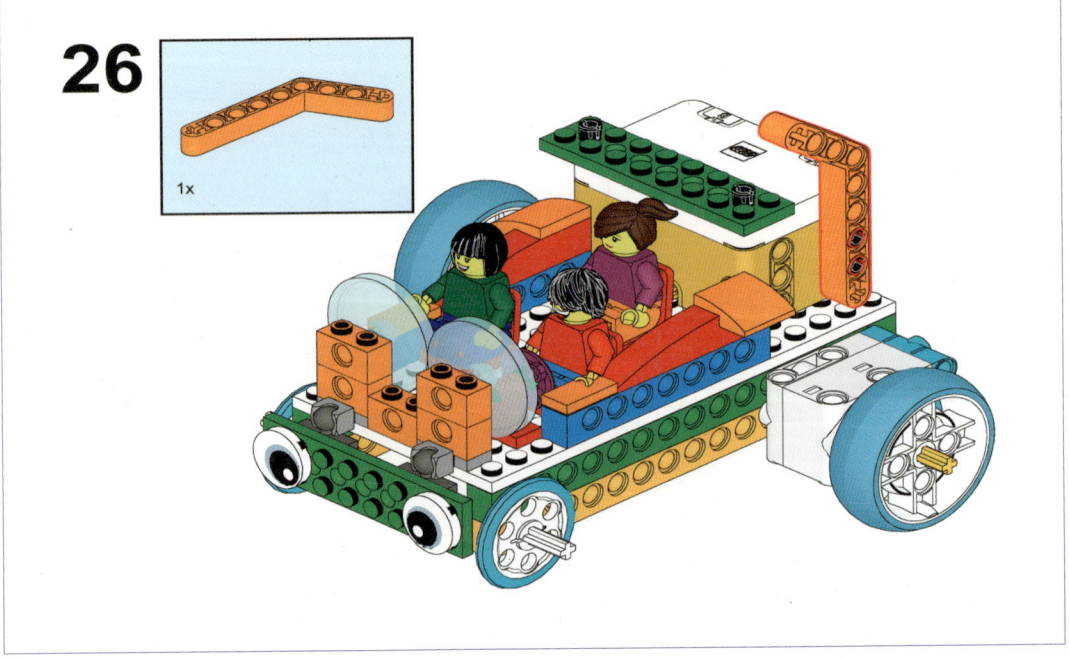

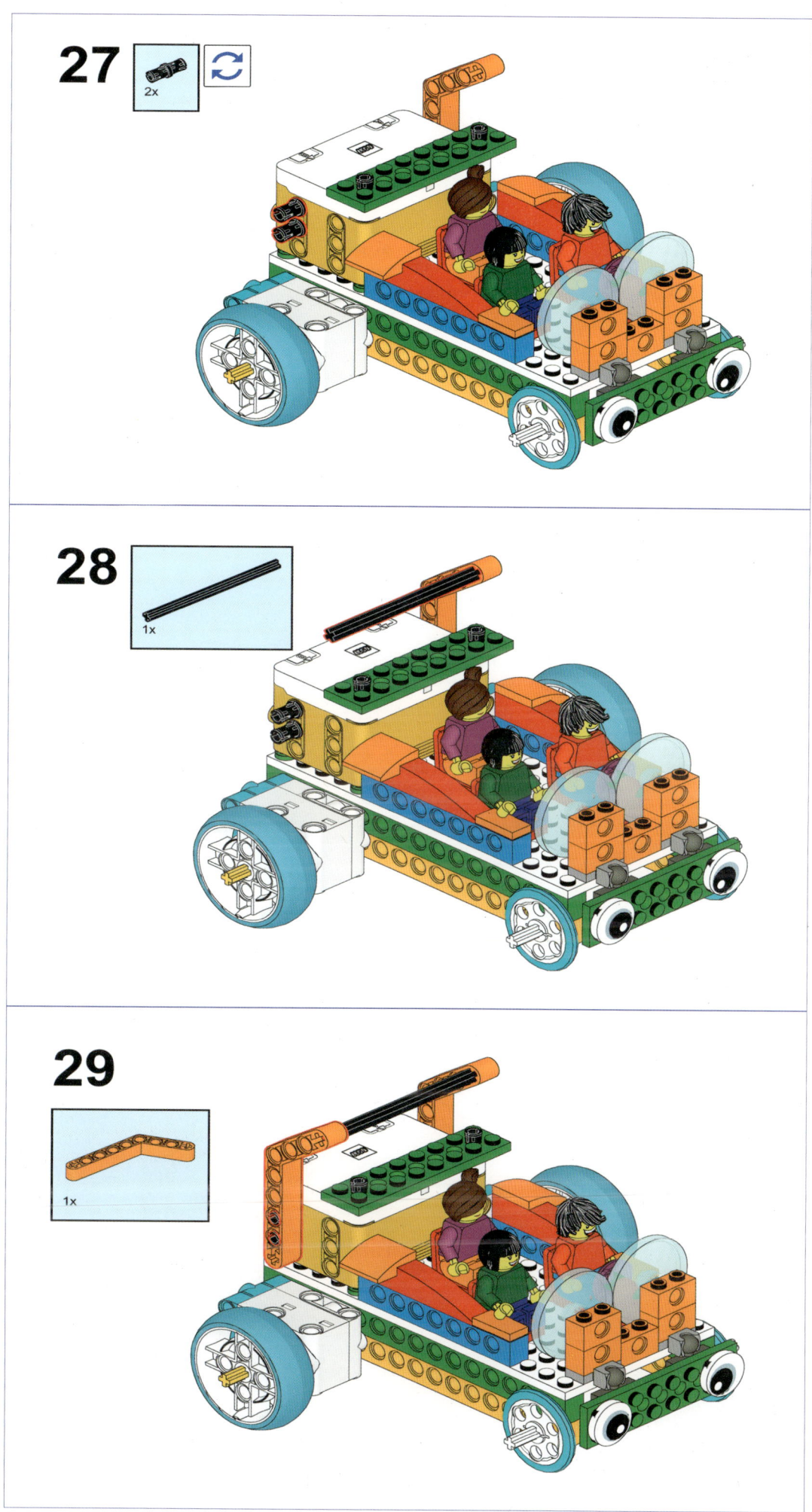

30

31

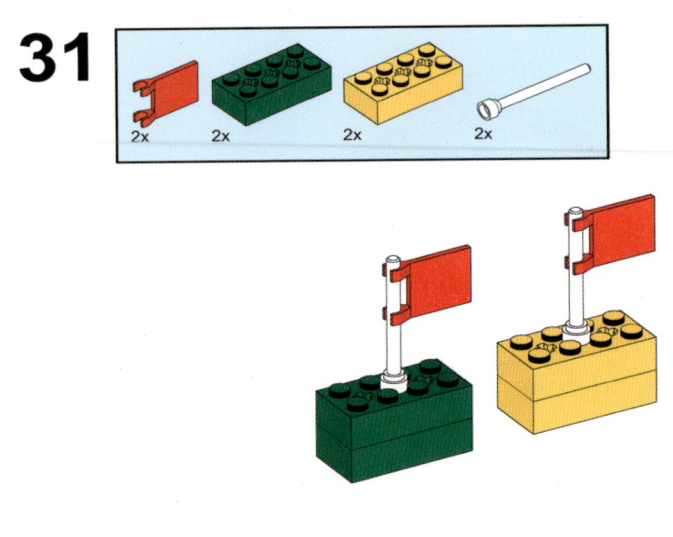

32

활동 3 일정한 거리마다 자동차를 멈춰보아요.

◆ 일정한 거리마다 자동차를 멈추려면 어떻게 해야 할까요?

1. 홈 화면에서 ＋ 새 프로젝트를 클릭합니다.

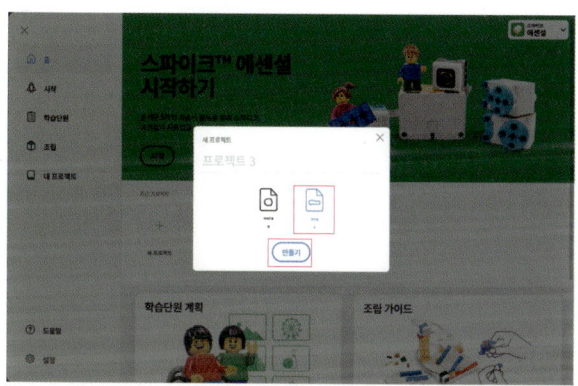

2. 단어 블록을 선택하고 만들기를 클릭합니다.

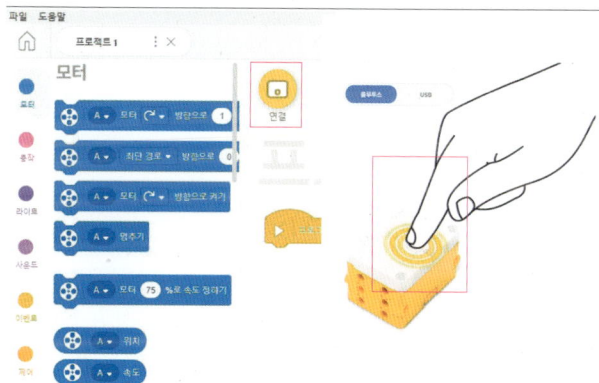

3. 허브 연결 열기를 클릭하고 허브의 단추를 눌러 연결합니다.

4. 프로그램이 시작될 때 자동차 시동 거는 소리가 나려면?

사운드에서 Cat Meow 1 재생하기 블록을 가져온 후 화살표를 눌러 사운드 추가를 합니다. Car Idle을 선택합니다.

5. 제어에서 ![1초 기다리기] 블록을 가져와서 연결하고 숫자를 4로 바꿉니다.

6. 자동차가 앞으로 가게 하려면?

동작에서 ![방향으로 10 cm 만큼 움직이기] 블록을 가져와 연결합니다. 숫자를 5.4로 변경합니다.

※ 대동여지도에서 10리마다 점을 찍었는데 대동여지도의 10리는 현재의 약 5.4km에 해당합니다.

7. 제어에서 ![1초 기다리기] 블록을 가져와서 연결하고 숫자를 5로 바꿉니다.

8. 제어에서 ![무한 반복하기] 블록을 가져와서 사진과 같이 연결합니다.

9. 숲 속의 소리가 프로그램 실행 동안 계속 들리게 하려면?

이벤트에서  블록을 가져옵니다.

제어에서 블록을 가져와 숫자를 4로 변경합니다.

사운드에서 블록을 가져와 사운드 추가를 하여 Forest로 변경합니다.

10. 완성

실행영상 보기 ▶

5단원_4. 김정호와 만나다

| 활동 3 | **일정한 거리마다 눈금을 표시해요.** |

◆ 전지에 길을 그리고, 자동차가 멈출 때마다 눈금을 표시합니다.

1. 길과 집, 나무, 자동차 등 바탕 그림을 그리고 색칠을 합니다.

2. 길 그림을 완성합니다.

3. 자동차를 출발선에 놓고 코딩 프로젝트를 실행합니다.

4. 멈추는 위치를 눈금으로 표시합니다.
   (5.4cm마다 멈추도록 코딩함)

5. 멈출 때마다 눈금으로 표시한 후 거리를 추측합니다.
   예) 눈금을 12번 표시했으니
       5.4×12=64.8cm

※도착점을 다르게 하여 거리를 비교해봅니다.

정리해요

개념 쏙쏙

1. 김정호는 조선시대 후기의 지리학자였습니다. 청구도, 동여도, 대동여지도 등 다양한 지도를 만들었습니다.
2. 대동여지도는 철종 12년에 김정호가 제작한 우리나라에서 가장 큰 전국지도입니다. 총 22첩으로 되어 있으며 목판으로 제작되었습니다.

확인해요

평가 내용	평가 결과
■ 김정호가 만든 지도의 이름을 발표할 수 있나요?	☺ 😐 ☹
■ 대동여지도의 특징을 한 가지 이상 설명할 수 있나요?	☺ 😐 ☹
■ 자동차는 일정한 거리마다 멈추었나요?	☺ 😐 ☹

읽을거리 다니엘의 일기   2050년 7월 ○일 목요일 날씨 : 맑음

제목 : 조선시대 지리학자, '김정호'를 만나다.

　나 와 소피 는 타임머신을 타고 조선시대 후기로 갔다. 마을로 가는 길을 잘못 들어 산속으로 들어가고 말았다. 산속을 헤매고 있는데 바위에 앉아 다리를 두드리고 있는 선비를 만났다. 그 선비는 지도를 만들다가 이상한 점이 있어 직접 보러 왔다고 했다. 조선 후기, 지도를 만드는 사람? 바로 '대동여지도'를 만든 지리학자 '김정호'였다.
　김정호님은 기존에 있던 지도와 지리서를 연구하고 그 장점을 모아 '대동여지도'를 만들고 있다고 했다. 가정 형편이 어려워 전국을 다닐 수는 없어 지도를 비교하여 이상한 곳만 직접 답사를 하신다고 한다.
　필요한 곳만 다닌다고 하지만 먼 길을 다니면 힘드실 것 같아 타임머신에 있는 자동차를 개조하여 도움을 드리기로 했다. 지도에 10리마다 점을 찍어 거리를 표시하신다는 이야기를 듣고 10리마다 멈춰 거리를 기록할 수 있도록 자동차를 개조하였다. 하루 동안 함께 길을 답사하며 지도에 대한 김정호님의 사랑을 느낄 수 있었다.
　실제 거리를 일정한 비율로 줄이는 축척을 사용하고, 중요한 지형이나 도시 등을 기호로 나타내어 사람들이 편리하게 지도를 활용할 수 있도록 할 생각이라고 하셨다. 목판으로 만들어 똑같은 지도를 여러 장 만들 수 있게 하고, 22첩으로 나누어 간편하게 휴대할 수 있게 만들 예정이라고 하셨다. 사람들의 편리함을 먼저 생각하는 그 마음 덕분에 정밀한 지도인 '대동여지도'가 탄생할 수 있었던 것 같다.
　집에 돌아와 책을 찾아보고 알았지만 김정호님은 '대동여지도'를 완성한 후 '대동지지'라는 지리책도 썼다고 한다. 지도에는 정확한 땅의 모양을, 지리책에는 자연과 역사, 경제, 제도 등 그 지역의 정보를 상세히 담았다고 한다.
　조선시대 가장 많은 지도를 제작하고 가장 많은 지리책을 편찬한 위대한 지리학자 김정호처럼 내가 좋아하는 한 가지를 집중해서 열심히 해야겠다는 생각이 들었다.

5 유관순과 만나다

> **핵심 개념** 4월 1일 아우내 장터에서 '대한독립만세'를 외친 독립운동가 유관순
> **활동 개요** 유관순에 대해 알아보기
> 만세운동에 참여하여 '대한독립만세'를 외치는 로봇 만들기

유관순은 일제강점기 독립운동가입니다. 이화학당에 재학 중이던 1919년 3월 1일 서울에서 3·1 운동이 일어나자 만세운동에 참여했습니다. 이후 임시휴교령이 내려지자 고향인 천안으로 내려가 4월 1일 아우내 장터에서 만세운동을 주도하였습니다. 만세운동 중 부모가 일본 경찰에게 살해당하고 유관순은 체포되었으며, 서대문 형무소 수감 중 일제의 무자비한 고문으로 이듬해인 1920년 18세의 나이로 순국하였습니다.

활동 안내

준비물	교재(활동지), 필기구, 풀, 가위, 스파이크 에센셜, 스마트기기, 흰색 견출지(라벨지), 자, 사인펜이나 색연필				
	단계	**학습 내용**		**학습 형태**	**학습 자료**
학습 활동	도입	■ 만화 이해하기		전체 학습	
	활동1	■ 유관순을 만났어요. - 유관순에 대해 알아보아요. - 태극기에 대해 알아보아요.		개별 학습	동영상, 활동지, 필기구, 풀, 가위
	활동2	■ 만세 시위운동에 참여하는 로봇을 만들어요. - 태극기를 들고 만세 시위운동에 참여하는 로봇을 만들어요.		모둠 학습	스파이크 에센셜, 흰색견출지(라벨지), 자, 사인펜
	활동3	■ "대한독립만세"를 외치며 만세 시위운동에 참여해요. - 태극기를 들고 "대한독립만세"를 외치는 로봇을 코딩해요.		개별 학습	스파이크 에센셜, 스마트기기
	정리	■ 학습한 내용 확인하기		개별 학습	
활동 팁	■ 다양한 독립운동가에 대해 알아봅니다. ■ 나라가 없으면 어떤 일이 생길지 상상해봅니다.				

| **시작해요** | 아우내 장터(병천 시장)에서 독립운동가 유관순을 만나다.

- 레오와 마리아는 아우내 장터(병천 시장)에서 누구를 만났나요?

___

- 레오와 마리아가 유관순에게 받은 것은 무엇인가요?

___

- 레오와 마리아는 무엇에 참여하려고 생각하고 있나요?

___

학습 목표 유관순에 대해 알 수 있다.

태극기를 완성할 수 있다.

태극기를 들고 만세 시위운동에 참여하는 로봇을 만들 수 있다.

활동 1 유관순을 만났어요.

◆ 유관순에 대해 알아보아요.

영상을 보며 유관순에 대해 알아보아요.
잊지 말아야 할 독립운동가 - 유관순 편/국가보훈처/https://youtu.be/IklbsjwyYr8g

Q 1. 유관순은 어떤 사람인가요? 보기를 보고 아래 단어의 빈 자음과 모음을 채워 보세요.

<보기>   ㄹ, ㅏ, ㅇ, ㄱ

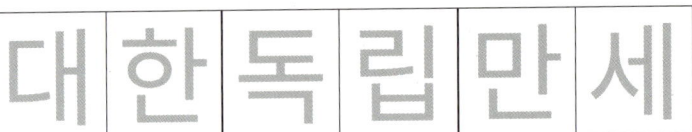

Q 2. 만세 시위운동을 할 때 사람들은 무엇이라고 외쳤나요? 따라 쓰고 읽어봅시다.

| 대 | 한 | 독 | 립 | 만 | 세 |

Q 3. 4월 1일(음력 3월 1일) 유관순 열사가 이끈 만세 시위운동이 일어난 장소는 어디일까요?

① 화개장터   ② 아우내 장터(병천 시장)   ③ 국제시장

A _____

Q 4. 유관순 열사가 옥중 만세운동을 벌인 곳이자, 순국한 장소는 어디일까요?

① 서대문형무소   ② 조선 총독부   ③ 대한민국임시정부

A _____

◆ 태극기에 대해 알아보아요.

영상을 보며 태극기에 대해 알아보아요.
우리나라의 국기 태극기! 어디까지 알고있나요? [교육부 국민 서포터즈]/교육부 TV/https://youtu.be/tzkmGV7dRAs

Q 1. 태극기의 문양을 잘라 붙여 태극기를 완성해 봅시다.
 (235쪽의 <부록 5-1>을 잘라 붙이세요.)

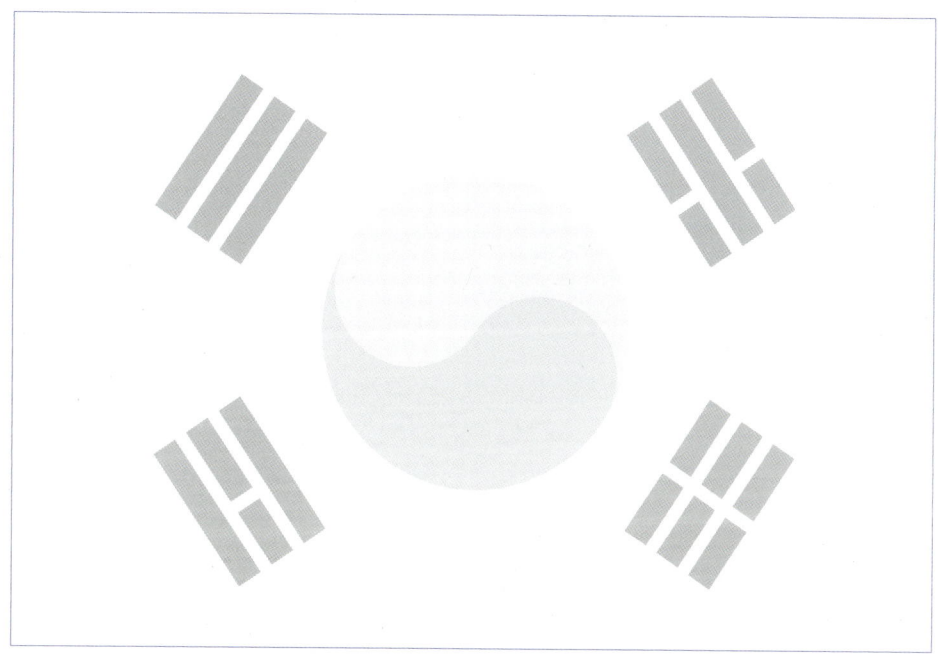

사진(태극기) 출처: 나무위키(https://namu.wiki/w/%ED%83%9C%EA%B7%B9%EA%B8%B0)

Q 2. 태극기의 '건, 곤, 감, 리'가 뜻하는 그림을 위 그림의 괘(태극기 문양) 옆에 붙여보세요
 (235쪽의 <부록 5-2>를 잘라 붙이세요.)

 지도 tip

- 유관순 열사 외의 다양한 독립운동가에 대해 알아봅니다.
- 태극기를 게양하는 날과 게양 방법을 알아보고 가정에서 실천하도록 안내합니다.

활동 2   만세 시위운동에 참여하는 로봇을 만들어요.

◆ 만들기

태극기 로봇

태극기를 들고 만세 시위운동에 참여하는 로봇을 만들어요.

1

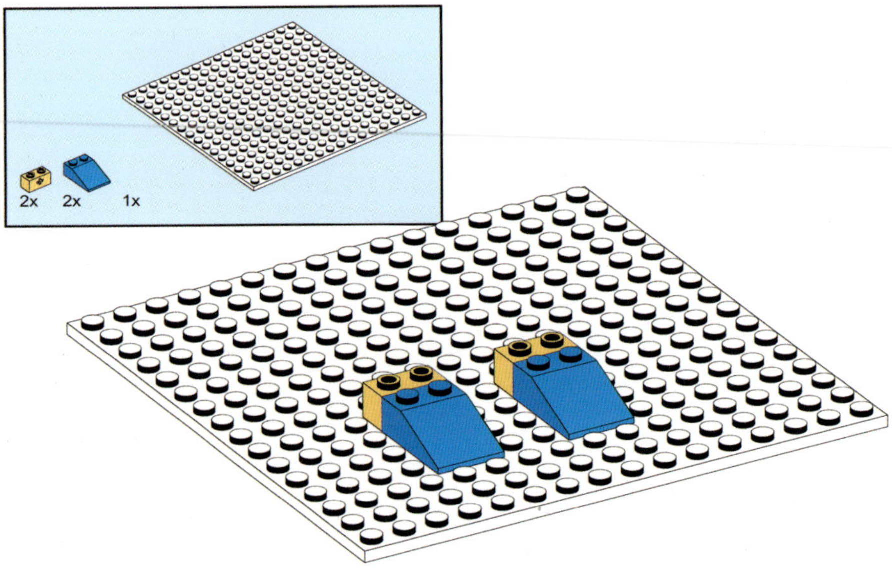

2

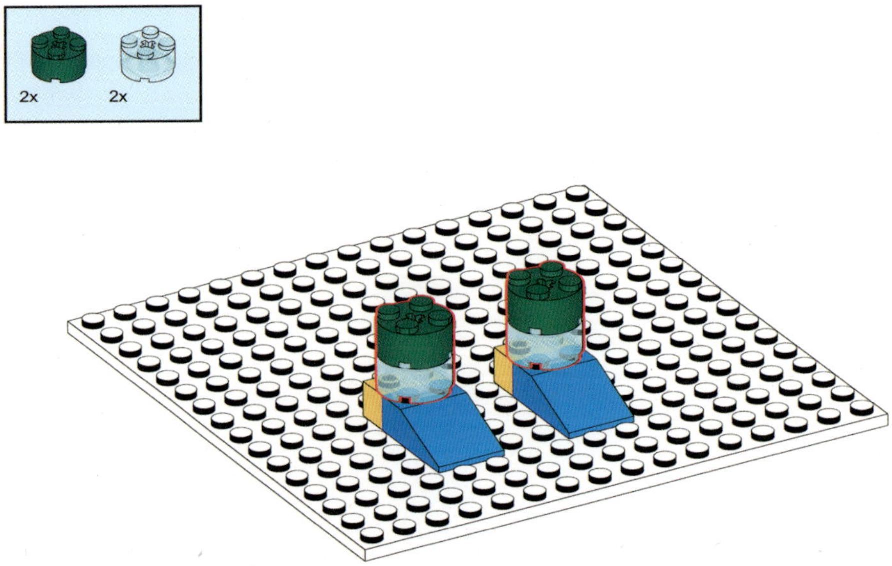

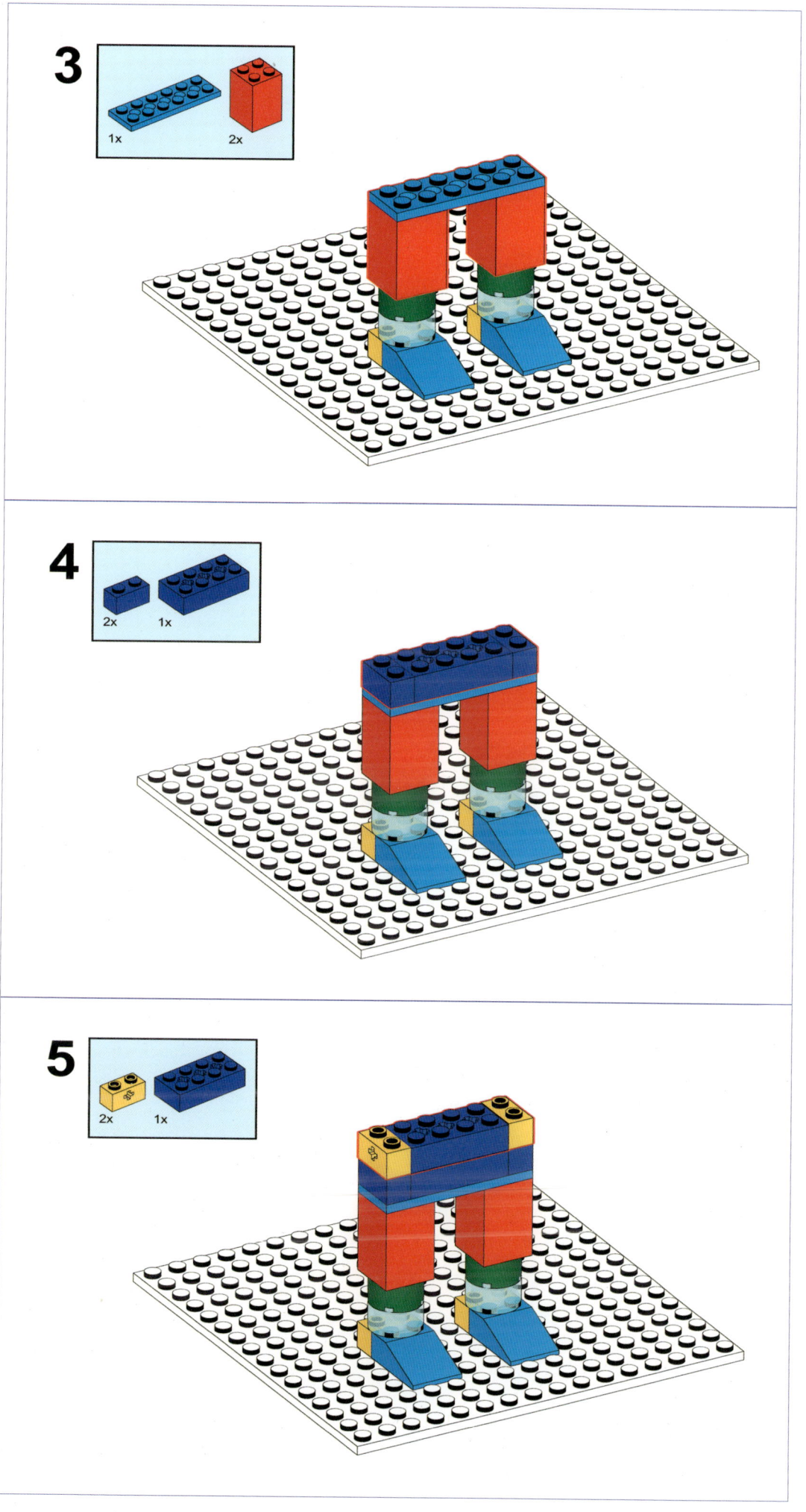

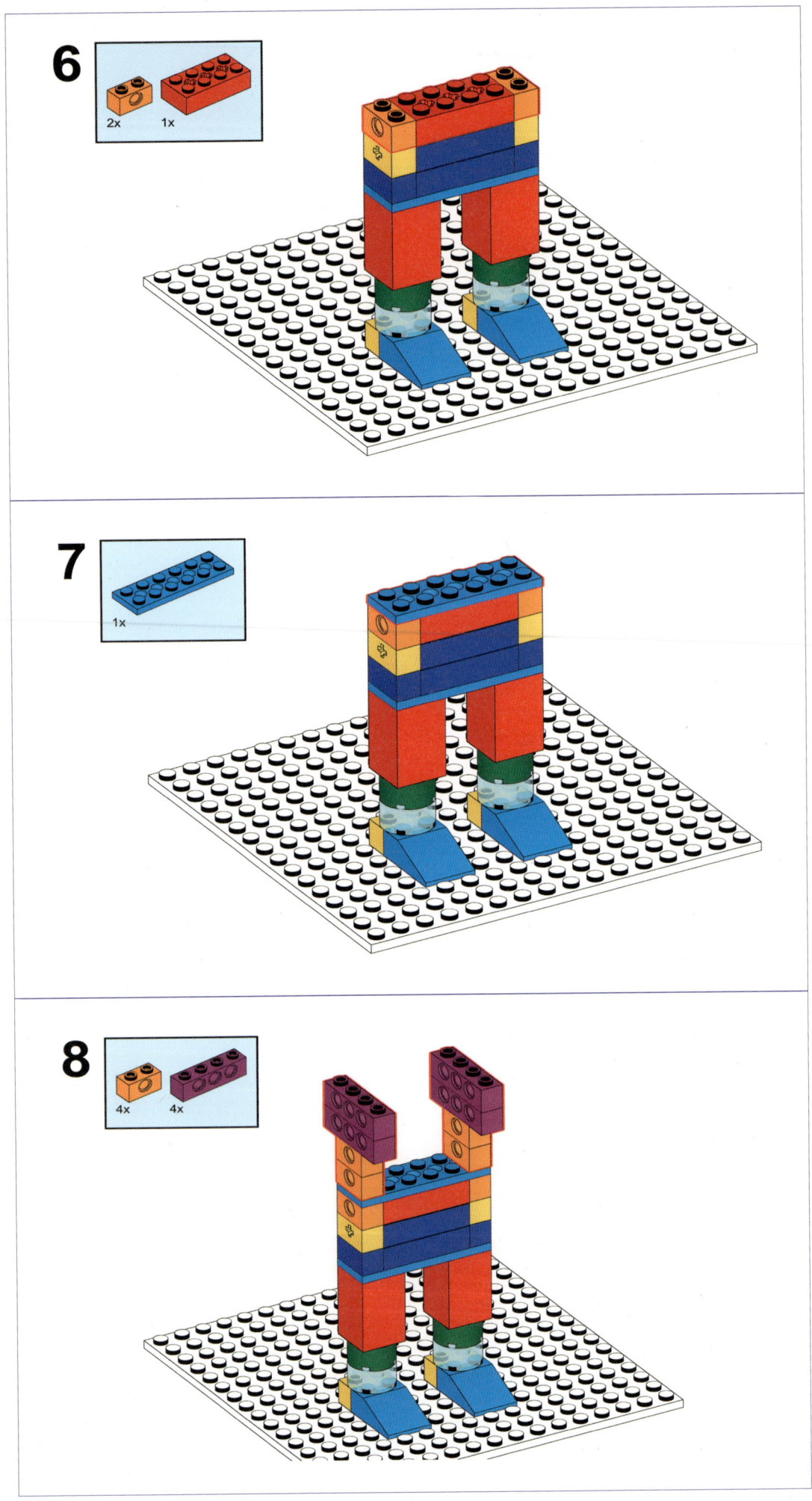

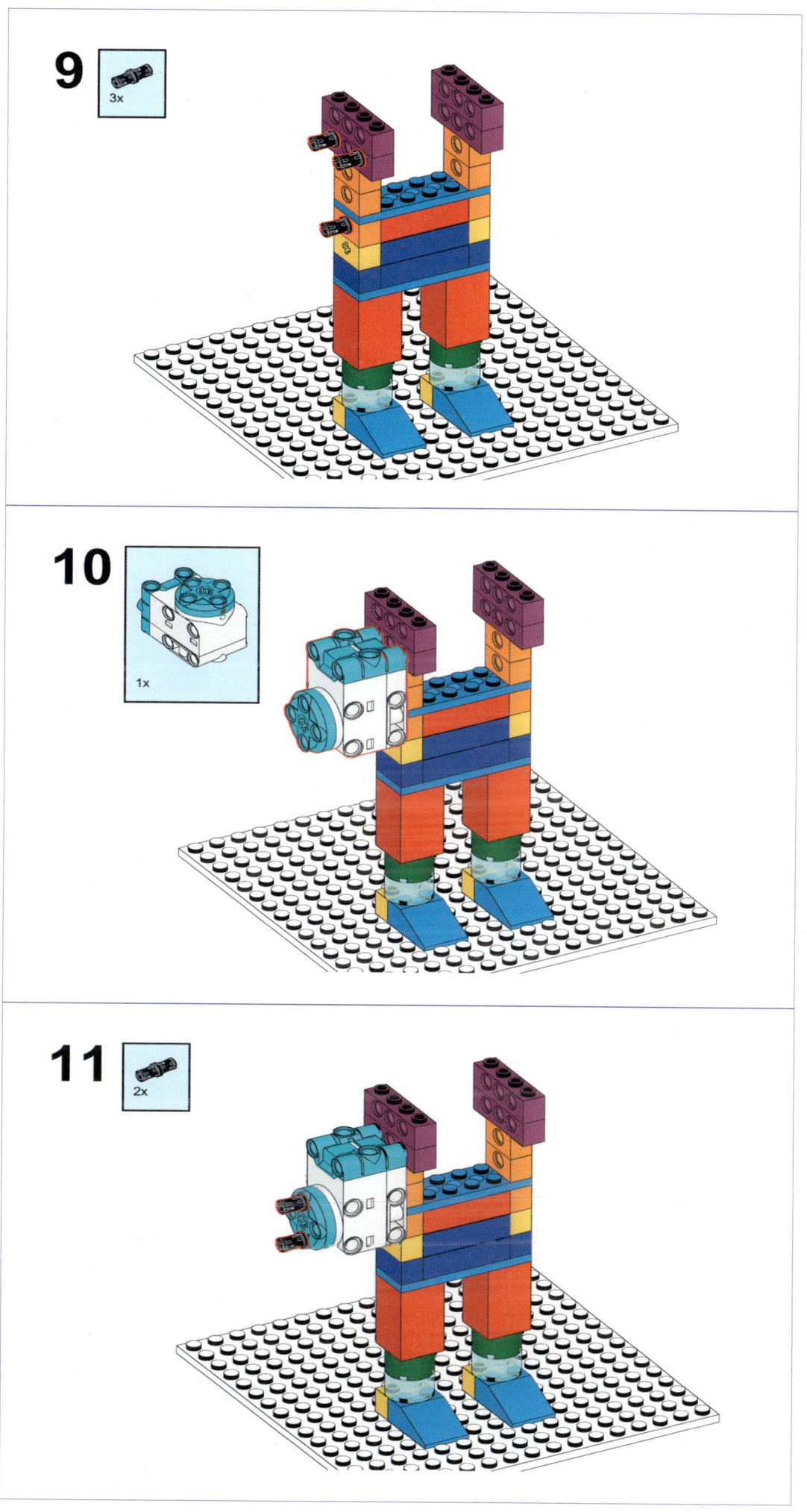

5단원_5. 유관순과 만나다

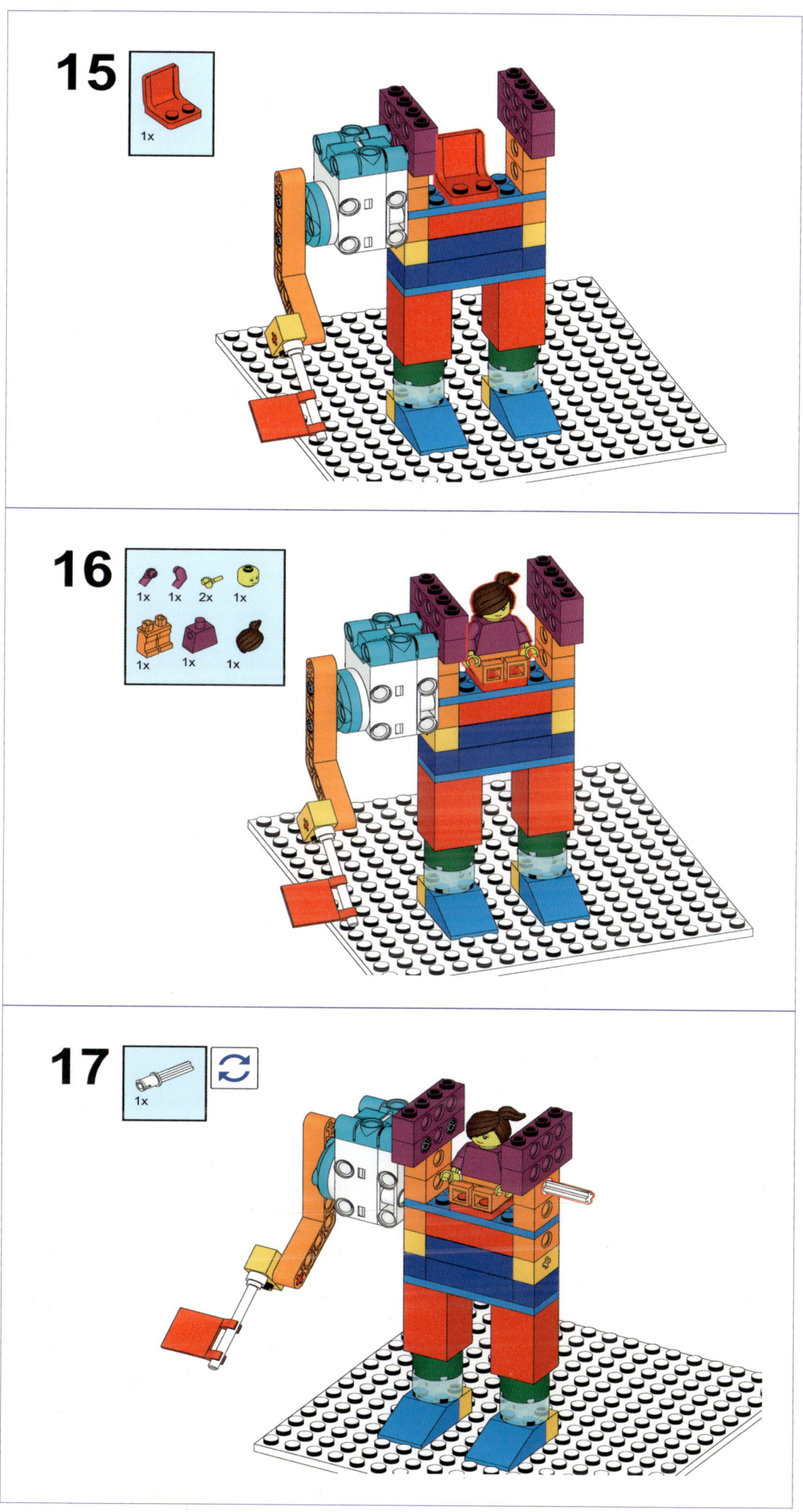

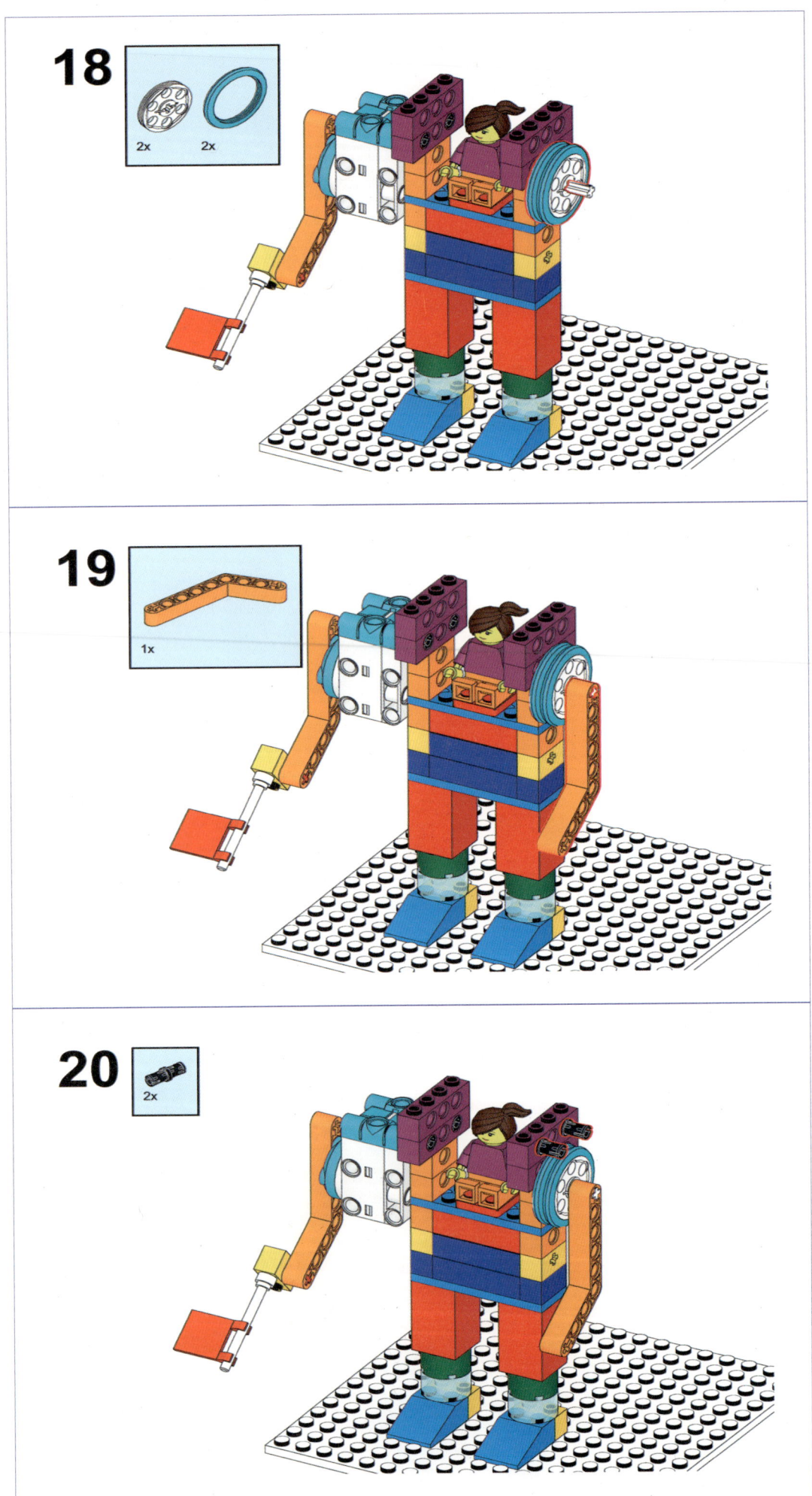

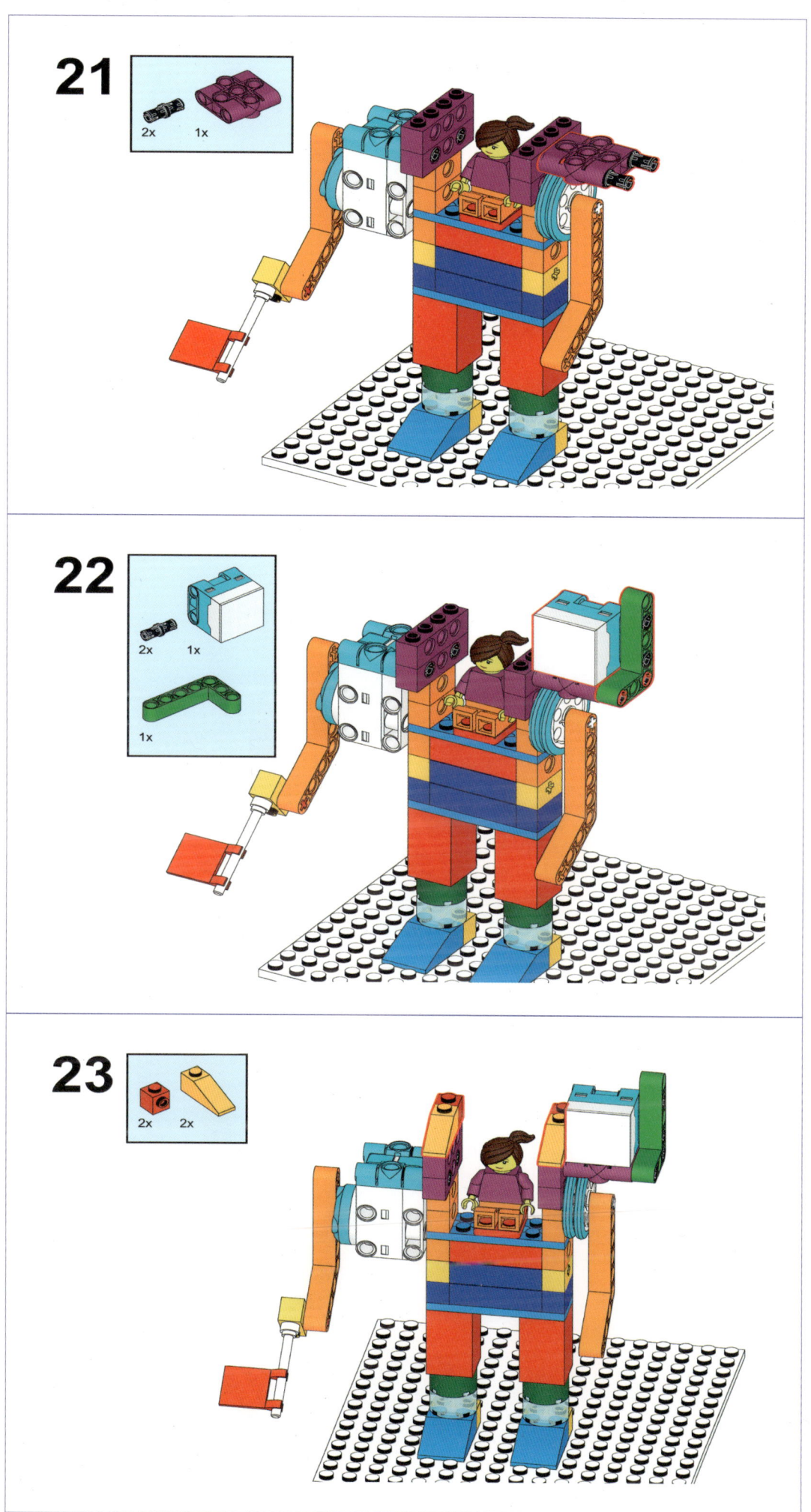

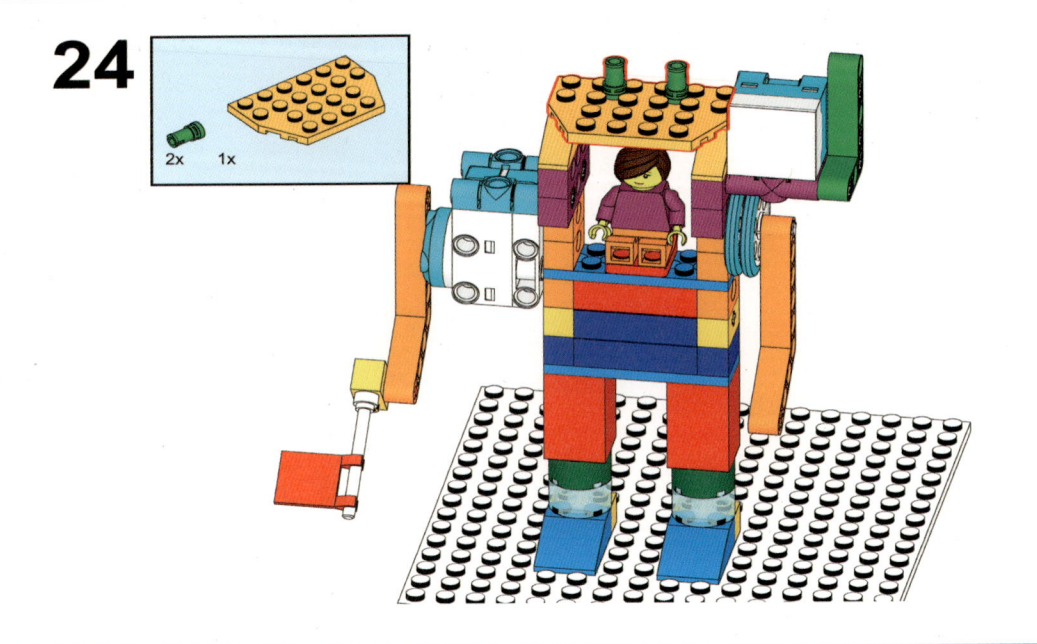

224　5단원_5. 유관순과 만나다

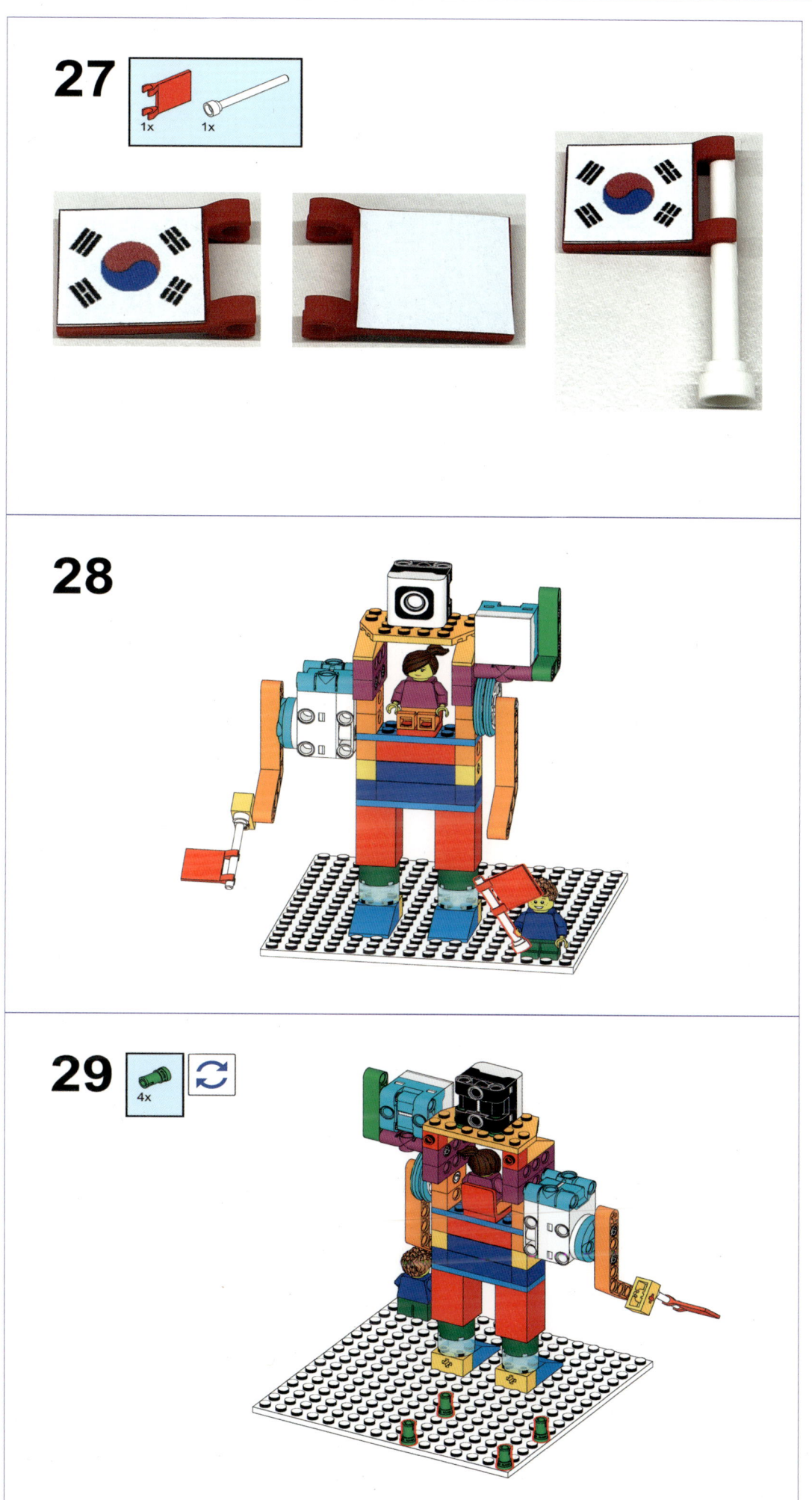

5단원_5. 유관순과 만나다

30

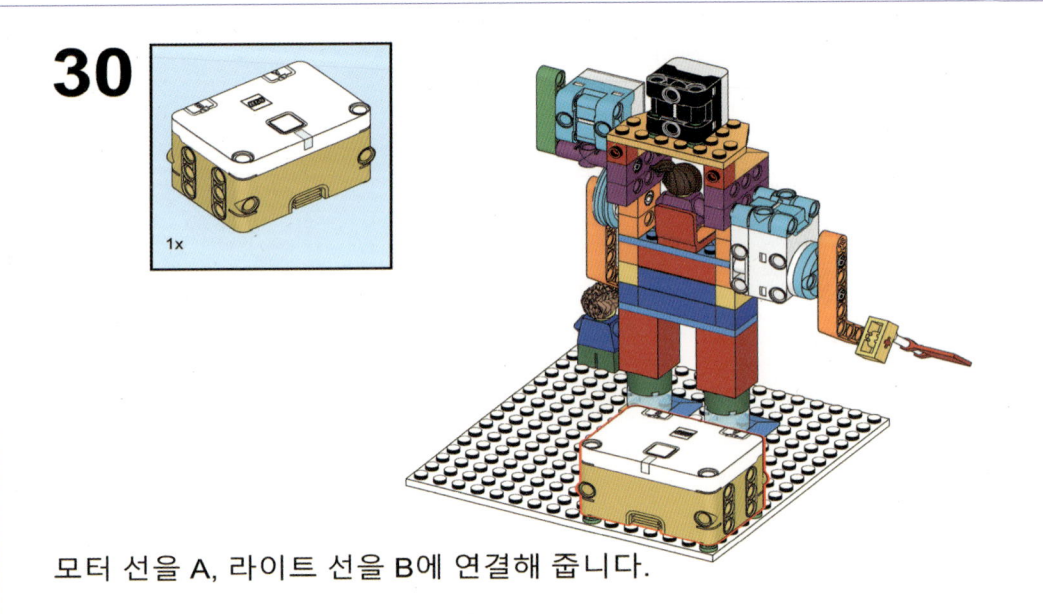

모터 선을 A, 라이트 선을 B에 연결해 줍니다.

31 🔄

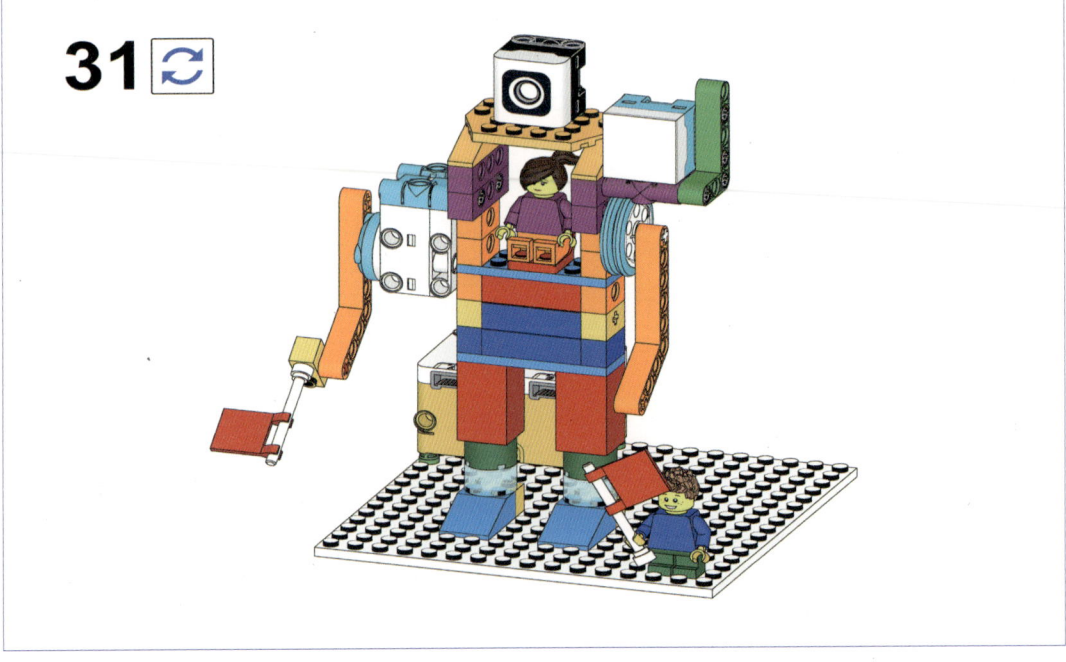

태극기 붙임딱지 만드는 법

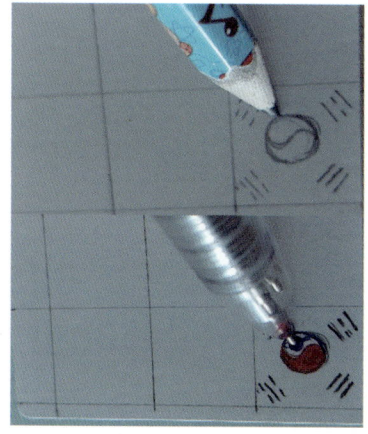

① 흰색 견출지에 가로 1.6cm, 세로 1.5cm의 선을 그립니다.

② 태극기를 그리고 색칠을 합니다.

*235쪽의 <부록 6>을 잘라 붙여도 됩니다.

활동 3 "대한독립만세"를 외치며 만세 시위운동에 참여해요.

◆ 태극기를 들고 "대한독립만세"를 외치는 로봇을 코딩해요.

1. 홈 화면에서 + 새 프로젝트를 클릭합니다.

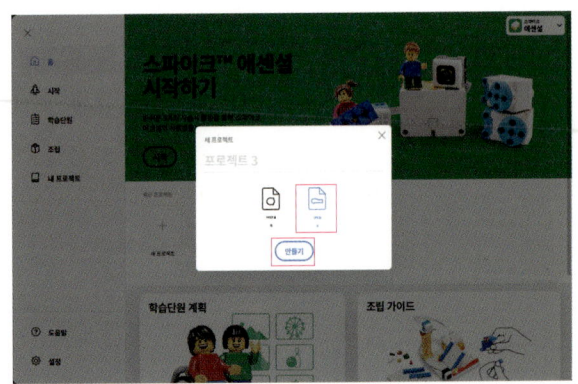

2. 단어 블록을 선택하고 만들기를 클릭합니다.

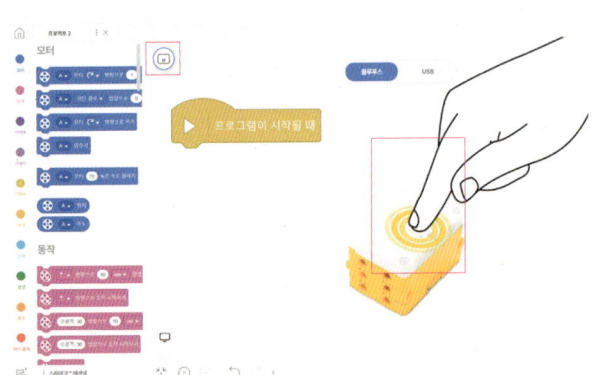

3. 허브 연결 열기를 클릭하고 허브의 단추를 눌러 연결합니다.

4. 프로그램이 시작될 때 컬러 라이트 매트릭스에 태극문양이 나타나게 하려면?

라이트에서  블록을 가져온 후 화살표를 누릅니다.
색을 클릭한 후 칸을 눌러 태극문양을 만듭니다.

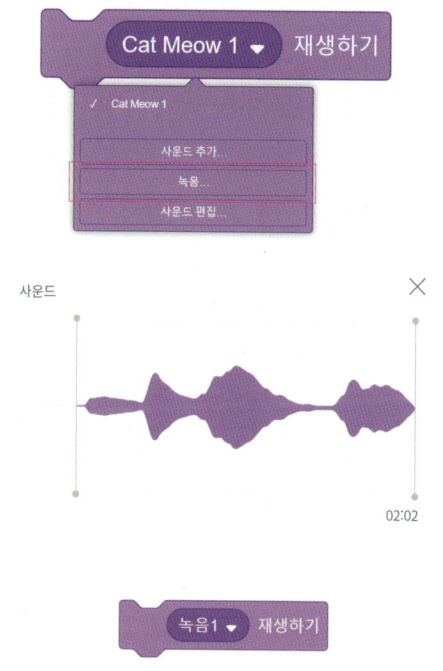

5. "대한독립만세"를 외치게 하려면?

사운드에서  블록을 가져온 후 화살표를 누릅니다. 녹음을 선택하고 ⬤ 버튼을 눌러 '대한독립만세'를 녹음하고 저장합니다. 화살표를 눌러 녹음된 소리를 선택합니다.

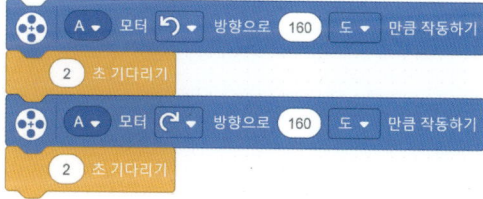

6. 태극기를 들고 있는 로봇의 팔을 들어 올렸다 내리려면?

모터에서 블록을 가져와 연결합니다. 모터 방향을 왼쪽으로 바꾸고 회전의 화살표를 눌러 '도'로 바꿉니다. 숫자를 160으로 변경합니다.

제어에서 블록을 가져온 후 숫자를 2로 바꿉니다.

블록을 가져온 후 회전의 화살표를 눌러 '도'로 바꿉니다. 숫자를 160으로 변경합니다.

제어에서 블록을 가져온 후 숫자를 2로 바꿉니다.

7. "대한독립만세"를 세 번 외치고 팔을 세 번 들어 올리게 하려면?

제어에서  를 가져와 숫자를 3으로 수정하고 사진과 같이 연결합니다.

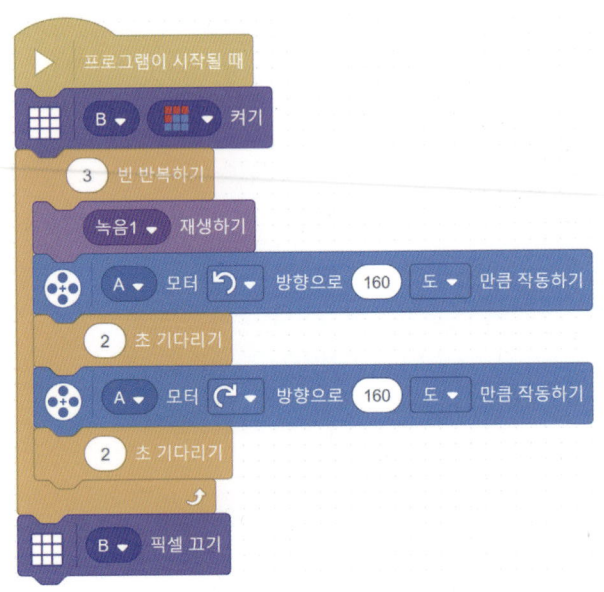

8. 모두 실행하고 나면 라이트를 끄려면?

라이트에서 블록을 가져와서 연결합니다.

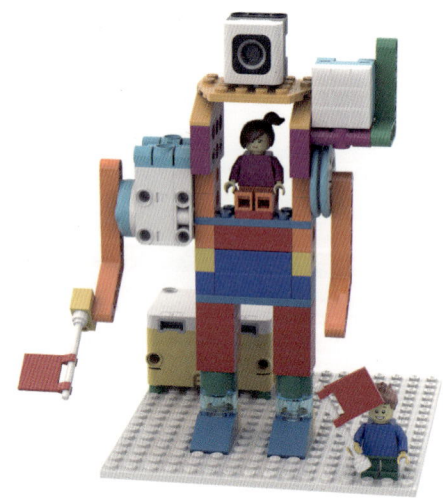

실행영상 보기 ▶

개념 쏙쏙

1. 유관순은 독립운동가입니다. 만세 시위운동을 주도하다가 서대문형무소에서 순국하였습니다.
2. 태극기는 우리나라 국기입니다. 태극기의 네 모서리에 그려진 4괘인 건, 곤, 감, 리는 각각 하늘, 땅, 물, 불을 의미합니다.

확인해요

평가 내용	평가 결과
▪ 유관순은 어떤 사람인지 말할 수 있나요?	☺ 😐 ☹
▪ 태극기의 문양을 바르게 완성할 수 있나요?	☺ 😐 ☹
▪ 로봇은 태극기를 들며 "대한독립만세"를 외쳤나요?	☺ 😐 ☹

읽을거리 레오의 일기

2050년 8월 15일 월요일 날씨 : 맑음

제목 : 독립운동가, '유관순'을 만나다.

광복절인 오늘, 나는 마리아와 함께 타임머신 로봇을 타고 일제강점기인 1919년 4월 1일 천안으로 갔다. 꼭 만나고 싶은 사람이 있어서였다. 아우내 장터 만세 시위운동을 주도하다 체포되어 18세의 어린 나이에 서대문형무소에서 순국하신 유관순 열사이다.

천안의 아우내 장터를 구경하고 있었는데 어떤 사람이 몰래 태극기를 나눠줬다. 오후 1시에 만세 시위운동을 한다고 귀띔도 해주었다. 그 분이 바로 내가 찾던 유관순 열사였다. 유관순 열사와 많은 독립운동가들이 직접 손으로 그린 태극기를 받아들자 가슴이 뭉클해졌다.

고민 끝에 마리아와 함께 만세 시위운동에 참여하기로 했다. 오후 1시, 3000명의 군중들이 '대한독립'이라고 쓴 큰 기를 앞세워 태극기를 흔들고 "대한독립만세"를 외치며 거리를 누볐다. 마리아는 로봇과 함께, 나는 군중들과 함께 목이 터져라 "대한독립만세"를 외쳤다. 일본 경찰의 무자비한 탄압에 쓰러지는 사람들이 속출했다. 유관순 열사의 아버지와 어머니도 일본 경찰에게 죽임을 당하고 말았고, 유관순 열사는 만세 시위운동을 주도했다는 이유로 체포되었다.

너무나 잔혹하고 처참한 만세 시위운동 현장을 떠나 집으로 돌아온 지금도 가슴이 아파 눈물이 난다. 미래를 알고 있는 우리가 유관순 열사의 만세운동을 말렸다면 서대문형무소의 차가운 바닥에서 돌아가시지 않았을까? 그렇지는 않을 것 같다. 어떤 것도 유관순 열사의 독립을 향한 강한 의지를 꺾을 수는 없었을 것이다. 서대문형무소 안에서 모진 고문을 당하면서도 옥중 만세운동을 벌일 만큼 조국의 독립을 바랐던 그녀였으니까.

유관순 열사를 만나고 온 오늘, 아침에 게양했던 태극기를 정리하며 다시 한번 나라의 소중함을 느꼈다. 많은 독립운동가들이, 조상들이 목숨을 걸고 지키려고 했던 '대한민국'을 더욱 아끼고 사랑해야겠다고 다짐했다.

■ <부록 1> p124

구석기 시대 사람들은 어떻게 음식 재료를 구했을까요?

■ <부록 2> p143

구석기 시대 사람들은 불을 사용하여 무엇을 했을까요?

■ <부록 3> p161

장영실이 발명한 시계에 대해 알아보아요.

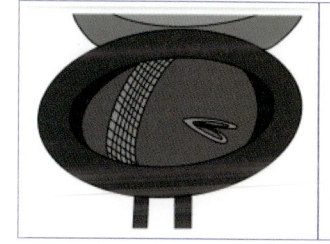   

| 물시계 | 해시계 |

- \<부록 4\> p193

  김정호가 만든 대동여지도에 대해 알아보아요.

목판으로 제작되어 똑같은 지도를 **여러 장** 만들 수 있었다.	**22첩**으로 만들어져 **휴대가 간편**했다.
기호를 사용했다.	**10리**마다 점이 찍혀 있어 **거리**를 알 수 있다.

- \<부록 5-1\> p215

  태극기의 문양

  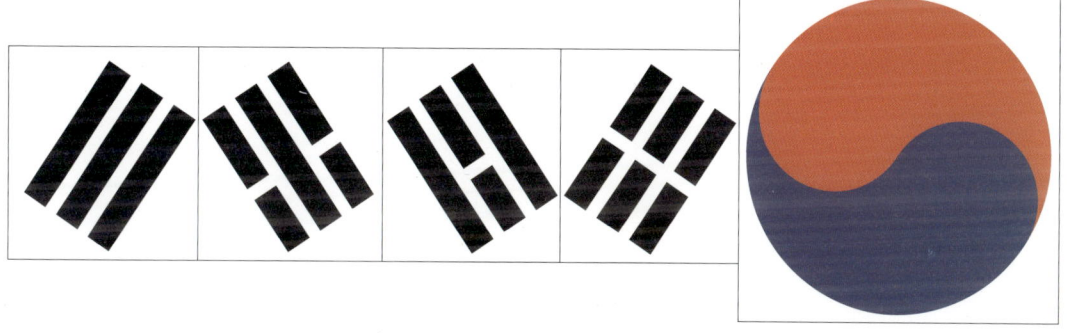

- \<부록 5-2\> p215

  태극기의 '건, 곤, 감, 리'

- \<부록 6\> p227

  태극기 붙임 딱지